中国经济文库 · 应用经济学精品系列（二）

任　文◎著

促进我国西部民族地区经济发展方式转变的财政政策研究

北 京

图书在版编目（CIP）数据

促进我国西部民族地区经济发展方式转变的财政政策研究 / 任文著．—北京：中国经济出版社，2020.12（2025.6重印）

ISBN 978-7-5136-5766-2

Ⅰ．①促… Ⅱ．①任… Ⅲ．①民族地区－财政政策－研究－中国 Ⅳ．① F812.7

中国版本图书馆 CIP 数据核字（2020）第 268751 号

责任编辑　张利影
责任印制　巢新强
封面设计　华子图文

出版发行　中国经济出版社
印 刷 者　三河市同力彩印有限公司
经 销 者　各地新华书店
开　　本　710mm × 1000mm　1/16
印　　张　17.25
字　　数　200 千字
版　　次　2020 年 12 月第 1 版
印　　次　2025 年 6 月第 3 次
定　　价　78.00 元
广告经营许可证　京西工商广字第 8179 号

中国经济出版社 **网址** www.economyph.com **社址** 北京市东城区安定门外大街 58 号 **邮编** 100011

本版图书如存在印装质量问题，请与本社销售中心联系调换（联系电话：010-57512564）

前　言

长期以来，我国经济增长方式呈现显著的粗放型特征，高投入、高消耗、高污染、低效益，在经济规模总量增加的同时，产出的有效性下降，资源消耗大，生态环境破坏严重，不可再生资源日益稀缺，经济增长可持续发展能力不强。改革开放以来，鉴于经济安全和资源安全的考虑，社会各界给予经济增长方式更多的关注，把转变经济增长方式提到重要日程上来。1995年9月，党的十四届五中全会提出了“两个根本性转变”的目标，转变经济增长方式作为主要内容之一，成为经济领域改革和发展的最高目标。2005年10月，《中共中央关于制定国民经济和社会发展第十一个五年规划的建议》提出，“十一五”时期我国经济发展面临严峻的挑战，在“九五”计划和“十五”计划的基础上，深入推进高投入、高消耗、高排放、低效益的社会经济发展模式向低投入、低消耗、低排放和高效益的社会经济模式转型，重视资源节约，提高自主创新能力，加强生态环境保护。2010年10月，中国共产党第十七届中央委员会第五次全体会议通过了《中共中央关于制定国民经济和社会发展第十二个五年规划》的建议，提出要以科学发展为主题，以加快转变经济发展方式为主线，把科技进步和创新作为加快转变经济发展方式的重要支撑，坚持保障和改善民生，把建设资源节约型、环境友好型社会作为加快转变经济发展方式的重要着力点。“十三五”规划建议提出“创新、协调、绿色、开放、共享”五大发展理念，以五大发展理念推动经济社会转型升级，并且突出强调解决新常态下的发展动力问题，突出强调转变经济发展方式，从要素驱动转向创新驱动。

转变经济增长方式不同于转变经济发展方式。二者共同之处在于，均包含一定时期内社会产品和服务的生产方式以及利用物质资源进行生产的形式和途径。无论是经济增长方式还是经济发展方式，均离不开物质生产的发展，这是任何社会持续繁衍的物质前提。二者不同之处在于，经济发展方式既涉及经济增长方式的内容，也涵盖经济增长方式所不具备的特点和内容，经济发展方式转变是在经济增长方式转变的基础上进行的经济与社会、人与自然、城市与农村、国内与国外等领域全方位的转型与调整，是全面推进经济建设、政治建设、文化建设、社会建设和生态文明建设的重要凭借和途径。

转变经济发展方式既是国民经济和地区经济发展的内在需要，也是实现国民经济平稳健康可持续发展的重要前提。转变经济发展方式既有利于宏观经济稳定发展、提高要素资源配置效率、优化调整经济和产业结构，也有利于优化地区生产力布局、降低物质资本消耗、加强生态环境保护以及各类生产资源的可持续利用。转变经济发展方式既是现代经济社会发展的客观要求，也是实现国家长治久安的必然选择。转变经济发展方式既关系改革的成败、经济增长质量和经济整体素质的提高，也关系经济安全运行、科学发展程度提高以及全面建成小康社会的成败，是实现中华民族伟大复兴的内在要求，也是实现经济平稳健康可持续的根本途径和长期任务。

转变经济发展方式的途径和手段包括促进科技进步、优化人力资本结构、提高行政管理效能、增加地区资本存量、大幅降低物质投入、有效保护环境、提高企业经营效益等。实现经济发展方式转变涉及内容广泛，既有微观领域的要素利用及配置效率，也涵盖中观层面的产业发展、工业化演进和城镇化推进，还关涉宏观层面的地区经济规模、经济增长质量、经济结构、产业聚集、宏观经济稳定性。

西部民族地区是我国三大主要经济区域之一，地处西部边陲地区，涵盖边疆地区、革命老区、老少边穷地区和贫困地区。与东部地区相比，该地区地广人稀，地形地貌复杂，多山地、丘陵、高山、峡谷，干旱少雨、土地、荒漠化沙化状况严重，生态环境恶化，气候条件复杂多变，经济发展基础薄弱，商品化和市场化程度不高，要素资源配置效率低，社会公共事业发展缓慢，地区贫困特征显著。

西部大开发战略实施以来，为加快西部民族地区经济社会发展进程，深入实施区域经济一体化发展战略，推进地区经济科学发展、均衡发展、和谐发展和跨越发展，国家综合运用财政支出、税收政策、转移支付和财政补贴等手段，制定和实施了一系列财政优惠政策，逐步加大对西部民族地区财政投入力度，提高地区财政补助标准，促进西部民族地区经济平稳健康可持续发展，逐步缩小与中东部地区发展差距，取得了显著成效。

“十三五”时期，转型升级成为推动经济增长新动力。我国经济发展已进入以“中高速、优结构、新动力、多挑战”为特征的新阶段，转方式、调结构任务艰巨。

2020年是“十三五”的收官之年，是“十四五”的规划之年，西部大开发建设也在这一年进入了一个新的十年。5月，中共中央、国务院颁发《关于新时代推进西部大开发形成新格局的指导意见》(以下简称《指导意见》)，旨在为西部地区解决发展问题、增强发展动能，也标志着西部大开发进入第三个阶段，西部地区将在新时期开启高质量发展的新局面。《指导意见》明确，到2035年，西部地区基本实现社会主义现代化，基本公共服务、基础设施通达程度、人民生活水平与东部地区大体相当，努力实现不同类型地区互补发展、东西双向开放协同并进、民族边疆地区繁荣安全稳固、人与自然和谐共生。

为实现经济社会发展的长远目标，促进西部民族地区宏观经济稳定发展，筑牢国家生态安全屏障，我们进行了“促进我国西部民族地区经济发展方式转变的财政政策研究”，力图探索符合西部民族地区经济发展的途径和方法，以期为西部民族地区政府提供决策依据和政策参考。

本书的具体研究内容如下：

（1）研究背景和基础理论阐释。该部分主要包括第1章和第2章。第1章导论部分主要介绍研究背景、意义、目的、研究方法、逻辑结构、创新与不足，系统阐释了本书研究重点、出发点和归宿。第2章主要从我国西部民族地区地域概念界定、经济发展方式的基本内涵及其意义、西方财税基础理论以及财政政策与经济发展的关系等方面进行梳理和总结，为开展后续研究奠定理论基础。

（2）西部民族地区经济发展的现状。现状分析主要体现在第3章，该部分主要从我国西部民族地区的自然状况、经济发展规模、经济结构等方面进行了定量和定性分析，形成对西部民族地区经济发展的总体评价，并在此基础上，对西部民族地区经济发展的成效进行了深入分析。

（3）西部民族地区经济发展的特征。该部分内容主要体现在本书的第4章。本章主要对地区经济发展能耗、主要资源能源消耗状况、污染物排放情况、二元结构以及资源配置效率状况等进行分析。关于西部民族地区经济发展的能耗情况，主要从能源消耗总体状况、主要资源能源消耗状况和污染物排放情况等方面进行梳理和实证分析；关于西部民族地区产业和行业发展状况，主要从西部民族地区二元结构、地区就业结构等方面对西部民族地区经济发展方式转型和地区经济发展质量进行分析；关于西部民族地区资源配置效率状况，主要采取定性和定量分析的方法，对地区需求结构、地区生产率水平、地区经济发展的均衡性等进行分析。

（4）西部民族地区经济发展方式转变的特殊性。该部分研究主要体现在第5章。西部民族地区转变经济发展方式不同于中东部地区，也不同于东北地区，其具有鲜明的特殊性。在西部民族地区经济增长现状和发展特征分析的基础上，进一步对经济发展方式转变的特殊性进行了分析，这是进行系统研究的必要前提。该部分对西部民族地区资本积累、劳动力供给、科技进步、自主创新、区位条件等要素禀赋状况，西部民族地区城镇化进程、城市交通、城市人口、市场价格等城镇化发展状况，工业化发展的基础、动力，旅游业发展优劣势，土地资源、水资源、能源、矿产资源等资源稀缺性以及大气、水、土地以及城乡污染等生态环境恶化状况，进行了深入分析，得出了在新时期，特别是“十三五”时期和未来的“十四五”时期西部民族地区加快经济发展方式转变具有紧迫性和必然性的结论。

（5）促进经济发展方式转变的财政政策及措施。该部分主要为政策建议部分，其主要体现在第6章、第7章、第8章和第9章。

第6章为西部民族地区财政政策评价及目标模式选择。结合本书第3章、第4章、第5章的分析，进一步对西部民族地区经济发展的粗放模式进行评价，并分析该种经济发展模式的影响因素；回顾了西部民族地区财政政策演变历程，通过对长期以来国家给予西部民族地区的财政优惠政策效果进行评价，提出新时期促进西部民族地区经济发展方式转变的财政政策目标，分短期目标和长期目标，总体性目标和阶段性目标；在既定的目标框架下，结合对新时期地区经济发展的理性预期，科学、合理选择促进地区经济发展方式转变的财政政策模式，适时选取扩张性的、提高民族地区自治性的和资源节约与环境优化型的财政政策，支持和引导西部民族地区经济高质量发展。

第7章为促进西部民族地区宏观经济稳定发展的财政政策。在宏观分析的视角下，新时期，中央和西部民族地区政府要从西部地区经济发展的实际出发，综合运用财政支出总量和财政支出结构政策，促进地区经济可持续发展，逐步加大人力资本投入力度，扩大就业规模，加强通货预期管理，逐步扩大财政支出总量和地区投资范围，强化财政政策与其他政策协调配合，完善各项配套措施，加大政府主导力度，提高地区经济发展的规模效益；促进地区产业结构优化和升级，推动城镇化高质量发展，加大生态工程建设力度，支持西部主体功能区域建设，健全和完善市场机制。

第8章为支持西部民族地区重点领域和产业发展的财政政策。采取产业引导、财政补贴、政府担保贷款等形式，加大投入力度，支持和促进优势特色产业、先进制造业、特色优势工业、装备制造业、产业集群、特色农产品加工业等新型工业化发展。通过综合运用税收、国债转贷、财政补贴、政府信用贷款等形式，支持和引导太阳能光伏发电产业、风能产业、水能综合利用产业等新能源产业发展；逐步加大财政投入和税收优惠倾斜力度，通过采取绿色经济产业促进、低碳工业园区发展扶持、绿色消费引导等形式，支持和鼓励绿色经济发展；扩大财政支出规模，增加对特色旅游、人文旅游、生态旅游以及旅游基地建设的投入，支持西部民族地区特色旅游业发展，支持主体功能区建设，促进外贸产业发展。

第9章为提高西部民族地区要素资源配置效率的财政政策。主要措施包括：一是完善西部民族地区资本积累的财政政策，构建完备的金融市场体系，盘活有效资本存量，积极培育西部资本市场，提高地区储蓄—投资转化率；二是运用优化西部民族地区需求结构的财政政策，提高城乡居民可支配收入，提高城乡消费水平，调整优化消费结构，引导和规范消费行为，倡导理性、低碳消费，提高经济开放度；三是采取完善西部民族地区人力资本积累的财政政策，加大对农村和城镇人力资本投入力度，加大职业技能培训投入力度，优化人力资本结构和人才队伍结构；四是采取促进西部民族地区技术进步和自主创新的财政政策，加强区域自主创新能力建设，培育企业创新主体，完善科技中介服务体系，强化科技投入保障机制；五是采取促进西部民族地区基础设施建设的财政政策，完善西部民族地区综合交通运输网络，加强城市排污设施建设，加快信息基础设施建设，改善农村生产生活条件。

目　录

第1章　导　论

1.1　研究背景、目的及意义

1.1.1　研究背景

1. 国际背景

近代以来，经济运行的质量和风险问题成为经济学研究的主要对象。威廉·配第、亚当·斯密、大卫·李嘉图、哈罗德、多马、巴罗、凯恩斯、库兹涅茨、萨缪尔森等均对经济增长的质量和效益问题进行了研究，他们在相关论著中提出，经济增长的内在机制选择、经济增长的协调性、模式在较大程度上决定着经济增长的质量和效益，一国或一地区要根据本国经济增长的规律和特点，通过发挥不同经济、市场机制的作用，提高资源配置效率，促进本国或本地区经济发展。根据资本主义经济发展与演变可知，工业革命以来资本主义经济发展呈现“高投入、高消耗、高污染”的特点，这种经济增长模式对物质资源和能源消耗巨大，特别是对石油、矿产资源等不可再生资源消耗巨大。此外，在生产过程中废水、废气、固体废物排放量大，对生态环境破坏严重，导致地球“温室效应”加剧。生态环境恶化对经济增长产生了严重的影响和制约，对人类的生存和健康也构成了严重威胁。

“二战”后，随着全球化、城镇化的推进，传统过度依靠能源和资源消耗等物耗投入拉动经济增长的方式已经难以为继。为提高国民经济增长质量，降低经济运行风险，提高生态文明水平和经济增长的可持续性，美、英、法、德、意等主要资本主义国家先后摒弃了“先污染后治理”的经济发展模式，大力发展教育事业，逐步加大科技研发投入，切实降低物质资源和不可再生资源的消耗，重视环境保护，加快推进经济增长方式由资源消耗型、数量扩张型、粗放型向要素投入型、质量效益型、集约型转变，实现经济增长由主要依靠增加物质资源消耗向主要依靠科技进步、管理创新转变。经济增长对资源和能源的依赖性以及经济增长单位能耗不断降低，对科技进步依赖性增强，经济增长的科技附加值逐步提升，经济增长的协调性和可持续性增强。

在社会化大生产和国际分工更为精细化的背景下，关于经济发展质量、低碳经济、绿色经济等问题的讨论也日益激烈，要素资源、经济资源的配置效率和经济发展方式的选择成为当今经济领域关注的焦点问题。然而，受自然条件、气候状况、交通地理、历史文化、经济基础等因素的影响，一些国家和地区特别是发展中国家，经济增长的质量和效益较差，经济发展较为缓慢，经济发展的程度较低，经济增长主要依靠物质资源、能源的巨大投入拉动，生态环境破坏严重，国民经济运行风险增加。发展中国家应该采取何种发展战略，增强经济增长的可持续性，突破资源瓶颈束缚，提高科技进步对经济发展的贡献率，最大限度降低环境污染，不断加大生态环境保护力度，促进区域经济协调发展，提高经济发展的质量，实现清洁生产、高效生产和理性生产，走绿色经济、低碳经济的道路，维护国家资源安全、经济安全和生态安全，成为当今发展中国家经济发展的重要抉择。

2. 国内背景

新中国成立以来，为了实现民族经济独立，在发展经济的过程中，国家采取了高度集中的计划体制——“苏联模式”。经过20多年的发展，建立了较为完备的工业体系，国民经济体系框架基本形成，国民经济基础逐步巩固。国民经济发展初期，我国发展经济仅仅注意到社会产品数量的增加，即经济总量的增长和人均收入的提高，采取数量扩张战略，经济增长基本依靠物质资源、能源的巨大投入来拉动，对不可再生资源消耗、生态环境污染、城乡两极分化等问题则很少关注。

改革开放以来，随着工业化、城镇化进程的加快，我国经济规模不断扩大，综合国力不断增强。由于我国长期实施外向型发展导向战略，在国际分工中扮演着“世界工厂”的角色，我国生产的产品质优、价廉，在国际市场上竞争力较强，出口创汇能力不断增强，贸易顺差逐年加大，国家外汇储备量不断增加。然而，随着经济的持续高速发展，外向型经济发展模式的缺点和不足逐步显现，依靠廉价的劳动力、原材料投入以及巨大的资源能源消耗拉动的经济增长质量效益低下，科技附加值低，粗放特征明显，经济增长的可持续性差，对环境污染和生态破坏严重，不利于经济的平稳健康可持续发展。

2000年国家实施西部大开发战略以来，我国地区之间经济发展差距进一步缩小，我国经济发展协调性和稳定性不断增强。西部民族地区经济发展速度加快，地区经济规模逐步扩大，各项社会事业进步明显。然而，地区经济增长的质量效益不高，经济增长粗放特征明显，单位GDP能耗较大，节能减排压力较大，沙尘暴、水土流失、荒漠化进程加剧，老少边穷地区和革命老区扶贫开发难度增加，地区经济发展的可持续性不强。地区经济中第一产业占比过高、第三产业占比过低，产业结构不合理，地区生产力布局有待进一步优化和调整。2010年以来，西部民族地区结合本地区区情，积极抢抓第二轮西部地区深度开发的机遇，科学利用国家支持西部地区发展政策，完善各项财税体制机制，综合运用财政政策工具，加快推进西部民族地区经济发展方式转变。2020年，中共中央、国务院《关于新时代推进西部大开发形成新格局的指导意见》印发实施，进一步推动西部地区走“生产发展、生活富裕、生态良好”文明发展道路。

1.1.2 研究目的

通过对西部民族地区经济发展规模、经济结构、产业结构、行业状况、企业效益、市场发育、资源配置效率以及环境状况的实证分析，结合改革开放以来，特别是西部大开发以来，西部民族地区开发实际，从定量和定性的角度进行分析，形成对西部民族地区经济发展的总体评价。在对西部民族地区进行实证分析和总体评价的基础上，研究和制定未来西部民族地区经济社会发展战略框架。

针对近年来西部民族地区发展实际，对西部民族地区区情进行分析，即对西部民族地区经济发展方式转变的特殊性进行分析，从西部民族地区城镇化发展、工业化、旅游资源开发、地区扶贫开发、地区要素禀赋、区位状况、资源储备状况、环境污染程度等对西部民族地区转变经济发展方式的基础条件进行深入分析，结合西部民族地区财政政策演变历程、实施效果、存在问题，制定促进西部民族地区经济发展方式转变的财政政策。

综合运用税收、转移支付、财政补贴、财政支出等财政政策工具，研究制定符合西部民族地区实际，促进西部民族地区工业化、城镇化、新能源产业、现代农业、民族工业、现代服务业、旅游业发展，以及提高西部民族地区资源配置效率、调整优化地区市场结构、促进技术进步的财政政策和措施。

1.1.3 研究意义

1. 选题的理论价值

第一，结合对西部民族地区区情和经济增长的实证分析，研究符合西部民族地区经济社会发展特点的财政政策类型，探索支持西部民族地区经济发展方式转变的财政政策模式；从财政支出角度出发，研究分析通过扩大财政支出规模、优化财政支出结构，实现对地区经济总量规模、经济结构的调节和干预，提高地区经济发展质量。支持和鼓励西部民族地区经济发展的财政政策，不是单一的政策工具的运用，也不单是传统政策工具的简单组合，而是通过深入分析西部民族地区经济发展的特点、发展阶段、发展质量和发展前景，研究制定一系列规范、有效、安全的财政政策和措施，构建一个协调顺畅、效应叠加、立竿见影的财政政策体系和系统，通过财政政策有机整体效能的释放，发挥“1+1>2”的功效，实现对西部民族地区经济发展的推动和引导。

第二，通过对西部民族地区区情和经济发展模式的分析，从宏观、中观和微观的视角，研究制定促进地区经济发展方式转变的财政政策和措施。一是从优化资源配置效率、增加资本积累、优化资本存量结构、完善金融市场、促进产业发展、扩大内部需求、促进城乡合理消费、调整优化消费结构、发展出口贸易、优化人才队伍、完善基础设施等微观角度，制定促进经济发展方式转变的财政政策；二是从促进新型工业化、装备制造业、特色农产品加工业、产业集群、特色优势产业、新能源产业、城乡公共基础设施建设、绿色经济、民族特色优势产业、外贸产业发展等中观角度，制定促进经济发展方式转变的财政政策；三是从新时期财政政策模式、财政政策体系、财政政策分段构成、民族地区财政政策特点、财政体制、预算管理体制、转移支付制度等宏观视角，研究制定促进经济发展方式转变的财政政策。

第三，研究和制定促进西部民族地区经济发展方式转变的、符合西部民族地区经济社会发展实际的财政支出政策、税收政策、财政补贴政策、财政转移支付政策和国债政策等，为财政政策工具类型选择提供政策依据。

2. 选题的实践价值

第一，研究和分析转变西部民族地区经济发展方式，提高经济高质量发展的有效途径。中国西部民族地区受自然地理条件、资源禀赋、经济发展基础、要素市场的限制，经济发展质量和效益不高，粗放型特点显著，需要国家制定和完善相关财政经济政策和措施加以扶持，实施差别优惠政策，培育地区经济增长极、增长点，通过消费和投资引导地区经济实现动态发展均衡。通过对西部民族地区经济发展的规模、质量、结构、阶段分析，结合西部民族地区资源禀赋、地理区位、工业基础、产业结构等因素，研究制定符合西部民族地区经济发展方式转变的财政政策和措施，积极探索推动经济高质量发展的方法和途径。

第二，结合对西部民族地区经济发展的实证分析，提出促进西部民族地区经济赶超发展、跨越发展的思路，提倡国家对西部民族地区实施具有显著优惠特点的转移支付政策和税收优惠措施，提高西部民族地区基本公共服务均衡化水平，切实增强西部民族地区经济发展的后劲。

第三，开展促进西部民族地区经济发展方式转变的财政政策研究，为西部民族地区政府提供决策借鉴和政策参考，为西部民族地区拓展经济发展思路提供政策参考；制定促进西部民族地区经济发展方式转变的财政政策和措施，为缩小西部地区与中、东部地区经济社会发展差距，激发地区经济发展内生动力，引入经济发展优质要素，搭建地区经济跨越发展战略平台，逾越地区经济传统发展阶段，发挥后发优势和科技赶超优势，提升地区经济发展层级和效益，实现“富民强边”提供了决策依据，体现了全面建成小康社会、实现中华民族伟大复兴和共同富裕的要求。

1.2 研究框架及主要研究方法

1.2.1 研究框架

1. 本书的框架构成

本书分九章，共三个部分。按照理论基础、实证分析和政策建议的顺序逐步展开，通篇以经济发展方式转变为线索，结合西部民族地区的区情和地区经济发展实际进行分析，并对西部民族地区财政政策演变进行回顾，得出西部民族地区经济发展方式转变的特殊性结论和总体评价。以此为基础，提出符合西部民族地区经济发展方式转变的财政政策。这些政策主要包括促进西部民族地区经济发展转变的税收政策、国债政策、转移支付政策、财政支出政策等政策工具，并且从宏观、中观和微观视角提出提高地区要素配置效率、提高地区经济发展质量和行业发展能力的财政政策措施。第一部分主要介绍西部民族地区经济发展的理论基础和背景，涵盖导论、理论基础部分，包括第1章、第2章。第二部分综合运用定量和定性分析的方法，在定量分析、定性分析、比较分析的基础上，结合对西部民族地区区情、经济发展现状、财政政策演变的分析和评价，基本形成了对西部民族地区经济发展方式转变特殊性的总体评价，这部分内容包括第3章、第4章、第5章，是本书的重点。第三部分是本书的核心内容，主要包括第6章、第7章、第8章、

第9章。该部分从宏观、中观和微观的角度提出了促进西部民族地区经济发展方式转变的财政政策和措施，主要涉及财政政策目标、模式、体系和分段选择，财政支出总量政策、财政支出结构政策，促进地区宏观经济稳定发展的财政政策，支持地区重点领域和产业发展的财政政策以及提高地区要素资源配置效率的财政政策等措施和建议。本书的具体结构框架如图1-1所示。

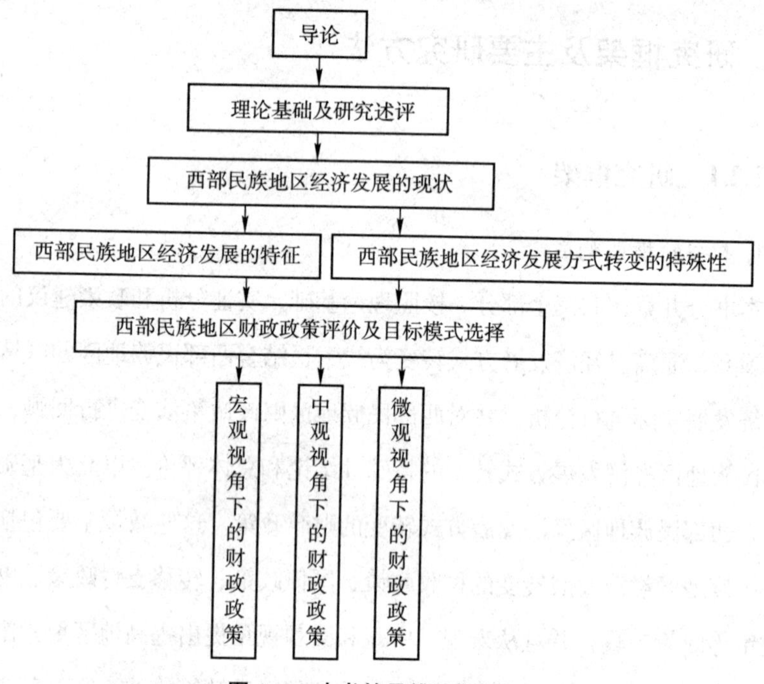

图1-1　本书的具体结构框架

2. 本书的研究结构

第1章为导论部分，主要就本书的研究背景、目的、意义、研究方法及结构、研究重点、创新点及不足等进行了详细介绍。

第2章为理论基础及研究述评部分，主要从西部民族地区概念界定、转变经济发展方式定义内涵、财政政策内容、区域经济发展理论以及财政政策与转变经济发展方式的关系等方面进行梳理，为开展主题研究提供了理论支撑。

第3章对西部民族地区经济发展的现状进行分析，运用实证分析、定性和定量分析以及比较分析的方法，对西部民族地区经济发展的规模、结构、质量、阶段和环境等进行了深入分析，并重点对西部民族地区的行业、企业和旅游业进行了实证分析。

第4章对西部民族地区经济发展的特征进行分析，主要研究了西部民族地区经济发展的能耗状况、产业和行业发展状况以及资源配置效率状况，得出了西部民族地区经济发展粗放特征显著的结论。

第5章主要对西部民族地区经济发展方式转变的特殊性进行了实证分析。本章主要对西部民族地区城镇化、工业化、旅游业、金融物流产业、要素资源禀赋、交通区位条件、资本积累、资源状况以及环境污染状况进行了分析，对西部民族地区转变经济发展方式的特殊性形成了总体分析和评价。

第6章主要阐释了西部民族地区财政政策演变及实施效果、存在的问题等，深入分析了西部民族地区经济发展方式转变的政策原因，并进一步提出了财政政策目标以及模式选择。

第7章、第8章、第9章从宏观、中观和微观角度，分别提出了促进西部民族地区经济发展方式转变的财政政策。这三章内容为本书的政策建议部分，从西部民族地区开发的财政政策理论创新、财政政策类型选择、财政政策体系构建以及要素配置效率、产业促进和宏观经济稳定发展等角度，分别提出了符合地区经济社会发展实际的财政政策措施及建议，为促进西部民族地区经济发展方式转变，实现地区经济理性发展、科学发展和跨越式发展提供了有效的制度保障和政策支撑。

1.2.2 主要研究方法

（1）实证分析。本书研究对象为中国西部民族地区经济发展方式转变的财政政策选择，结合地区经济社会发展实际，从西部民族地区区情出发，以促进经济发展方式转变的政策制定为主要目标，进行一系列的数据统计和实证运算分析。

（2）定性和定量分析。为了提高研究的准确性，提高分析的质量，最大限度降低研究误差，便于得出符合西部民族地区区情和经济发展实际的结论，本书在收集大量一手数据和资料的基础上，进行了定量和定性分析。

（3）比较分析。为充分研究西部民族地区经济发展的模式和特点，形成对西部民族地区经济发展总体评价，本书采取了西部地区与东部、中部地区以及全国平均水平横向比较的分析方法；同时，运用2008—2018年经济统计数据，对西部民族地区经济发展进行了纵向比较分析。

1.3 研究的重点、创新与不足

1.3.1 研究重点

在充分收集大量的、较为翔实的经济统计数据基础上，重点对西部民族地区的经济发展现状、经济发展方式特点以及西部区情进行深入分析，以期得到对西部民族地区经济发展方式较为全面、真实的总体评价和认识。

通过对西部民族地区经济社会发展的实证分析，研究和制定符合西部民族地区经济发展特点的财政政策及措施。在以往的研究基础上，结合中国的国情以及西部民族地区的区情，对西部民族地区的自然地理区位条件、资源禀赋条件、经济发展基础条件和市场发育状况等进行综合分析，立足当前，着眼长远，力争提出针对性较强的财政政策。

在制定促进西部民族地区经济发展方式转变的财政政策时，从宏观、中观和微观三个视角提出促进西部民族地区宏观经济稳定发展、新型工业化、新能源产业发展、绿色经济发展、民族特色优势产业发展以及要素资源配置效率提高的财政政策。

1.3.2 主要创新点

结合中国经济发展的大环境以及西部民族地区特殊区情，对西部民族地区的企业效益、产业状况、行业发展、资源要素禀赋、市场结构、区位条件、环境状况、工业化发展程度等进行实证分析，形成对西部民族地区经济发展及其方式转变特殊性的总体认识。

研究和分析了西部民族地区经济社会发展现状，对西部民族地区的经济规模、发展速度、地区就业结构、城乡二元结构、基础设施状况、新能源产业、新兴工业化、企业竞争力、人力资本构成、投融资规模等进行了定量和定性分析，为促进西部民族地区经济发展方式转变的财政政策制定提供了基础。

本书提出了促进西部民族地区经济发展方式转变的财政政策及措施。主要包括宏观视角下促进经济总量规模提升、经济结构调整、行业发展、生产力布局的财政政策；中观视角下促进新型工业化发展、城镇化、新能源发展、旅游业发展的财政政策；微观视角下促进资本积累、消费结构优化、人力资本存量提高、资源配置效率提升以及地区金融市场发展的财政政策。结合定性和定量分析，本书提出了促进西部民族地区经济发展方式转变的财政政策类型、体系、财政政策分段选择等观点。

1.3.3 研究的不足之处

第一，由于知识结构、专业基础、研究视野等限制，本书提出的促进西部民族地区经济发展方式转变的财政支出总量政策、财政支出结构政策、产业促进政策、资源配置效率政策、重点领域和行业发展促进政策，在政策质量、实效以及针对性和可操作性方面还有待加强，需要进一步深入研究和探索。

第二，国外关于政府支持欠发达地区开发的研究主要集中在20世纪四五十年代，现阶段该方面研究的最新理论成果相对较少；国内关于欠发达地区开发的政府支持理论主要集中在20世纪八九十年代，其中较为成熟和影响力较大的理论主要包括梯度发展理论、增长极理论和非均衡发展理论等，现阶段理论创新较少，主要研究成果则集中体现在西部地区大开发政策措施和建议提出方面。因此，需要在未来的研究中重点对促进欠发达地区经济发展以及经济发展方式转变理论进行创新和改进，对相关政策措施等继续加以深入研究。

第三，促进西部民族地区经济发展方式转变，一方面需要完善财政政策和措施，优化财政政策工具组合；另一方面还要充分发挥货币政策的作用，通过二者的有机组合实现对地区经济发展的干预和有效调节。财政政策和货币政策的搭配组合是实施宏观调控的重要形式，其对经济发展的助推作用不容忽视。由于时间和水平的限制，本书缺乏对西部民族地区货币政策、行业促进政策、中小企业政策、收入分配政策等的有效挖掘。

第2章　理论基础及研究述评

2.1　中国西部及其民族地区范围界定

2.1.1　中国西部地区范围界定

1. 传统的中国西部地区范围界定

新中国成立之初，全国被宏观地划分为沿海和内陆两大区域。1986年第六届全国人民代表大会第四次会议通过的“七五”计划，按照经济技术发展水平和地理位置相结合的原则将我国经济区域明确划分为东部、中部和西部地区三大经济发展地带。其中，东部地区包括辽宁、河北、北京、天津、山东、江苏、上海、浙江、福建、广东和海南11个省（直辖市）；中部地区包括吉林、黑龙江、山西、内蒙古、安徽、江西、河南、湖北、湖南和广西10个省（自治区）；西部地区包括陕西、青海、宁夏、新疆、甘肃、四川、贵州、云南、西藏9个省（自治区）。1997年，将原四川分为重庆直辖市和四川省后，西部地区则由原来的9个省（自治区）变为现在的10个省（自治区、直辖市）。

东部地区[①]，主要包括辽宁、河北、北京、天津、山东、江苏、上海、浙江、福建、广东和海南11个沿海的省（直辖市）（不包括台湾地区），

① 东部地区，是指传统三大经济地带划分中的东部沿海地区，主要包括11个沿海的省（直辖市）。

面积占全国的13.6%，人口占全国的42%。该区域经济发展基础较好，科学技术发展水平较高，工业、农业、交通运输业和通信设施基础条件好，自然地理条件禀赋较好，商品经济发达。深圳、珠海、厦门、汕头、海南5个经济特区；大连、天津、秦皇岛、烟台、青岛、连云港、南通、上海、宁波、温州、福州、广州、湛江、北海14个沿海港口城市；长江三角洲、珠江三角洲、广西沿海、辽东半岛和山东半岛等经济开放区都集中在这一经济地带。东部地区具有雄厚的工业基础，高新技术产业、新兴产业和知识技术密集型产业发展迅速，经济特区、沿海开放城市和经济开放区建设较快，但是制约经济发展的因素明显，矿产能源资源不足、交通运力紧张、城镇密集地区环境污染严重，产业结构优化升级较为缓慢。

中部地区[①]，主要包括黑龙江、吉林、山西、内蒙古、河南、安徽、江西、湖南、湖北和广西10个省（自治区），面积占全国的29%，人口占全国的35.6%。该地带自然资源、能源优势明显，拥有全国最大的天然林区、天然牧场。农业基础条件较好，作为中国粮、棉、油、糖等的重要产区，是中国商品粮和其他农副产品的生产基地，主要种植粮食和其他主要经济作物；电力、煤炭、石油、有色金属、钢材、建筑材料等能源、原材料的开发和建设进程较快。但该区域的主要问题是，自然资源和能源储备不够丰富，铁路运输能力有限，水土流失、洪涝灾害频发、风沙侵蚀等环境问题突出，原材料加工业、农业生产进一步提升潜力有限，新兴产业、高新技术等发展缓慢。

---

① 中部地区，是指传统三大经济地带划分中的黑龙江、吉林、山西、内蒙古、河南、安徽、江西、湖南、湖北和广西10个省（自治区）。

西部地区[1]，主要包括陕西、甘肃、宁夏、青海、新疆、四川、重庆、贵州、云南和西藏10个省（自治区、直辖市），面积占全国的57.4%，人口占全国的22.4%。该区域自然资源丰富，旅游资源丰富且开发潜力巨大。但该地区工业和农业基础薄弱，传统工业较少，交通运输能力不强，教科文卫等社会事业发展缓慢；自然地理气候条件较差，干旱少雨、土地沙化，生态环境恶化，资源开发型产业、资本密集型产业和知识密集型产业发展缓慢。

2. 西部大开发关于西部地区的范围界定

国家实施西部大开发战略，对西部地区的范围又有了新的界定和划分。国家在确定西部大开发的范围时，明确指出现有西部地区所指范围不变，主要以传统的西部概念为基础，综合考虑自然地理位置、历史行政区划、经济发展状况、社会福利水平以及主体民族分布等因素，在以缩小地区经济发展差距为主要目标考量的基础上，适当扩大了传统西部的范围，使西部大开发政策的覆盖面进一步扩大。为促进民族地区发展，将广西和内蒙古列入享受西部大开发政策的地域范围，将西部地区的范围进一步界定为“10+2”，即重庆市、四川省、贵州省、云南省、西藏自治区、陕西省、甘肃省、宁夏回族自治区、青海省、新疆维吾尔自治区、内蒙古自治区、广西壮族自治区。之后，湖南省湘西土家族苗族自治州、湖北省恩施土家族苗族自治州、吉林省延边朝鲜族自治州、黑龙江省大兴安岭地区、海南省原黎族苗族自治州的六个县、湖南省张家界市的一区一县也被纳入参照享受西部大开发有关政策的范围，在一定程度上享受西部大开发政策。因此，中国西部地区经济开发的范围突破了“10”的行政区域限制，

① 西部地区，是指传统三大经济地带划分中的陕西、甘肃、宁夏、青海、新疆、四川、重庆、贵州、云南和西藏，共10个省（自治区、直辖市）。

发展成为区域经济一体化、地区分工特色明显的“10+2”，即由西南5省区市（四川、贵州、云南、重庆、西藏）、西北5省区（甘肃、陕西、青海、宁夏、新疆）和内蒙古、广西2个自治区组成。

2.1.2 中国西部民族地区范围界定

1. 学界关于西部民族地区范围的界定

中国的少数民族主要分布在西南和西北等边疆地区。中国少数民族地区主要是指以少数民族人民为主聚集生活的地区，主要包括新疆、广西、宁夏、云南、西藏、青海、贵州、四川、甘肃、重庆、内蒙古、黑龙江、辽宁、吉林、湖南、湖北、海南、台湾等省（自治区、直辖市）。西部地区是我国少数民族最集中的地区，西部12个省（自治区、直辖市）下辖130个地区、913个县，土地面积685万平方千米，占全国国土面积的71.4%，2018年末总人口3.8亿人，占全国总人口的27.2%，该地区少数民族人口占全国少数民族人口的70%以上。

按照郑长德[①]等的观点，西部民族地区在全国区域经济发展新格局中具有十分重要的战略地位。西部民族地区不仅是狭义范围内的少数民族聚集地区，而且是广域政策覆盖区的西部。西部民族地区集民族地区、革命老区、边疆地区、集中贫困地区于一体，属于欠发达地区。狭义上，西部民族地区仅指西部地区的民族自治地方，即5个自治区、27个自治州和83个自治县。考虑到统计资料的可得性和完整性，通常又把西部民族地区[②]定义为：包括内蒙古、广西、西藏、宁夏、新疆5个自治区和重庆、四川、

① 郑长德，罗布江村.中国少数民族地区经济发展方式转变研究[M].北京：民族出版社，2010：32-36.

② 按照郑长德观点，西部民族地区是指内蒙古、广西、西藏、宁夏、新疆5个自治区和重庆、四川、云南、贵州、甘肃、青海6个多民族省市。

云南、贵州、甘肃、青海6个多民族省市，共11个省（自治区、直辖市）。也就是说在西部开发的“10+2”基础上剔除陕西省的“10+1”，该地区陆地面积666万平方千米，占全国陆地面积的69.46%；人口3.32亿人，占全国总人口的25.59%。但是，陕西省除汉族外，还有42个少数民族在全省杂居和散居。因此，应该把陕西省纳入西部民族地区范畴。

学界还有一种观点，将西部民族地区范围界定为“西部民族八省区”，主要是指西藏自治区、宁夏回族自治区、新疆维吾尔自治区、内蒙古自治区、广西壮族自治区5个民族自治区和云南省、贵州省、青海省3个多民族省份，即将西部民族地区等同于“西部民族八省区”。

2. 本书关于西部民族地区的范围界定

由于《促进我国西部民族地区经济发展方式转变的财政政策研究》具有很强的针对性和空间性，作为研究对象的西部12个省份既具有西部特点，又具有民族特点，无论是从行政区划角度，还是从自然地理条件、区位交通状况角度分析，均与西部民族地区概念和范畴相吻合。另外，为便于统计分析和统一数据口径，本书将西部民族地区范围界定为西部大开发的“10+2”，即西南5省区市（四川、云南、贵州、西藏、重庆）、西北5省区（陕西、甘肃、青海、新疆、宁夏）和内蒙古、广西2个自治区。

2.2　经济发展方式的基本内涵及其意义

2.2.1　经济发展的内涵

1. 经济发展的概念

目前，学界关于经济发展的概念尚未形成统一的定论，只是从经济增长和经济发展联系和区别的角度进行反向定义。经济发展不同于经济增长。经济增长是指社会财富总量的增加，也指一国或一地区人均收入和产出的增长。也就是说，一国或一地区商品和劳务的增加，即可视为经济增长。经济增长一般用实际国民生产总值或国内生产总值来表示和衡量，仅为数量的增加。而经济发展则不同，既指数量的增加，又指质量的提高；既包含经济的增长，又包含社会的进步；既包含经济总量的增加，又包含经济结构的优化；其内涵和外延较经济增长更广泛。

经济发展是指在经济增长的基础上，实现经济发展与社会进步、人口生产与资源开发、区域增长与全域发展、城市发展与乡村进步、国内发展与国际分工的协同进步与发展，是物质文明与精神文明、生态文明的协同演进，是参与发展的一切经济因素和非经济因素的有效融合。经济发展是经济增长的数量和质量在社会经济生活诸领域的体现、衡量和归宿，经济发展的内涵较经济增长更丰富且复杂，是一国家或一地区人均实际福利的增长，既包括社会财富量的增多，又包括社会财富质的提升、经济结构和社会结构的变化、投入产出效益的提高、人们生活质量的改善，是一个国家或地区经济结构、社会结构持续高级化的进程与人口素质、生活质量、生活方式不断提高和文明化的过程。

2. 经济发展的主要内容

（1）经济发展是经济增长基础上的发展。经济增长与经济发展的关系是密切相关、协调统一的。有增长未必有发展，但要实现经济发展必然以经济增长为前提。一国或一地区的经济增长出现断裂，经济发展必然受到影响，经济增长停滞必然导致社会秩序混乱、失业增加，民生凋敝。经济发展对经济增长的内在要求是刚性的、持续的、长效的和稳定的。依据卡尔·马克思的生产力和生产关系理论，物质资料的生产是人类社会存在和发展的基础，生产力决定生产关系，一定时期内的物质资料生产决定着社会生产关系的变动。结合人类社会发展史和经济发展史可知，社会经济的增长是推动社会进步的主要动力和源泉。但是经济增长并不等同于经济发展。一定时期内一国或一地区如果实现了经济增长，社会财富和社会劳务大幅增加，但若不重视居民收入分配调节、经济结构和产业结构优化、生态环境保护治理、自然资源和能源的开发保护、区域和行业间差距的缩小、经济体制和社会政治体制的优化和改进，极易产生经济发展与社会进步脱节、增长和发展出现“两张皮”“经济增长”单刀突进的现象，名义上经济增长只是数量上的扩张，但实际上经济增长在萎缩，社会事业在经济增长的同时反而出现了停滞和倒退。在经济增长的过程中，如果社会主体生产方式、社会技术构成、经济结构、产业结构、地区要素构成、产品质量结构、二元经济结构、财政支出效率、社会财富分配、居民福利状况、社会交易成本、政府效能等不及时跟进改善，经济发展和社会进步就无从谈起。由此可见，虽然经济增长不是经济发展的充要条件，但是经济发展的必然要求。

（2）经济发展是社会和谐进步的发展。经济发展归根结底是人的发展，人既是社会生产的主体，也是社会生产的最高目标。经济学不仅是研究经济运行的科学，更是研究经济人和理性人的科学，也是研究福利人的科学。从经济增长到经济发展再到社会进步，从农业文明到工业文明再到现代文明，均离不开人。从某种程度上说，人更应该是经济学研究的对象。在经济增长的过程中实现的个人能力提高、可支配收入增加、个人和家庭福利改善、平均寿命延长、个体健康状况改善、个体潜能激发和运用、文明素质提升、主体价值和尊重感增强等，均是经济发展的表现，也是实现由经济增长向经济发展的重大飞跃。换言之，经济发展具备了在不同层次上满足人的基本需要和发展需求的能力和条件。经济学家丹尼斯·古雷特提出，发展必须具备三个基本条件：生存、自尊和自由，即只有在社会水平和个人水平上实现持续不断的经济进步，人力资源及其潜能得到有效发挥，个体的自身价值才能得到更大认同。随着自由选择范围的不断扩大，闲暇时间实现更多获取，在某种意义上说也就实现了发展。经济学家阿马蒂亚·森认为，发展的目的不在于个人商品和劳务数量的增加，而在于人们获得能力的提高；联合国开发计划署提出了人类发展的概念，丰富和发展了经济发展的目标，提出发展是一个不断扩大人们选择的过程，强调“发展”是以人为中心的发展。在中国，经济发展主要是指以人为本的发展。

（3）经济发展是代际持续衔接的发展。20世纪60—70年代，新古典主义、激进主义和结构主义三分天下。这些理论认为传统的经济发展过于看重GDP的增长，而没有看到GDP增长所耗费的社会环境等成本，因此提出建立涵盖经济、社会、政治、文化、环境、生活等各项指标的全新社会发展体系，合理使用财政政策、税收政策等各种政策组合，促使经济与资源、环境发展相协调，与社会政治发展相协调，实现可持续发展。可持续发展是指“既满足当代人的需要，同时又不能损害后代人满足其需要的能力的发展”①。该理论发端于庇古的“外部性”理论，但已超出微观经济环境层面，着重从整个人类社会（包括后代人）、宏观经济的角度分析经济增长问题，其强调经济、社会、生态的和谐、统一和稳定发展。可持续发

---

①“可持续发展”（sustainable development）的概念最先是在1972年斯德哥尔摩举行的联合国人类环境研讨会上正式讨论。这次研讨会云集了全球的工业化和发展中国家的代表，共同界定人类在缔造一个健康和富有生机的环境上所享有的权利。自此以后，各国致力界定“可持续发展”的含义，已拟出的定义涵盖范围包括国际、区域、地方及特定界别的层面。被广泛采纳的定义，是在1987年由世界环境与发展委员会所发表的布兰特兰报告所载的定义：既满足当代人的需要，同时又不能损害后代人满足其需要的能力的发展。

展是从纵向历史角度对经济发展提出的一种要求，是既满足当代需要，又满足后代需要的发展。可持续发展包括两个方面的内容：一是经济、社会与环境的可持续、协调发展；二是代际公平发展。可持续发展理论要求从本质上消除向后代延伸的外部性。由于传统经济增长模式缺乏节制，经济增长粗放，既破坏了人类在环境资源分配上的代内、代际的公平性和效率性，也损害了社会发展的整体质量。可持续发展理论要求政府在发展经济的同时保护好现有的生态环境和自然资源，使后代人拥有和当代人同样的生存和发展环境。

（4）经济发展是科学理性模式的发展。人类进入工业文明时代后，经济的增长速度超过了以前任何一个时期，经济增长需要大量的资源支撑，经济增长消耗的物质资源和能源资源逐年加剧，对环境和生态造成破坏的治理难度加大。随着科学技术的突飞猛进，传统的经济增长模式越来越不可持续。当代社会，面临资源枯竭、环境恶化等问题，需要探索和遵循一条健康、理性、科学的经济发展路径，科学处理经济增长与经济发展的矛盾。2003年《中共中央关于完善社会主义市场经济体制若干问题的决定》中第一次提出了科学发展观。“科学发展就是坚持以人为本，树立全面、协调、可持续的发展，促进经济社会和人的全面发展。坚持以人为本，就是要以实现人的全面发展为目的，从人民群众的根本利益出发谋发展、促发展，不断满足人民群众日益增长的物质文化需要，切实保障人民群众的经济、政治、文化权益，让发展成果惠及全体人民。全面发展，就是要以经济建设为中心，全面推进经济建设、政治建设、文化建设和社会建设，实现经济发展和社会进步。协调发展，就是要统筹城乡发展、统筹区域发展、统筹经济社会发展、统筹人与自然和谐发展、统筹国内发展与对外开放，推进生产力和生产关系、经济基础和上层建筑相协调，推进经济建设、政治建设、文化建设、社会建设的各个环节、各个方面相协调。可持续发展，就是要促进人与自然的和谐，实现经济发展和人口、资源、环境相协调，坚持走生产发展、生活富裕、生态良好的文明发展道路，保证一代接一代地永续发展。科学发展的第一要义是发展，核心是以人为本，基本要求是全面协调可持续发展。”①

2.2.2 转变经济发展方式的内涵

1. 经济增长方式及其转变

（1）经济增长方式的内涵。经济增长方式是一种综合性的社会经济现象，由增长速度、增长内容、增长机制等共同组成，其本质内容是生产要素的分配和使用方式。所谓经济增长方式，是指一个国家或一个地区经济增长的实现模式，是指通过生产要素变化，即数量增加、结构变化、质量改善等，实现经济增长的方法和模式。“经济增长方式”通常是指决定经济增长的各种要素的组合方式以及各种要素组合起来推动经济增长的方式。现代经济学将经济增长的方式主要分为两类：粗放型经济增长和集约型经济增长。粗放型经济增长方式主要依靠生产要素的优化组合，通过提高生产要素的质量和效率，即通过技术进步，提高劳动者素质，提高资金、设备、原材料的利用率而实现增长，主要依靠增加资金、资源的投入来增加产品的数量，推动经济增长。这种经济增长方式是以数量的增长速度为核心，经济增长的消耗较高，成本较高，产品质量难以提高，经济效益较低。集约型经济增长方式的实质是以提高经济增长质量和经济效益为核心，主要依靠科技进步和提高劳动者的素质来增加产品数量和提高产品质量，推动经济增长。该种经济

① 胡锦涛.中国共产党第十七次全国代表大会报告[EB/OL].[2007-10-15].http：//cpc.people.com.cn/GB/104019/104101/6429414.html.

增长亦称内涵型增长，通过在生产规模不变的基础上，采用新技术、新工艺，改进机器设备，降低物耗，节约成本，经济增长质量较高。

（2）经济增长方式转变。经济增长方式转变，是指经济增长方式由粗放型增长方式转向集约型增长方式，由数量型增长为主转向质量型增长。受一国或一地区所处市场条件、资源环境、要素禀赋、技术水平以及就业状况等因素的影响，经济增长方式转变程度存在较大差异。因此，经济增长方式的转变是一个动态的渐变过程，其衡量标准也是全局性和整体性的，允许某些行业、部门和领域粗放型经济增长方式的存在。

2. 经济发展方式及其转变

（1）经济发展方式的内涵。中共十七大报告提出了转变经济发展方式的概念。经济发展方式是指在经济增长的基础上，实现经济发展的方法和模式，其中不仅包括经济增长方式的内容，而且还包括经济效益、结构（经济结构、产业结构、地区结构、城乡结构等）调整、增长质量、企业效益、收入分配、资源利用、环境保护、城市化水平、工业化程度以及现代化进程等方面的内容。在经济理论范畴中，经济增长一般是指经济活动单纯数量的增加，经济发展一般是指经济总量增加与经济结构优化同时出现。所以，转变经济发展方式比转变经济增长方式更具有广泛和深刻的含义。[①]研究和分析经济发展方式内涵，必须以经济增长方式内涵为基础，在经济增长方式内涵中加入经济结构优化、企业效益提升、社会福利完善、政治制度优化、体制机制变迁、社会交易成本节约、个人价值提升、政府职能转变、财政政策优化等内容，从全面、立体、宏观的角度进行认识，经济发展方式是经济增长方式的更高层次、更高水平的质的规定和限的度

① 胡锦涛. 中国共产党第十七次全国代表大会报告[EB/OL].[2007-10-15].http：//cpc.people.com.cn/CB/104019/104101/6429414.html.

量。一般理论认为，所谓经济发展方式转变就是促使传统的、旧的发展方式向现代的、新的发展方式转变，用现代的、新的发展方式代替传统的、旧的发展方式。依规范分类，传统的、旧的发展方式指的是一组发展方式集合：投资驱动型的，政府驱动型的，资本、劳动密集型的，外需拉动型的，出口带动型的，外延粗放型的。而现代的、新的发展方式指的是另一组发展方式集合：市场导向型的、技术密集型的、消费驱动型的、内需驱动型的、内涵集约型的。[①]

（2）经济发展方式转变的内涵。转变经济发展方式，实现经济由数量型扩张向质量型发展转变，既要重视经济发展的“数量”变化，又要追求经济运行的“质量”“效益”和经济、产业结构的优化，既要求发展方式从粗放型增长转变为集约型增长，又要求从通常的增长转变为全面、协调、可持续的发展。转变经济发展方式，是在转变经济增长方式的基础上，更加注重经济发展可持续性和经济结构调整、优化以及产业转型升级的有力推进。在转变经济发展方式的过程中，既要重视生产、分配、就业、消费以及诸环节的有效衔接，又要在完善市场体制和结构的基础上顾及国民收入再分配、社会保障、住房改革、医疗改革、文化消费、政治体制改革等社会问题。经济发展方式的转变，是实现经济发展的方法、模式和手段的转变，其中不仅包括经济增长方式转变，而且包括结构（经济结构、产业结构、城乡结构、地区结构等）、运行质量、收入分配、环境保护、经济效益、工业化水平、城市化程度以及现代化进程等方面转变的内容。转变经济发展方式，不仅要突出经济领域中“数量”的转变，更要强调经济运行中“质量”的提升和“结构”的优化，提高经济发展的可持续

---

① 胡锦涛.中国共产党第十七次全国代表大会报告[EB/OL].[2007-10-15].http：//cpc.people.com.cn/GB/104019/104101/6429414.html.

性，重视经济结构优化、产业升级、失业就业、投资消费、收入分配等一系列社会发展问题。转变经济发展方式，是经济的数量型扩张向质量型发展的理念升华[①]。实现这一转变，需要在实现经济增长及其转变的基础上进一步完善市场体制、市场结构，转变政府职能、提高政府行政效能，深化公平竞争、构建社会公平环境，减少要素资源过度使用、治理生态环境污染，节约资源要素投入、提高企业经济效益。

2.2.3 转变经济发展方式的意义

（1）转变经济发展方式，有利于提高要素贡献率。转变经济发展方式的主要途径和措施包括大力发展教育事业，提高劳动者综合素质；支持和鼓励自主创新，加快科技进步，提高产品科技附加值，节约能源、资源等要素投入；调整和优化经济产业结构；提高企业管理水平和管理效能；深入推进政企分开和政府行政制度改革，提高政府行政效能。按照内生经济增长理论，上述措施均是提高要素对经济增长贡献率的现实选择，能够促进资本、劳动力、技术、管理、制度变迁等要素对经济增长的助推作用，能够对经济发展提供有效的要素资源和组合支撑。经济发展方式转变的过程同时也是全要素贡献率提升的过程，无论是内生要素，还是外生要素，在不同国家和地区的不同经济发展阶段对经济增长的作用也是不同的，需要根据经济发展的规律和特点提高全要素生产率，实现经济长期稳定发展。要素贡献率的持续稳定提升是经济持续健康发展的重要力量和保证。任何时期经济发展均表现为全要素贡献率和生产率的持续提升，因此，转变经济发展方式有利于要素贡献率的持续、稳定提升，有利于保持国民经济稳定发展。

---

① 胡锦涛.中国共产党第十七次全国代表大会报告[EB/OL].[2007-10-15].http：//cpc.people.com.cn/GB/104019/104101/6429414.html.

（2）转变经济发展方式，有利于提高企业效益。转变经济发展方式，就是实现经济发展由数量型向质量型转变，由粗放型增长向集约型增长转变，经济增长由以投资拉动为主向依靠消费、出口和消费综合拉动为主转变，市场体制、市场结构、经济结构、产业结构、地区结构进一步调整和优化，经济发展的成本进一步降低，社会交易成本也呈逐渐降低的趋势，边际收益递增趋势明显，企业经营效益提高，经济运行质量有效提升。企业作为市场经济的主体，成为各种要素和资源配置的主要力量和平台，通过企业对资本、劳动力和技术、管理等要素资源的聚合，在实现企业利润最大化的同时，推动各种要素资源自由合理流动，实现经济效益的进一步提升。转变经济发展方式，提高资源配置效率，使之无限趋近帕累托最优，有利于企业经营效益、社会经济效益进一步提升。

（3）转变经济发展方式，有利于经济和产业结构优化。随着经济全球化、工业化、信息化的推进，世界各国尤其是发展中国家更加重视加快经济发展方式的转变，以期在新的经济增长阶段和周期中抢占机遇，实现经济发展的质变。经济现代化的过程，既是工业化、城镇化和信息化的过程，也是经济发展方式转变的过程。在转型期，一些发展中国家面临着人口高增长、资源高消耗、环境破坏严重、生产方式粗放、经济结构调整缓慢的问题。在传统经济模式下，经济结构以第一产业为主，第三产业发展缓慢，第二产业比重不高，工业经济和服务业发展不足，经济发展的质量和效益不高。转变经济发展方式，适时降低第一产业比重，大力发展服务业，有效提升第二产业，实现经济结构和产业结构的优化升级，有利于形成质量型经济发展的格局，提高经济现代化水平。现代经济的主要特征是经济和产业结构持续调整和优化，三产所占比重合理，第三产业所占比重较高，第一产业所占比重较低，第二产业所占比重恒定，社会经济效益和企业效益持续提升。转变经济发展方式，推进经济和产业结构调整和优化，加快产业转型升级，是实现国民经济长期稳定的重要前提。

（4）转变经济发展方式，有利于维护经济安全和能源安全。随着世界人口的不断增长，人类对自然资源和能源的需求日益增多，实现经济长期稳定发展，离不开资源的有效供给。但是自然资源是有限的，不能无限满足经济增长的各种需要，经济可持续发展与资源能源供求矛盾进一步突出。由于资源和能源有限，在世界人口迅速增长的情况下，能源安全和经济安全愈显重要。20世纪70年代，经济增长极限论代表人物麦多斯分析了人类面临的五种因素，即人口增长、工业化加速发展、粮食供应、资源日趋枯竭、生态环境日益恶化。该理论提出，按照目前的人口、工业化、污染、粮食生产和资源消耗的增长速率，世界经济将在100年内达到增长的极限，整个人类经济将会彻底崩溃。当前，世界各国出于能源、资源安全和国家经济安全考虑，从本国经济发展实际出发，制定了经济发展战略，加快经济增长方式转变。

（5）转变经济发展方式，有利于经济社会健康发展。一些国家和地区意识到转变经济发展方式的重要性，调整经济结构，推动产业结构优化升级，提高经济发展质量和效益，实现经济发展方式由粗放型向集约型转变。

2.3 经济发展与财政政策关系理论

2.3.1 西方有关促进经济发展方式转变的财政政策理论

1. 古典学派关于提高资源配置效率的财政政策思想

17世纪中期到18世纪末期，威廉·配第、亚当·斯密、大卫·李嘉图等对国家财政问题进行了一系列的探索，阐述了古典学派的财政主张，提出了早期的财政政策理念。

18世纪50—70年代，以威廉·配第为代表的英国资产阶级古典政治经济学学派提出，自然秩序是最高信条，与物质世界一样，人类社会中存在着不以人们意志为转移的客观规律，这就是自然秩序，自然秩序是永恒的、理想的、至善的。但社会的自然秩序不同于物质世界的规律，它没有绝对的约束力，人们可以以自己的意志来接受或否定它，以建立社会的人为秩序。农业是财富的唯一来源和社会一切收入的基础，政府制定和出台政策保障财产权利和个人经济自由是实现社会繁荣的必要因素。

1776年，被誉为“财政学之父”的亚当·斯密在《国富论》一书中阐述了“廉价政府”和“守夜人”的财政主张。他认为，市场是一只“看不见的手”，能够对经济生活进行最适调节和干预，各种资源和要素的合理配置均可自动地通过市场机制来实现。在市场机制下，政府只能充当“守夜人”的角色，不能对经济运行进行过多干预，防止引起负面效应。因此，政府制定政策要以实现经济自由发展为目标，不对市场进行过多干预。《国富论》的第五篇“论君主或国家的收入”集中阐释了国家财政对国民财富增长的影响，是经济学界关于财政政策研究的重点内容。

大卫·李嘉图在劳动价值论和分配理论方面丰富和发展了亚当·斯密的理论。在《政治经济学及赋税原理》中，提出了比较优势理论，并根据要素成本计算，提出了国家实施贸易出口导向战略和最适财政政策理论。

综上，古典学派的财政政策主张，在经济自由发展的环境下，市场机制起主导作用，资源的最适配置和收入的合理分配均通过自由市场机制自动实现，因此政府充当“守夜人”的角色，实行“廉价政府”，保持国家预算平衡，而不是进行过多干预。实践证明，该政策主张不适用工业化中后期发展实际，由于信息不对称、竞争不充分、理性预期偏差等因素的存在，很多领域出现市场“失灵”，政府干预可以为市场机制补位，因此，在宏观调控中应积极发挥财政政策的作用，对宏观经济运行进行调节和干预。

2. 新古典学派关于优化资源配置、福利状况和收入均衡的财政政策思想

新古典学派亦称剑桥学派，马歇尔、庇古、罗宾逊是这一学派的代表人物。该学派主张用均衡价格理论和生产要素分配理论等研究方法对古典模型进行修正，并建立了经济学理论模型。其中，庇古结合对社会福利状况的研究建立了福利经济学。新古典学派重视国家在经济领域中的干预作用，主张政府对经济进行必要的干预。强调财政政策是政府实施宏观调控的重要工具之一，财政政策运用得当可对经济起到较好的促进作用。因此，政府应善于运用财政政策对资源配置和收入分配进行适当干预和调节，以促进国民经济发展，实现国民收入、社会福利的最大化。

古典学派和新古典学派的共同之处在于，二者均重视资源配置和收入分配的经济工具的选择和运用，承认市场机制的基础作用。只是二者对干预机制工具的选择持不同意见，前者主张市场自身机制的自动调节，后者提出政府运用财政政策工具对经济进行必要干预和调节。

3. 凯恩斯主义关于实施有效需求管理的财政政策理论

20世纪30年代，资本主义世界爆发了经济危机，资本主义社会中周期性发生的失业和经济停滞，为凯恩斯主义经济理论诞生提供了经济实践基础。通过对危机和失业的原因进行分析，凯恩斯主义认为，“有效需求不足”是危机发生的主要根源。由于总需求是整个经济系统对商品和服务的需求总量，总需求水平决定生产和就业的水平。根据当时生产和就业情

况迅速恶化的"大萧条"现实，凯恩斯指出自动调节机制并没有真正起作用。微观经济理论关于价格、工资和利息率的自动调整会自动使总需求趋向充分就业的水平的理论不成立。最合适的办法就是政府通过出台一系列政策措施，提高税率，增加财政支出，将劳动力的价格降低到维持生存的水平，引导全社会劳动力平均价格下降，从而刺激就业。

凯恩斯主义认为，萨伊法则不成立，经济中不存在生产和就业向完全就业方向发展的强大自动机制，价格和利率的自动调整不能够创造完全就业。对商品总需求的减少是经济衰退的主要原因，在有效需求不足的情况下，社会充分就业水平的总收入与总消费之间必然存在一个差额，只有国家采取行之有效的财政政策措施，才能有效缩减和弥补这个差额。由于宏观的经济趋向会制约个人的特定行为，所以当私人支出不足以创造充分就业时，政府应当增加公共支出，即维持整体经济活动数据平衡的措施可以在宏观上平衡供给和需求①。在实现充分就业目标后，政府为了治理通货膨胀，必要时可减少财政支出，转而采取发行公债的办法来扩大公共投资，实行财政赤字政策可以有效应对经济衰退。

凯恩斯主义提出的财政赤字理论和有效需求不足理论，被当时及"二战"以后的大多数西方国家所采用，一方面为应对经济危机和实现经济复苏提供了经验借鉴和有效工具选择；另一方面为一国或一地区改进资源配置效率、提高经济发展质量、转变经济发展方式提供了有效的理论支撑。久而久之，有效需求管理理论逐渐成为西方国家政府经济管理常态化手段和工具之一。

4. 新古典综合学派关于保持经济稳定发展的财政政策理论

"二战"后，以保罗·萨缪尔森、莫迪里安尼、索洛和托宾为代表

---

① 约翰·梅纳德·凯恩斯.就业利息和货币通论[M].北京：商务印书馆，2005：89-95.

的一批经济学家在批判吸收古典主义和凯恩斯主义财政政策理论的基础上，提出了宏观经济学政策主张和财政政策理论，即主张在经济运行方面运用财政政策和货币政策，调节总需求，以减少失业、消除经济危机；在经济制度方面主张混合经济论，加强公私机构共同对经济实行控制。

新古典综合学派在凯恩斯主义基础上进行了一系列的创新：第一，重新解释凯恩斯需求决定理论。国家干预经济的主要理论依据是在一定条件下出现的有效需求不足。凯恩斯关于有效需求不足假设成立的基本条件是边际消费倾向递减、预期利润率递减、灵活偏好三大心理规律和工资刚性规律，而不是剑桥学派强调的收入分配不公平问题。新古典综合学派赞同"菲利普斯曲线"，同意工资、物价与失业率成反比的观点，将通货膨胀与失业率对立起来，并通过"总收入—总支出模型"阐述"需求决定论"。在研究需求决定论的过程中，他们充分利用希克斯"IS-LM模型"分析了凯恩斯关于货币对总需求的影响。[①]第二，开辟宏观经济领域的长期动态研究。从20世纪60年代末开始，在研究哈罗德—多马经济增长模型基础上，新古典综合学派将动态和长期研究方法、国际收支与汇率分析、国际间价格与汇率的比较关系等引入宏观经济学领域。自此，经济增长理论和经济周期理论成为宏观经济学一个重要课题。第三，提出新的财政政策应用理论。在凯恩斯"需求管理"理论和扩张性财政政策的基础上，新古典综合学派提出了新的财政政策应用理论。一是提出"逆经济风向行事"的反经济周期财政货币政策理论。20世纪50年代，汉森提出了以"反经济周期"为目的的"补偿性财政政策"和"补偿性货币政策"。"补偿性财政政策"追求在经济周期内实现收支平衡，即在经济衰退时采用扩张性财政政策和

① 吴忠观，柴泳，杨致.经济学说[M].成都：西南财经大学出版社，1987：19.

扩张性货币政策，增加有效投资和货币供给，刺激经济恢复到繁荣水平；在通货膨胀条件下，实施紧缩性财政政策和货币政策，收紧银根，减少流动，提高利率，推动经济回归到充分就业时状态，防止出现大幅波动。二是主张实施包含赤字预算、扩大投资、发行国债的财政赤字政策。20世纪60年代，海勒提出了“增长性赤字财政政策”，将潜在国民生产总值和潜在的增长率作为测算财政赤字的基准，主张在经济上升时期将赤字财政作为常规手段使用，从而挖掘生产潜力，减少产量缺口。三是提出新的财政货币政策关系论。新古典综合学派认为财政政策比货币政策更为重要，“由于现代政府的巨大规模，没有财政政策就等于宣布死亡”①，主张以财政政策为主刺激经济增长。由于财政政策和货币政策的作用不同，在实际制定政策中将二者配合使用。四是提出相机抉择的财政政策与货币政策组合理论。由于财政政策和货币政策的机制原理、作用程度不同，在进行经济管理时，要根据具体情况综合运用复合性的财政政策。

新古典综合学派继承凯恩斯主义理财思想，重视对宏观经济政策的研究，强调财政赤字对消除失业的积极作用，主张政府通过发行债券的方法解决经济运行问题，提高经济运行质量和效益。在货币政策方面，强调利率对投资的调节作用，通过货币供给量控制和调节利率，进而调节社会总需求和国民经济运行质量，并提出了一套相对完备的宏观经济调控政策体系。

5. 供给学派关于改进全要素生产率的财政政策理论

20世纪70年代，美国供给学派代表人物拉弗、罗伯茨、万尼斯基、菲尔德斯坦等针对发达国家存在的滞胀现象，提出了保障有效供给的财政政策主张。供给学派提出，在实施反经济周期政策和应对经济波动时，

---

① 保罗·萨缪尔森.经济学[M].北京：商务印书馆，1981：77.

应该推行保障和增加社会供给的财政政策措施，主要包括：一是倡导政府减税，刺激私人储蓄和企业增加生产投资，通过降低累进所得税率，加速减少税收。供给学派认为，在经济增长的自然动力被窒息的地方用财政支出刺激需求的增长，只能带来通货膨胀，而累进的高所得税率则是制约经济增长和抑制生产发展的主要障碍。政府通过减税，特别是降低边际税率，可以对经济产生多方面的积极影响，促进私人储蓄和私人投资。二是削减政府开支，减少财政支出，改革社会福利制度。供给学派认为，在财政支出方面，社会福利开支对经济增长起窒息作用，所得转移——福利、社会保险、失业补助等对个人上进心所产生的消极影响与高累进所得税率相同，加剧了“靠福利帮助的人不工作”和“工作的人更加辛苦工作”的不公平现象，这种不合理现象将会导致更高的失业率。现行凯恩斯主义的福利政策，只关心维持个人的收入水平和消费，无视工作和储蓄，在一定程度上造成政策短视，需要进行改进。三是实现预算平衡，减少或消灭财政赤字和控制通货膨胀。供给学派反对赤字财政政策，主张降低或限制预算赤字规模，鼓励增加私人投资，降低对金融市场的“挤出效应”和潜在的通货膨胀。通过实施量入为出的财政收支政策，保持预算平衡，不超额增加货币数量，就不会有物价水平的普遍上涨。四是放宽对企业投资的限制，废除对企业投资的各种管制，鼓励实施加速折旧办法，促使企业扩大对固定资产的投资规模，支持企业扩大生产规模，加快技术进步。

供给学派的财政政策观点与凯恩斯主义财政政策理论相对立，主张通过减少税收，刺激有效需求增长，排除经济增长的障碍，提高和改善居民福利状况，鼓励和支持企业发展，综合运用多种财政政策，提高物质资本、人力资本、技术进步对经济发展的贡献率，促进经济发展质量提高。

供给学派的财政政策理论被里根政府、布什政府、克林顿政府和小布什政府采纳，并起到了积极作用，有效促进了经济发展。

6. 理性预期学派关于“无为而治”的财政政策理论

20世纪70年代，以穆斯、卢卡斯、萨金特和华莱士为代表的理性预期学派针对经济危机与通货膨胀互不相容的“滞胀”现实，对凯恩斯的有效需求理论进行了批判：为刺激经济增长，政府实施有效需求管理，扩大财政开支和货币发行，增加生产防止萎缩，进而导致社会总供给过剩，引发经济危机，需求过度导致通货膨胀。若要控制通货膨胀，就要缩减财政开支和货币发行，控制社会总需求，而这又会加深经济危机。为此，理性预期学派提出凯恩斯宏观经济政策无效的政策主张。在以往预期模型的基础上，理性预期学派提出了理性预期假说，并进行了理论假设，一是因为信息是稀缺的，所以经济系统一般不会浪费信息；二是预期的形成方式主要取决于描述经济的有关体系结构；三是公众的预期对经济体系的运行没有产生重大影响。在此假设框架下，经济当事人为避免损失和谋取最大利益，设法利用一切可以取得的信息，对所关心的经济变量在未来的变动状况中做出尽可能准确的估计。因此，理性预期是经济主体利润或效用最大化的自然结果，是最准确的预期；经济当事人的主观概率分布等于经济系统的客观概率分布。①

理性预期学派主张经济自由发展，以追求经济发展的自然水平政策为目标，反对人为地刺激生产和提高就业水平。由于市场经济具有内在的稳定性，其运行遵循一定的规律，自由市场制度和竞争机制总能使总产量和总就业水平长期保持在自然水平之上。因此，理性预期学派提出宏观经济政策无效论，认为理性的经济人都能收集到尽可能充分的信息，并据此做

① 俞可兴，鲁桐. 西方国家治理经济滞胀的对策[J]. 世界经济与政策，1994，34（9）：51–53.

出理性预期，这种预期结果非常准确，可以与职业经济学家运用数学模型得出来的结果相媲美。这样，人们能够迅速了解政策制定者的意图，并对政府的政策和价格变动事先采取预防措施，结果抵消了政策的预期效果，导致政府政策无法发挥预期效应①。理性预期学派认为，政府应该坚持无作为的原则，放弃实施反经济周期的财政政策和相机抉择的财政政策与货币政策。

2.3.2 财政政策与经济发展的关系

1. 财政政策演变为经济发展的重要因素

就财政政策与经济发展的关系而言，财政政策在经济发展中扮演着组织者和实施者的双重角色，一方面制定国家或地区的短期和中长期发展规划，规范和引导宏观经济发展，为经济发展提供组织管理供给；另一方面通过财政政策对经济发展进行总量和结构调整，同时融合社会政治因素、文化历史因素、环境地理因素、体制机制因素等为国民经济长期稳定发展提供持久动力。从制度角度来看，作为宏观调控工具之一的财政政策对经济发展而言是外生因素，结合人类经济发展历史进程，制度体制类外生因素由于具有较强的不可替代性，在实际经济运行过程中发挥着内生因素的作用，促使国民经济总量逐渐增加，国民经济结构和效益不断优化、提高；从要素角度来看，除资本积累、劳动力、技术进步外，兼具政治和经济要素特征的财政政策在经济运行过程中起着要素资源的作用，按照全要素增长理论，制度变迁的引入，提高了整体要素投入的生产效率，促进了经济长期增长。如图2–1所示。

① 俞可兴，鲁桐.西方国家治理经济滞胀的对策[J].世界经济与政策，1994，34（9）：51–53.

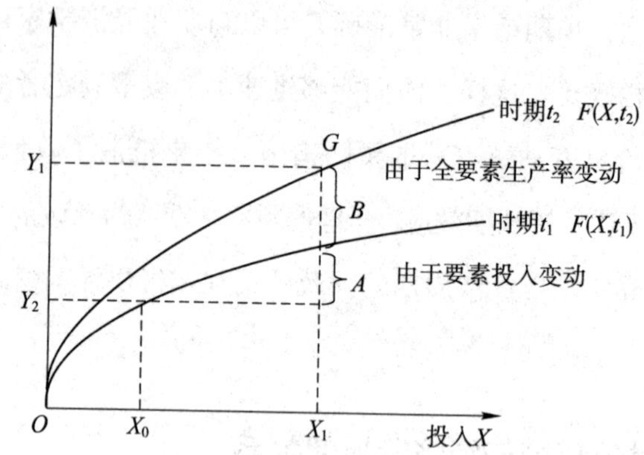

图 2–1 全要素生产率、要素投入综合决定经济增长模型

为了更好地说明经济增长理论，在此引入生产函数$Y=F(X)$，式中，Y为产出，X为投入。除了依赖要素投入外，产出还随着时间t变化，因此，生产函数变形为

$$Y=F(X, t) \tag{2-1}$$

按照经济增长理论，通过生产函数在两个时期的变动来分析比较全要素生产率的变动状况。图2–1中，产出增长主要由两部分构成，一部分是由要素投入增加带来的增长，另一部分是由全要素生产率提高带来的增长。其中，产出增长、要素投入增长和全要素生产率增长分别用AG、AB和BG表示。根据生产函数，可分析测度出经济增长中全要素生产率变动引起的国民收入增长情况。

2. 财政政策先天具有促进经济发展的职能

关于财政政策与经济发展关系，从财政职能角度分析可知，财政职能包括资源配置、收入分配、稳定经济、调整结构等。同样，作为财政职能载体的财政政策也先天具有这几大职能，维护国民经济平稳运行，促使国民经济长期增长。就整个世界经济发展过程而言，发达国家和大多数发展中国家的财政政策始终发挥着增长“加速器”的作用，在经济增长迟缓时，政府采取扩张性财政政策，增加财政支出，减少税收等，发行公债，牵引和拉动国民经济恢复增长；在通货膨胀时期，经济发展高于充分就业水平，经济泡沫因素增加，出现大范围通货膨胀，政府应适时采取紧缩性财政政策，增加税收，减少财政支出，提高政府服务效能，促使经济回归到充分就业水平，引导国民经济平稳、健康发展。财政政策在经济发展中发挥着重要的“稳定器”作用。对于发展中国家而言，财政政策对经济发展的贡献更为明显，特别是在市场经济体制尚未完全建立的转轨时期，财政政策对经济发展的作用尤为重要，经济发展的历程也证明了这一点。例如，1998年，受亚洲金融危机的影响，中国经济面临着考验，经济增长迟缓，内需严重不足，社会总供给与总需求失衡，导致经济发展受到严重影响。据此，中国开始实施积极的财政政策，扩大内需，增加财政支出，促进国民经济稳定发展。

2.3.3 促进经济发展方式转变的财政政策取向

经济发展方式由粗放型向集约型转变，既是一项错综复杂的系统工程，又是一个循序渐进的经济发展过程。实现经济发展方式转变离不开财政政策的实施和运用。按照全要素生产效率理论，财政政策作为体制和制度因素，在诸要素构成中促进全要素生产率的提高，影响和制约着经济发展方式转变的质量和进程。一国或一地区结合经济发展阶段、市场构成、经济发展特点，运用财政政策工具，推进财政政策创新，在重点领域与关键环节实现突破，促进经济发展方式实现根本性转变，其措施主要包括以下几方面。

1. 优化需求结构的财政政策

市场经济条件下，按照扩大消费—产业升级—经济发展方式转变的思路，依据凯恩斯“有效需求不足”理论，创造需求，通过扩大国内需求，提高居民消费能力，调整和优化消费结构，科学引导消费偏好，稳定消费预期，在更广范围和领域创造有效消费需求，增加社会总供给，实现宏观经济动态均衡，进而提高社会总供给水平，从根本上促进国民经济长期稳定发展。

2. 促进科技进步的财政政策

一是增加财政投入，调整财政支出结构，提高科技支出在财政支出上的比重，大力支持自主创新，加大对基础性和战略性高新技术研究的投入，力争在关键技术领域实现重大突破，以技术创新支撑发展、引领未来。二是提高科技成果的转化能力。通过创新财政研发投入方式，推动创新要素向企业集聚，提高财政在产学研方面投入的比重，以重点产业或产品为平台，推进产学研一体化，支持科技产业发展，如图2–2所示。提高教育支出在财政支出中的比重，大力发展教育事业，促进职业教育发展，大力提高劳动者素质，扩大科技人才队伍规模，使人才结构更好地适应转变经济发展方式的需要。

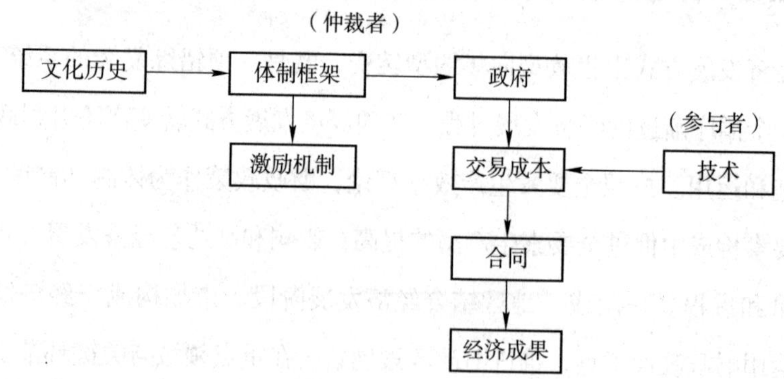

图 2–2　政府对科技成果转化的促进

3. 支持产业振兴的财政政策

财政政策具有资源配置、调整经济结构的职能，因此，政府通过推行产业政策、投融资政策和税收政策，大力推进产业转型升级，强化新兴产业政策支持，对发展潜力大、带动作用强、符合发展方向的新兴产业，在技术研发、示范推广、市场培育等环节予以全面支持；通过市场约束和财政激励相结合的方式，加快传统产业改造提升，支持高科技产业和战略新兴产业发展，加快淘汰落后生产产能，加快产业升级和区域布局调整，完善财税优惠政策，更好地发挥体制机制变迁对转变经济发展方式的促进作用。

4. 促进环境保护的财政政策

综合运用税收政策、产业扶持政策、投融资政策和中小企业政策，加大财政用于环境保护的支持力度，鼓励和支持绿色经济、低碳经济发展，降低中小企业和绿色经济主体的税收负担，加大税收优惠幅度，扩大税收优惠范围，支持节能减排，鼓励污染治理和环境保护；运用税收政策和投融资政策，加大对清洁能源、生物质能产业的财政扶持，培育和壮大绿色经济产业，降低经济发展的物耗投入，提高经济发展的质量和效益。

2.4　国内外关于经济发展的研究述评

2.4.1　国外相关研究文献评述

1. 经济增长内涵理论

（1）1958年，尼古拉斯·卡尔多结合对主要资本主义国家经济增长的研究和分析，将经济增长中所显现出的事实概括为：资本—劳动比率持续增长；人均产出、总产出按照一种特有的速率持续增长；资本系数、资本利润率能够保持基本稳定；一定时期内，不同国家和地区总产出长期增长率与劳动生产率的长期增长率存在差异；产出中的投资份额与收入中的利润份额呈现高度的正相关性。

（2）1971年，通过对世界大多数国家考察，西蒙·库兹涅茨提出，“一个国家的经济增长，就是它给本国居民提供日益多样化的商品的能力的持续上升。这种不断提升的能力，是建立在先进技术以及所需制度和意识形态的相应调整的基础上”，他认为现代经济增长具有以下基本特征，即一国或一地区全要素增长率不但水平较高而且增长速度较快；人口增长率、人均产出保持高速增长，且后者的增长率要高于前者；社会、意识形态、政治、经济结构变革和国际经济扩张迅速；在世界扩张进程中经济增长呈现出显著的不平衡性。

（3）2004年，查尔斯·琼斯提出，在经济运行过程中存在着这样一个增长事实，可以用于解释世界各国的经济增长。该事实是国民经济并不一定保持长期稳定，可以存在波动，其在不同国家之间具有不同差异；不同国家之间人均收入也存在较大差异，不可能相同；一国或一地区人均收入在世界的排位不可能一成不变，穷国和富国是相对的，也是相互转化和发展变化的。①

综上可知，经济学家结合对世界各国经济增长的考察，分别从资本积累、技术进步、劳动力状况、人均产出等角度提出了不同的经济增长概念，均对经济增长的内涵做了个性化的概括。其优点在于，将经济增长概括为要素投入和资源配置效率改进导致社会产出的增加。不足之处在于，其只分别从要素构成的某一个角度对经济增长进行概括，不能较为全面地

① CHARLES. Regional economic growth and convergence[J]. Finance and development，2004（3）：49-52.

对经济增长的含义进行概括和提炼。结合本书研究，一国或一地区经济增长主要表现为一定时期内全社会产出的数量增加和质量改进，而不单单是对资本—产出比率、资本系数、资本利润率等指标的考察。

2. 经济增长因素决定理论

（1）资本决定理论。20世纪40年代中后期，哈罗德、多马通过对经济增长的长期研究，提出了哈罗德—多马理论。根据该理论，一国或一地区产出的实现主要依赖自然资源和能源投入、劳动力供给状况以及物质资本存量等生产要素投入的增加。对于发展中国家而言，自然资源供给状况、劳动力供给和物质资本存量会对经济增长形成影响和制约。其中，物质资本存量状况是关系发展中国家经济增长的重要因素，因为发展中国家人口增长率较高，劳动力供给相对丰富，所以劳动力和自然资源供给对发展中国家经济增长不会形成约束。因此，要通过提高投资率或储蓄率，加速资本形成和积累，来加速经济增长。20世纪40年代，舒尔茨首次提出了人力资本的概念，他认为一国或一地区可以通过增加教育、营养、卫生的投资，提高劳动者素质，进而促进经济增长，这种效应主要包括“知识效应”和“非知识效应”。“知识效应”可以极大地促进经济增长，其主要原因在于“知识效应”可以产生人力资本效益递增效应，进而促进劳动要素和资本的边际收益递增。20世纪80年代，卢卡斯、罗默等提出了内生经济增长理论，该理论主要着眼于改进和处理递增规模收益，计算发现可积累的边际收益具有非递减性，如果资本边际收益保持一个常数概念，就可以实现人均收入的长期增长和规模收益递增。

（2）技术决定理论。20世纪50年代中后期，在对哈罗德—多马增长理论不断修正的基础上，索洛、阿罗以及保罗·罗默等提出了新古典增长理论。该理论认为资本和劳动力具有不可替代性，社会存在技术进步，当要素投入组合以及要素资源配置达到帕累托最优状态时，技术进步对经济增长的作用将超过资本和劳动力，成为经济增长的关键因素。其中，索洛的“外生技术决定论”是外生给定的，而阿罗的“内生技术进步论”则是将技术进步引入经济增长模型，并将其作用内生化。①

（3）制度决定理论。20世纪80年代，诺斯等通过对1870—1970年美国经济的研究，提出了交易费用理论。诺斯认为交易费用的降低是实现经济增长的重要源泉，由产权界定及变化引起的制度变化及其创新，是经济增长的诱因和动力。政府可以通过制度创新和改进降低社会交易费用，推动社会产出最大化，进而推动经济持续增长。②

综上，通过对经济增长决定理论进行相关梳理，可以看出，哈罗德、多马、索洛、阿罗、诺斯等均从不同视角对促进经济增长的因素进行了深入分析，在一定的假设条件下，得出了资本决定理论、技术决定理论以及制度决定理论的不同结论。其优点在于，上述三个理论分析，充分肯定了资本、技术和制度等生产要素对经济增长的助推作用，并借助模型分析，提出了各要素投入与经济增长的数量比例关系，为国家制定经济增长战略提供了理论依据；不足之处在于，随着全要素理论以及新经济增长理论的兴起，关于经济增长决定因素的分析已不再局限于某个变量因素的单纯分析，而是就要素组合以及结构优化对经济增长的贡献率进行更为全面、细致的分析。

3. 经济增长演化理论

（1）纳尔逊—温特的协同理论。纳尔逊和温特（1982）建立了一个相

---

① SOLOW, R M. Technical change and the aggregate production function[J]. Review of economics and statistics, 1957, 39(3):312–320.

② NORTH. Factors conditioning the formation of European regional convergence clubs[J]. Annals of regional science，1988，42(4)：911–927.

对完备的经济增长理论模型，提出企业的“异质性”是导致企业选择过程与技术创新过程不断更迭的主要原因，并得出制度和技术的协同演化对经济增长具有推动作用的结论。该理论还认为，制度演化是实现技术进步的重要前提，其不仅为技术进步提供空间，而且对技术演进、创新和传播具有加速与助推作用。①

（2）格里克的周期理论。格里克（1989）结合对企业效益增长与经济增长的研究，发现在异质条件下，企业新引进的技术对经济增长具有非稳态性特点，全面分析技术进步对企业效益改进和经济增长的贡献，还应结合经济周期变化、长期增长影响等相关因素进行分析。②

（3）迈特卡福的选择理论。迈特卡福（2001）采用模仿者方程，建立了一个由选择和发展构成的经济增长阶段模型。该理论认为，多样性选择和制度改进是推动经济变迁的主要动力，多样性选择的强弱在一定程度上决定了经济增长的充分程度，随着制度变迁理论的发展，制度改进对经济增长的作用也逐步凸显出来。

根据经济增长演化理论可知，制度与技术协同演化、多样性选择和制度改进，以及异质条件下技术进步与经济周期等因素对经济增长及其演进具有重要的助推作用。将制度改进、制度与技术协同演化、多样性选择以及周期变化引入经济增长分析过程，有利于研究和分析经济增长的影响因素，为经济增长理论发展提供了新的研究方法和工具，并被政府决策所采纳，这是经济增长演化理论的优点所在；其缺点在于，忽视了对资本、劳动力、技术进步、管理者经验等因素的协同分析。在经济增长模型中，传

① NELSON W. Evidencing European regional convergence clubs with optimal grouping criteria[J]. Applied economics letters，1982，12(15)：937–940.

② GUERICKE，M T，MCGUIRE，T J. Do interregional transfers improve the economic performance of poor regions[J]. International tax and public，finance，1989（8）：281–295.

统的生产要素仍不失为经济增长的重要动力和源泉。具体到我国西部民族地区，资本积累、劳动力素质、技术进步等仍是促进地区经济增长的重要推动力，而技术研究与制度变迁受经济发展基础、地区经济社会发展程度的影响，其对经济增长的助推作用还不能充分显现。

4. 创新主义发展理论

熊彼特（1912）在《经济发展理论》中提出了创新主义经济发展理论，即通过机制创新以及创新组合可以实现经济发展。熊彼特提出，所谓的发展就是存在于经济生活中并非从外部强加于它的，从经济体系内部自行发生的，在流转渠道中自发形成和间断发生的，并对均衡产生干扰的变化。[①]发展作为一种特殊的经济现象，需要我们从工业或者商业生活领域中来寻找。熊彼特提出创新是经济发展的实质，经济发展需要通过引进“新组合”，进行创新来实现。新组合是指对现存劳动力和土地的服务以不同的方式加以利用和组合配置。发展即执行新组合。而与实现新组合密切相关的是竞争行为和信用。新组合是抽取了旧组合中的购买力来进行的，而不应该假设通过闲置的资源进行；信用对于实现新组合来说是首要的，它把生产手段从循环流转中抽取出来，并将其分配给新组合，这是通过信用完成的。但信用并不是从普通百姓的储蓄中来，因为这部分钱不是为了营利。人们可以用信用来实现新组合的购买力，是对某种社会产品的一部分的一种命令书和请求权，银行家或者是拥有这种购买力的人是站在想实现新组合的人和拥有生产手段的人中间的。

从熊彼特开始，创新因素被逐渐引入经济发展的研究过程中，并且把经济增长与经济发展做了详细区分。熊彼特认为，经济增长是由人口和资本投入增长所导致的一种经济自适应性；而经济“发展则是一种特殊的现

① [美]熊彼特.经济发展理论[M].北京：商务印书馆，1991：56-61.

象。增长是流转渠道中自发和间断的变化，是对均衡的干扰，它永远在改变和代替以前存在的均衡状态。发展只不过是对这种现象和伴随它的过程的论述”“发展可以定义为执行新的组合”。现时代，熊彼特创新理论对发展中国家以及欠发达地区经济发展而言，具有重要的参考价值。近年来，我国倡导的自主创新战略就是创新理论的新实践，创新对提升国民经济发展质量和效益的重要性已被广泛认同。但是熊彼特将经济发展、创新、信贷、利息和利润本质及相互关系解释为，创新是经济发展的源泉，信贷创造的本质需求在于创新，利息来源于利润，利润是企业家创新价值的报酬，需要进一步完善和改进。虽然创新机制对经济增长具有重要作用，但不是万能的。具体到中国西部民族地区，既要重视创新的作用，又要注重传统要素投入机制和组合作用的发挥。

5. 新经济发展理论

20世纪80年代以后，新经济发展理论兴起，现代经济发展理论进入了一个大融合的全新发展时期。在这一时期，经济发展理论与社会学理论、伦理学理论、主流经济学理论、法学理论等交互融合，互相补充，寻租、新制度主义发展、可持续发展、后发优势假说等新经济发展理论相继产生。

（1）新制度主义发展理论。20世纪80年代以来，一些经济学家意识到，解决经济发展问题，不应局限于对资本积累、人口控制、技术引进、产业结构优化、就业改善和出口促进等经济因素的考量，而应加强对制度因素对经济发展的促进或阻碍作用的关注。奥尔森（1988）提出“兴盛的市场经济最重要的是那些能够保障个人权利的制度。这些制度包括财产权，因为没有财产权，也就没有人会积极地储蓄和投资。此外，市场经济也要有鉴定各种公平的可实施的契约的权利，虽然它对于发达国家是既定的前提，但对于发展中国家的经济转型则是至关重要的”。[①]速水和拉坦（1989）则将诱致性技术变迁扩展到诱致性制度变迁中，以期说明为何该种变迁以及相伴生的经济发展存在于某些经济中，而不存在于另外的经济中，并试图构建使资源、禀赋、文化和制度作用内生化的经济发展模式[②]。诺斯、弗鲁博腾、奥斯特罗姆、贝茨（1988—1994）等一些新制度主义学者从非经济因素考量经济发展问题，更多地将制度分析的理念、模式、范畴、方法等引入到经济发展研究分析中，“新制度经济学”在经济发展领域形成并扩展开来。[③]

（2）可持续发展理论。20世纪80年代，经济发展理论出现了新的变化，即在研究经济发展因素问题时，把自然资源、社会制度、生态环境、技术进步、人口生产、文化传统等因素统筹考虑到经济发展过程中来，拓展和深化了对经济发展模式、动力的认识，提出了一种与传统增长模式截然不同的经济发展理念——可持续发展理论。爱德华·巴比埃（1983）提出“环境三功能”理论，构建了一个“经济—环境”相互作用模型，认为人类生产和生活对生态环境和稀缺资源具有较强的依赖性，经济和环境相互作用不仅不断提高能源相对稀缺和环境对生产投入的程度，而且废气、废料产生引起的不可逆转的环境质量下降和生态平衡破坏的可能性不断增大。从长期来看，在经济发展过程中如果不断引起生态环境恶化，那么极易导致环境的绝对限制。为最大限度消除贫困，需要采取必要手段实现对

① OLSEN，D. Twin peaks：growth and convergence in models of distribution dynamics[J]. Economic journal，1988（106）：1045-1055.

② RATAN，F，SACHS，J D. Why do resource-abundant economies grow more slowly?[J]. Journal of economic growth，1989（4）：277-303.

③ NORTH. Factors conditioning the formation of European regional convergence clubs[J]. Annals of regional science，1988，42(4)：911-927.

环境的可持续、有效率管理。[①]

（3）后发优势假说理论。在资本主义发展早期，大卫·李嘉图、奥林和赫克歇尔等提出了“相对有利条件论”和“比较优势”理论，提出了“经济上相对落后的国家（地区）在经济发展中具有相对的优势”的假说。20世纪60年代，美国经济史学家格申克龙在“大突进”理论中提出，在工业化进程中后发国家相对于先发国家而言，更有可能取得更高的发展时效，这就是后发优势假说理论。20世纪80年代中期，阿伯拉维茨运用“社会能力”的概念，阐释了有些后发国家能够成功追赶先发国家而有些则不能实现追赶的原因，使后发优势假说理论获得了长足发展。20世纪90年代，范艾肯结合全球化、信息化条件下后发优势理论出现的新变化，创建了开放条件下经济追赶模型，阐释了后进国家基于后发优势与先发国家经济趋同的原因。克鲁格曼、伯利兹通过建立“蛙跳”模型，说明后发国家的后发优势不仅体现于跟随性的模仿创新，而且体现于在一定条件下后发国家可以直接进入高科技领域，抢占经济发展的制高点，在某些领域或产业超过先发国家的可能性。

通过对新经济发展理论的综合分析，可以看出，随着经济增长理论的演进，制度变迁、技术进步、生态稳定性、人口增长、自然资源和文化传统等因素被广泛引入经济增长研究中，经济增长的影响因素已不局限于传统的劳动力、资本、技术等生产要素及其组合分析，而是从经济领域逐步扩展到社会政治领域，经济增长涉及的范围越来越广，经济增长理论研究与实际经济运行结合的程度越来越紧密，并且取得了显著成就。然而，在中国西部民族地区，由于自然条件、气候状况、经济基础、社会历史、区

① EDWARD J P. Specification and estimation of spatial panel data models[J]. International regional science review，1983，26(3)：244-268.

位地理等因素影响，市场发展不充分，经济增长的质量和效益不高，经济增长的可持续性、协调性不强，经济增长的方式粗放特征明显，经济增长对能源资源投入的依赖性较大，这种状况急需扭转，经济发展思路和模式有待调整和改进。为此，我们要充分借鉴和吸收新制度主义发展理论、可持续发展理论、后发优势假说理论成果，并将三者有效结合，研究和制定符合西部民族地区经济社会发展实际的财政经济政策，以实现对地区经济发展的推动和促进。

2.4.2 国内相关研究文献评述

1. 多要素经济增长理论

多要素经济增长理论是研究解释经济增长规律和影响制约因素的理论的总称。从宏观角度分析，经济增长主要取决于一定时期内取得的有用物质和能源的多少。其中，物质包括石油、煤炭、植物、金属、天然气等；能源包括水能、太阳能、核能、风能、地热能等。有用物质和能源的取得主要受技术进步、发明创造、生产方法、自然条件和劳动力素质的影响和制约。一般而言，影响和制约一国或一地区总产出增加的最直接因素包括劳动力素质、能源与资源丰裕度、生产方法以及自然条件等与经济生产及初加工关系密切的要素变量。陈云达、郑长德（2006）通过对1978—2006年中国少数民族地区经济发展的实证分析提出，中国西部少数民族地区虽然资源储量丰富，但是受自然气候条件恶劣、地形地貌复杂、经济基础薄弱、人力资源不足、资源利用率低、市场发育不完善等因素影响，其经济发展方式转变进程缓慢，与中东部地区经济发展差距依然较大。

根据多要素增长理论可知，2010—2020年，在国家深入实施西部大开发战略之际，西部民族地区应结合本地区独特的区情，充分发挥本地区资源优势、区位优势和经济优势，大力发展民族工业、特色工业、旅游业、新能源产业，加快推进工业化、城镇化进程，逐步增加物质资本积累和要素积累，促进地区经济持续、健康、稳定增长。

2. 结构主义增长理论

杨小凯、博兰德（1991）在罗斯托、罗宾逊、库兹涅茨和钱纳里等结构主义经济增长理论研究的基础上建立了杨小凯—博兰德模型，即“Y–B模型”，将熟能生巧、社会分工、交易成本等引入经济增长模型，深入分析诸要素与经济腾飞的关系，集中阐释了通过经验积累可以实现内生比较优势积累，进而促进经济增长。该模型理论认为，社会分工和专业化是经济增长的源泉，随着全球化和工业化进程加快，劳动和资本不断从生产率较低的部门逐渐向生产率较高的部门转移，伴随着这种转移，经济增长也不断实现加速。生产要素在不同部门之间的结构性流动和演变所产生的结构效应是经济增长的重要源泉之一。

由结构主义增长理论可知，社会分工和专业化作为经济条件之一，对经济增长起间接的促进作用，在社会分工和专业化演进过程中，劳动、技术和资本等生产要素在价格机制作用下，在不同地区和部门进行转移，要素的结构性流动是实现地区经济持续增长的重要源泉。作为欠发达地区，中国西部民族地区要实现地区经济持续增长，必须积极参与地区和国际分工，提高专业化水平，提高对外开放度，提高要素资源配置效率，降低社会交易成本，提高行业和企业生产效率，最终实现地区经济增长规模的持续扩大和经济增长效益的提高。

3. 协同演化理论

刘志铭、郭惠武（2006）通过对专业市场和产业集群互动发展的研究，提出技术进步与制度变迁的共同演进对经济增长具有显著的解释作用。他们通过对新增长理论关于技术进步对经济增长作用的批判，提出了技术进步在不同国家之间存在差异问题，并进而将技术内生和制度内生的协同演化引入经济增长分析，为研究经济系统的运行和发展提供了全新的视角。

由协同演化理论可知，将技术和制度要素作为促进经济增长的重要变量因素，并将其内生化，以此对经济增长影响因素进行分析，最后得出技术与制度的协同演进是实现经济持续增长的重要原因。就中国西部民族地区而言，新时期，为实现地区经济长足发展，需要积极推进经济体制和政治体制改革，加快推进政府职能转变，促进政府治理体系和治理能力现代化，提高行政效能和公共服务质量。加快推进企业管理制度改革，推广公司制治理，加快建立现代企业制度，深入推进企业自主研发，加大科技投入，提高企业生产效率。积极理顺现代资源产权制度和环境产权制度，通过环境立法加强对自然资源保护。科学理顺资源、资源产品的价格，防止资源过度开发和浪费，完善资源市场机制，积极促进地区经济持续、稳定发展。

4. 竞争发展理论

何梦笔、李扬等（2002）将政府间竞争引入经济增长分析，分析了地方政府竞争、公共性融资对经济增长的影响。他们认为，地方政府竞争作用主要表现在两个方面，一方面是竞争推动了政治制度变迁、经济体制变革、基础设施完善和对外开放程度的提高，另一方面表现为重复建设、地方保护主义、招商引资无序和恶性竞争等。改革开放以来，我国政府间制度竞争主要表现为两种形式，一种是规制竞争，另一种是税收竞争和补贴竞争。由于受地区经济开放度、市场化程度、可用财力规模、区位条件等因素的影响，各地区政府制度竞争的程度存在着较大差异。张军（2007）通过对1978年以来中国经济增长的研究提出，中国经济的发展主要得益于地方竞争所产生的巨大推动能量，竞争对中国经济增长起到了关键的推动作用，这种作用超过任何国家和地区、任何时期和发展阶段对经济增长的推动强度。改革开放以来，通过分权制度改革，中国经济巨大的经济实体被分解为众多独立的地方经济，地方经济增长获得了巨大的发展空间。市场经济条件下，虽然缺乏彻底的私人产权制度和完善的金融体系，但地方政府之间的经济充分竞争，对地方基础设施的投资与改善、金融市场的深化与改革起到了弥补作用。不但如此，地方经济竞争还可以从根本上减少政府高度集中的决策失误，有力地促进了工业化战略的实施，提高了中国参与国际分工的水平，为外商直接投资和中国经济深度开放提供了良好的市场契机。王永钦、陆铭和陈钊等（2007）通过对中国经济发展的全面分析，深入研究了中国分权式改革对经济增长的影响。他们从中国经济增长的效果出发，分析中国分权式改革的自洽逻辑，认为一元政治体制与多元经济体制结合，极大地释放了中国改革开放的活力，是解释和处理诸多社会经济问题的主要工具和途径。一元政治集权体制下，地方经济市场化和竞争性领域民营化是实现改革开放40多年来中国经济腾飞的关键所在。张五常（2008）认为，地区竞争是破解中国之“谜”的关键所在，地区之间的激烈竞争促使经济大幅增长。改革开放以来，地区经济乃至全国经济持续快速发展，绝大多数取决于地方政府以及区域内政府之间的竞争机制作用的充分发挥。

根据竞争发展理论可知，通过引入竞争机制，在地区经济发展过程中积极推进分权制改革、私人产权制度改进以及完善地区金融环境，一方面有利于提高地方经济竞争实力、发展自由度和积极性，另一方面有利于最大限度降低高度集中决策所导致的效率损失。地区经济机制、竞争意识、竞争程度在一定程度上决定着地区经济增长的速度和质量。具体到中国西部民族地区，国家要以2010—2020年西部第二轮深度开发为契机，加大对西部民族地区转移支付力度，增加对西部地区的财政补助，制定和出台更多针对性较强的优惠政策和措施，给予西部民族地区更多的发展经济自主权，在民族区域制度的框架下，引导和鼓励西部民族地区进一步加大开发开放的力度，积极参与国家分工和市场竞争，切实转变经济发展方式，最大限度降低物耗投入，努力提高产品科技附加值，加快技术进步和制度变迁进程，不断提高地区经济总体实力。

5. 区域经济发展差异理论

（1）投资分布差异理论。崔启源、王有强（2000）通过运用泰尔指数实证分析法，对中国区域经济发展差异进行了深入分析，并将地区经济发展差异的主要原因归结为地区投资分布差异。他们认为，新中国成立以来区域经济发展差异呈现出显著的大幅波动、逐渐缩小和逐渐扩大趋势，其主要原因可以归结为投资差异因素的影响。王铮（2002）通过对20世纪90年代以来中国经济增长动态变化的研究，发现中国东中西部地区经济发展具有不同的均衡点，三地区分别收敛于不同的均衡点。现阶段，国家经济发展整体上向经济收敛、同步发展转变，国家经济发展处于关键时期，国家经济收敛与否主要取决于未来区域投资政策的变化以及区域投资的分布。马拴友、于红霞（2003）通过对国家对东中西部地区转移支付财力的比较分析提出，现行转移支付制度存在的缺陷和不足是造成近年来地区经济发展差距逐步扩大的主要原因。马拴友、于红霞认为，“1995年从中央获得转移支付最多的四个省份分别是广东、上海、江苏和辽宁，占中央转移支付总额的比重分别为7.6%、7.1%、6.4%、6.1%，合计高达27.2%，已超过中央全部转移支付的1/4；2000年，辽宁、上海、广东、江苏得到中央补助仍然名列前茅，所占比重分别为5.9%、5.1%、4.8%、4.6%，合计高达20.4%，超过了中央全部转移支付的1/5。从转移支付的区域差距看，转移支付的区域差距和区域经济差距不对称，东西部经济发展差距逐步拉大，而中央对东西部转移支付差距相反却在逐渐缩小”①。

根据投资分布差异说可知，区域经济发展差异形成和扩大主要源于区域之间投资分布差异，区域之间经济增长的收敛或趋异主要取决于投资结构及分布。通过对1978年前后东部和西部之间发展差异的比较可知，短期来看，政府通过财政转移支付制度，引导全域资源在省际流动和配置，一定程度上降低了资源、要素分布差异。但是从长期来看，财力均衡政策并没有使地区之间的长期生产能力趋同，反而导致了东西部地区之间人均GDP的长期趋异。结合本研究可知，为进一步缩小东中西部地区之间经济发展差距，提高区域经济协调性，使地区经济长期增长能力趋同，需要对现行财政转移支付制度进行改进和完善，以实现地区经济的均衡发展。

（2）资金使用效率差异理论。刘溶沧、赵志耘、夏杰长（2000）在对国民经济增长方式转变研究中提出，西部地区政府投资和民间投资资金使用效率不高，造成了资本积累对经济增长贡献率较低，因而影响经济增长方式转变进程。武剑（2002）在投资差异理论的基础上，运用经济增长理论，采用多维方差分析模型，对我国东中西部地区间GDP增长差距、投资规模差距等关键变量进行了实证分析，并提出资金使用效率及深化速度理论。他认为，造成我国区域经济发展差异的主要原因不单纯是区域投资规模及分布差异，还有区域之间资金使用效率和深化速度差异。该理论通过

① 马拴友，于红霞.地方税与区域经济增长的实证分析：论西部大开发的税收政策取向[J].管理世界，2003（5）：9-12.

对区域投资质量和区域经济发展关系的分析，提出不仅投资规模对地区经济增长产生影响和制约，而且区域投资质量对区域经济发展差异也产生重要影响。郑长德、罗布江村（2010）在《中国少数民族地区经济发展方式转变研究》中提出，由于中国西部民族地区受经济发展基础、市场结构、金融市场发育状况以及地区收入水平的影响，地区资本积累不高，有限的资金使用效率也不高，进而阻碍了地区经济发展方式的转变。

（3）人力资本分布差异理论。近年来，人力资本分布差异理论认为，人力资本差异和教育投资差异存在相关关系，并且人力资本差异对区域经济发展差异的形成和产生具有重要影响。邹东涛等（2000）提出，人力资本差异是区域差异形成的主要原因，我国东西部地区经济发展差距产生的重要原因是存在教育差距、知识差距、技术差距和信息差距，在知识经济时代该种差距的负面效应逐步放大，并对区域之间人力资本差异形成了负面影响和制约。徐璋勇（2002）采用理论模型分析和实证分析的方法对西部地区经济增长影响因素进行深入研究并提出，教育投资的增加、劳动就业人数的扩张、城市化水平的提高、固定资产投资的追加及政府对经济干预程度的降低等因素均对西部经济增长产生较大影响，并且影响程度按顺序排列依次减弱。连玉君（2003）结合中东西部地区经济发展实际，分析了人力资本与区域经济发展差异之间的关系，提出区域之间初始人力资本存量、区域间人力资本流动和人力资本激励制度的差异是区域经济发展差异形成和扩大的重要原因。

（4）社会资本丰裕度差异理论。社会资本丰裕度差异理论认为，研究社会资本与区域经济差异的关系，既要从物质资本和人力资本差异角度进行分析，还要从社会资本丰裕度差异角度进行研究。社会资本主要通过宏观和微观两个层面对区域经济产生影响。在微观层面，由于社会资本具有外部性，在一定时期内具有经济绩效，其主要通过发挥市场机制作用对经济发展起促进作用；在宏观层面，社会资本主要通过司法体制、政治制度、政府在组织生产中的角色等对经济发展产生影响和制约作用。张维迎、樊平等（2002）认为，社会资本在一定程度上等同于社会的道德规范，尤其是人与人之间的信任程度，社会资本排序与地区经济发展水平排序高度相关，各地区社会资本不仅与人均GDP高度相关，而且与GDP的增长率高度相关。现阶段造成区域差异的主要因素是社会资本差异，社会资本稀缺是造成西部地区经济落后的主要原因。研究证明，西部省份社会资本排序居全国前十位的仅有四川1个，排在中间十位的西部省份仅有5个，排在最后十位的西部省份多达6个。高会丽（2003）通过选取17项指标作为西部地区投资环境评价的原始指标，运用多因子变量统计分析的方法，对西部地区12省份投资环境进行综合评价分析并提出，投资环境差异是影响和制约西部地区经济发展的关键因素。王水林等（2003）通过选取宏观稳定性、监管制度、国家一体化、行政效率、治理结构、金融服务以及基础设施等变量指标，对投资环境进行了国际比较，并提出投资环境差异与区域经济发展差异之间高度正相关，投资环境好、经济发展快，投资环境差、经济发展相对滞后。

（5）体制差异理论。体制差异理论认为，体制差异是区域差异产生的主要原因，主要包括宏观层次的体制差异和微观层次的体制差异。宏观层次的体制差异主要表现为所有制结构和市场制度，微观层次的体制差异则表现为企业制度、生产组织制度和公司治理制度等。党兴华（1999）通过对西部地区企业发展和地区经济发展关系的研究指出，西部地区企业技术创新缺乏相应的体制基础和制度环境，企业技术创新动力严重不足，企业技术积累薄弱，技术创新活动迟缓对地区经济增长形成了制约和阻碍。白永秀、肖慈方等（2002）通过对西部地区所有制结构、市场发育程度以及政府行政效率等变量进行分析，提出体制差异是东西部经济差距的根源所在。东中西部地区在所有制结构、市场机制的完善程度、市场主体的成熟程度以及政府调控职能效率等方面存在差异，进而导致地区经济发展存在差异，并且导致地区经济长期增长呈现显著的差异，因此，实现西部民族地区经济增长，必须按照现代市场经济要求对地区经济增长的制度、体制进行矫正。

由区域经济发展差异理论可知，投资分布、资金使用效率、社会制度、资本丰裕度以及人力资本的差异是导致区域经济增长差异的重要影响因素，投入分布不均、资金使用效率不高、政府和企业体制改革滞后、社会资本稀缺程度高以及人力资本积累不足影响和制约西部民族地区经济的持续、快速发展。西部民族地区要实现战略赶超和经济腾飞，必须从本地区发展的实际出发，积极争取中央资金支持，逐步加大投入规模，调整和优化投资结构布局，切实提高公共投资的使用效率，加快推进社会体制机制变迁，增加社会资本积累，提高人力资本素质，为地区经济发展提供制度支撑和基础保障，实现经济高质量发展。

第3章　西部民族地区经济发展的现状

新中国成立以来，西部民族地区经济发展大体经历了四个阶段，第一阶段（加速发展阶段），从1949年到1978年，时间跨度为30年；第二阶段（非均衡发展阶段），涵盖“六五”计划、“七五”计划和“八五”计划三个时期，时间跨度为15年；第三阶段（协调发展阶段），即“九五”时期，时间跨度为5年；第四阶段（区域一体化发展阶段），从2000年国家实施西部大开发战略开始，经历了“十五”“十一五”“十二五”“十三五”四个时期。

经历了四个阶段的发展，西部民族地区从新中国成立初期的经济落后状态跃升为经济总量规模大、增速较快、增长效益较高的重要区域经济实体。在经济增长的同时，西部民族地区社会公共事业也取得了较大进步和发展，西部民族教育质量得到提升，社会文化事业进一步发展壮大，科技研发水平实现重大飞跃，社会管理和治理水平得到提高，社会保障能力不断增强，地区社会发展综合实力和区际竞争力逐步增强，与东部地区、中部地区和东北地区经济社会发展综合水平差距进一步缩小，地区一体化趋势明显，对国民经济和全域社会综合发展的贡献率进一步提高。《中国西部经济发展报告（2011）》[①]显示，改革开放以来，特别是“十五”时期以

① 任宗哲，姚慧琴.中国西部经济发展报告（2011）[M].北京：社会科学文献出版社，2011.200-268.

来，西部民族地区经济增长的质量和速度进一步提升，新出现的一些重点经济区已逐渐发展成为区域内经济增长的新内核，西部民族地区经济加速腾飞。进入新时代以来，我国经济由数量型增长逐步向质量型增长转变，而新一轮的西部大开发要与国家“一带一路”建设相配合，以新发展理念和高质量发展为目标，加强对外开放，与外商深入合作的同时，实现西部地区以创新为核心的经济发展转型。

在整个中国经济增长的大格局下，在国家经济振兴大发展战略和支持西部大开发战略的双重激励机制作用下，作为三大经济地带之一的西部民族地区，经济发展的总量规模、速度比率、质量效益、结构比重、行业调整、发展差距等方面得到了提升。

3.1 西部民族地区经济发展的自然状况

西部民族地区地域辽阔，自然资源富集，矿藏种类繁多，地域资源要素组合良好，经济发展环境容量大，是中国城镇化、工业化、现代化的“资源储备基地”。据测算，西部12个省（自治区、直辖市）的“自然资源综合优势度”居全国前13位，“自然资源人均拥有量优势度”居全国前15位，“自然资源总丰度”居全国前13位。依据经济发展理论可知，在工业化早期或经济起步时期，自然条件和资源要素禀赋较大程度上决定了经济发展的程度和质量。西部民族地区良好自然环境和资源条件为地区经济发展以及经济发展方式转变提供了物质基础和条件。

3.1.1 土地资源状况

西部民族地区拥有巨大的土地资源，土地资源绝对数量较大。其中，西部民族地区陆地总面积为564.59万平方千米，占全国陆地总面积的58.74%。土地资源规模大，耕地资源、林地资源、草地资源和沙漠戈壁资源绝对数量较大，是中部、东部地区陆地面积总和的1.4倍。

1. 耕地资源丰富

据统计，2018年，西部民族地区拥有农作物总播种面积5605万公顷，占全国的34.02%，粮食作物播种面积占全国粮食作物播种总面积的29.17%。西部民族地区耕地种植粮食的条件较好，地区粮食总产量约占全国的30.00%，耕地后备资源储备总量大，未利用土地占全国的80.00%。其中，有5.9亿亩适宜开发为农用地，1亿亩适宜开发为耕地，占全国耕地后备资源的56.00%。西部地区土地资源丰富，从南到北有红壤、黄壤、燥红土、紫色土、荒漠土等。

2. 草地资源丰富

西部地区草原辽阔，草山草坡面积大，草地及草场面积达3.35亿公顷，占全国草场面积的86.65%。中国的草地资源主要分布于西部民族地区和内蒙古、新疆、宁夏、青海、甘肃、西藏等地区。其中，可利用的天然草场面积2.57亿公顷，占全国可利用草地总面积的98.00%。改良草场面积217万公顷，占全国的96.00%，人工草场面积90.91万公顷，占全国的85.43%。

3. 森林资源丰富

西部地区林地资源主要分布在秦岭地区、横断山区、贺兰山区、天山山区，林地资源储备量大。据测算，西部民族地区拥有森林面积约5648万公顷，占全国森林面积的45%；木材产量2033万立方米，占全国的32%；活立木蓄积量56亿立方米，占全国蓄积量的61%；经济林面积367万公顷，占全国经济林面积的27%。

3.1.2 矿产资源状况

西部民族地区矿产资源种类丰富、储量大、品位高，矿种伴生资源多，在国内属于优势矿产。其中，铬铁矿、钛铁矿、钼矿、镍矿、铅锌矿、石英矿、芒硝矿、氯化锂、氯化镁、碳酸钠等具有世界级的品位优势和储备优势。在全国已探明储量的156种矿产资源中，西部民族地区有138种；在45种主要矿产资源中，西部民族地区有24种，占全国保有储量的50%以上。其中，铁储量约占全国的58%，钾储量占全国的98%。1978年以来，西部民族地区勘探开发建设了一批著名矿产开发区，如神府—东胜煤田、克拉玛依油田、白云鄂博超大型矿床等，建设形成了柴达木、塔里木、西南三江、秦岭中西段、四川盆地、攀西黔中、西藏“一江两河”等十大矿产资源集中区。石油、天然气开发进程加快，新疆塔里木地区已探明天然气资源储量超过2000亿立方米。西部民族地区探明和开采的铜、铁、锰、锌、铅、金等金属矿床储量巨大，开采的明矾石、叶蜡石等非金属矿床储量也颇丰。其中，青海柴达木盆地的盐湖是中国已探明的最大钾盐产地，钾盐占全国储量的97%，锂矿储量占世界总储量的50%。云南铅、锌储量位居全国第一。四川钛、钒矿探明储量居世界首位。甘肃镍矿储量占全国的2/3以上。西藏的铬铁和硼砂矿、宁夏的石膏、新疆的白云母和煤炭、陕西的铂矿、贵州的汞矿等在全国居于领先地位。内蒙古自治区曾被誉为“东林西铁，南粮北牧，遍地是煤”，境内有120多种矿产资源，探明储量居全国第一位的有五种，居全国前十位的有65种。其中，稀土资源储量8459万吨，占世界的80%，占全国的90%以上；已探明煤炭储量2247.5亿吨，居全国第一位。

3.1.3　能源状况

1. 能源储备丰富

中国西部民族地区能源储备丰富，种类齐全。中国陆地能源中，西部民族地区所占比例较大，高达2/3。其中，最为著名的是煤炭、石油、天然气、水能、风能、太阳能、地热能，其蕴藏量巨大。据统计，西部水力资源蕴藏量占全国的65.93%，总量高达44568万千瓦；西部煤炭资源储量占全国的37.10%，储量高达3731.9亿吨；石油储备占全国的18.00%以上；天然气储量占全国的35.00%以上。

工业化和现代化发展历程表明，随着国民经济的快速发展，经济发展与资源开发利用之间存在着一种数量关系，即随着经济的进一步发展，资源开发的进度和资源利用速度呈现出徒增、平增和缓增的趋势，经济发展与资源开发之间存在一种恒定方向加速关系，如图3-1所示。

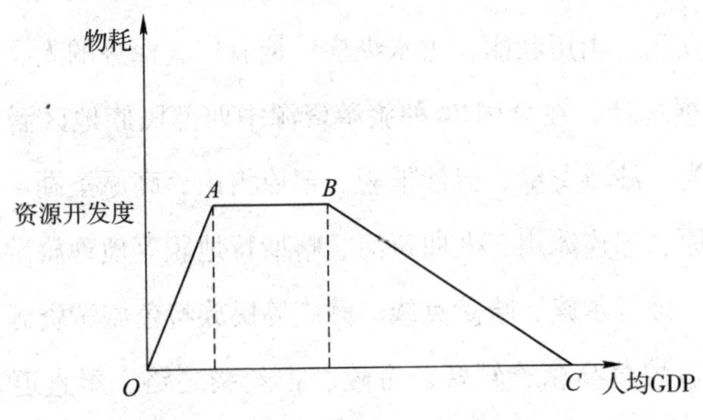

图3-1　经济发展与资源开发关系曲线

2. 水资源富集

西部地区是中国主要河系、大江大河的发源地，水资源储备丰富。流经西部民族地区的大江大河有17条，流域面积达808万平方千米。据统计，西部民族地区水资源总量为10849亿立方米，占全国水资源总量的43%。其中，地表水资源占44%，地下水资源占45%。现代冰川和永久积雪主要分布于青藏高原及其周边高山，面积共56482平方千米，储水量23000亿立方米，年消融总水量约490亿立方米，形成“天然固体水库”。西部民族地区水力资源理论蕴藏量为5.57亿千瓦，可开发水能装机容量为2.74亿千瓦，分别占全国总量的82%和72%。水利资源主要分布在黄河上游、雅砻江、乌江、大渡河、金沙江等支流。西部民族地区水能资源优势突出，全国十大水电基地有七个分布在西部。三峡工程、红水河电站、金沙江、雅砻江、大渡河大型水电集群、二滩电站、青铜峡、刘家峡、龙羊峡等大型水电站工程有效地缓解了能源短缺状况。

3.1.4 旅游资源状况

西部民族地区旅游资源丰富，区域内历史悠久、民族众多、文化源远流长、区域辽阔、山川壮丽，秀水纵横，拥有广袤深邃的人文资源和自然资源优势。据统计，在全国74种旅游资源中西部民族地区涵盖了全部种类。大漠风光、沙滩戈壁、风沙地貌、草原雪山、高原圣湖、羌塘野生动物、黄土高原、祁连冰川、九曲黄河、喀斯特地貌等地理旅游资源种类丰富；蒙古族、维吾尔族、哈萨克族、藏族等民族特色旅游资源丰富。秦始皇兵马俑、敦煌莫高窟、轩辕黄帝陵、古丝绸之路、秦直道、成吉思汗陵、万里长城遗址、长江三峡、喜马拉雅山脉等旅游资源品质较高，其影响力不仅在全国，而且在世界也较为著名。西部民族地区气候垂直分布，地貌类型齐全，动植物资源种类富集、类型完整、世界闻名。这些种类丰富、储量巨大的旅游资源为西部民族地区经济开发和产业发展提供了开发基础。

3.2 西部民族地区经济发展的规模

3.2.1 地区经济总量

1. 地区经济规模逐步扩大

改革开放以来，西部民族地区先后经历了“非均衡发展”“协调发展”和“区域经济一体化”三个阶段，经济规模不断扩大，经济整体实力增强。2000年西部大开发战略实施以来，西部民族地区经济规模逐步扩大，经济整体实力进一步增强，地区经济总量在全国的占比逐步提高，经济增长的数量特征得到充分彰显，经济增长取得的成就令人瞩目，这也为西部民族地区社会公共事业发展、社会保障水平提高、地区居民收入水平提升和社会整体福利状况改进提供了坚实的物质基础。2008年，西部民族地区生产总值为60447.8亿元，较2007年增加11263.7亿元，增长22.90%，高于同期全国生产总值的18.20%增速。2018年，西部民族地区生产总值为189155.3亿元，较2017年增长12.22%，高于同期全国GDP增速2.53个百分点。当年西部民族地区实现生产总值占全国GDP总量的21.00%，为中部地区的84.04%，为东部地区的37.84%。2008—2018年，西部民族地区生产总值增长了2.13倍，如表3-1所示。

表 3-1 2008—2018 年全国区域经济增长情况

单位：亿元，%

年份	全国		西部			中部			东部		
	GDP	增速	GDP	增速	与全国差距	GDP	增速	与全国差距	GDP	增速	与全国差距
2008	319244.6	18.20	60447.8	22.90	4.70	64040.6	20.90	2.70	180416.7	17.13	–1.07
2009	348517.7	9.17	66973.8	10.80	1.63	70577.6	10.21	1.04	196674.6	9.01	–0.16
2010	412119.3	18.25	81408.8	21.55	3.30	86109.5	22.01	3.76	232030.8	17.98	–0.27

续表

年份	全国		西部			中部			东部		
	GDP	增速	GDP	增速	与全国差距	GDP	增速	与全国差距	GDP	增速	与全国差距
2011	487940.2	18.40	100235.0	23.13	4.73	104474.0	21.33	2.93	271355.0	16.95	−1.45
2012	538580.0	10.38	113904.8	13.64	3.26	116277.8	11.30	0.92	295891.9	9.04	−1.34
2013	592963.2	10.10	126956.4	11.46	1.36	127909.6	10.00	−0.09	324765.2	9.76	−0.34
2014	641280.6	8.15	138073.5	8.76	0.61	138671.7	8.41	0.27	350052.5	7.79	−0.36
2015	685992.9	6.97	145521.4	5.39	−1.58	147139.6	6.11	−0.87	372778.3	6.49	−0.48
2016	740060.8	7.88	156828.0	7.77	−0.11	160645.0	9.18	1.30	410186.0	10.03	2.15
2017	820754.3	10.90	168561.6	7.48	−3.42	207333.8	29.06	18.16	471244.7	14.89	3.98
2018	900319.5	9.69	189155.3	12.22	2.53	225073.4	8.56	−1.14	499888.8	6.08	−3.62

资料来源：《中国统计年鉴（2009—2019年）》。

2. 西部12个省（自治区、直辖市）经济总体实力逐步增强

如表3-2所示，2008年，在西部12个省（自治区、直辖市）中，四川省实现GDP为12601.20亿元，在西部民族地区排第1位，在全国31个省（自治区、直辖市）中排第9位；内蒙古GDP为8496.20亿元，在西部民族地区排第2位，在全国31个省（自治区、直辖市）中排第15位；陕西省GDP为7314.58亿元，在西部民族地区排第3位，在全国31个省（自治区、直辖市）中排第18位。2018年，在西部12个省（自治区、直辖市）中，四川省GDP为40678.13亿元，在西部民族地区仍为第1位，在全国31个省（自治区、直辖市）中排第6位；陕西省GDP为24438.32亿元，在西部民族地区排第2位，在全国31个省（自治区、直辖市）中排第15位，比2008年提升了3个位次。2008—2018年，西部民族地区实现GDP总量增加128707.5亿元，增长了3.04倍，实现年均增长13.1%，年均增速高于东部的11.37%。

表 3-2　2008 年、2018 年西部 12 个省（自治区、直辖市）GDP 在全国排位变化

单位：亿元

2008年			2018年		
地区	GDP	全国排位	GDP	全国排位	位次变化
四川	12601.20	9	40678.13	6	3
内蒙古	8496.20	15	17289.22	21	–6
陕西	7314.58	18	24438.32	15	3
广西	7021.00	19	20352.51	18	1
重庆	5793.66	23	20363.19	17	5
云南	5692.12	24	17881.12	20	4
新疆	4183.21	25	12199.08	26	–1
贵州	3561.56	26	14806.45	25	1
甘肃	3166.82	27	8246.07	27	0
宁夏	1203.92	29	3705.18	29	0
青海	1018.62	30	2865.23	30	0
西藏	394.85	31	1477.63	31	0

资料来源：《中国统计年鉴（2009年、2019年）》。

3. 地区经济竞争力有待进一步加强

数据显示，虽然近年来西部民族地区经济总量规模不断扩大，地区经济总体实力逐步增强，地区经济总量在全国三人经济区域中所占比重进一步提高，西部12个省（自治区、直辖市）在全国31个省（自治区、直辖市）中所占比例和份额也有所增加，与东部、中部地区经济发展差距进一步缩小，但是相比较而言，西部民族地区经济总体实力远低于东部和中部地区，在全国三大经济区域中所占比重偏小，西部12个省（自治区、直辖市）经济总量在全国排位中位次偏后，地区经济总量规模处于三大经济地带的末位。2018年，在全国31个省（自治区、直辖市）GDP排位中，排后9位的省（自治区、直辖市）西部民族地区占了8个。

这表明虽然经过西部大开发多年的赶超发展，与东部、中部地区经济发展差距逐步缩小，但是由于受经济基础、自然条件、地理区位、文化历史、市场结构等因素的影响和限制，西部民族地区经济实力提升缓慢，地区经济整体竞争力不强。

3.2.2 地区经济发展进程

1. 地区经济发展速度逐步加快

2008—2018年，西部民族地区GDP年均增速为13.19%，比同期全国地方平均水平11.64%高出1.55个百分点，比同期东部地区11.37%高出1.82个百分点。西部民族地区年均经济增速居三大经济区域第一位，地区经济增长速度明显加快，如图3-2所示。

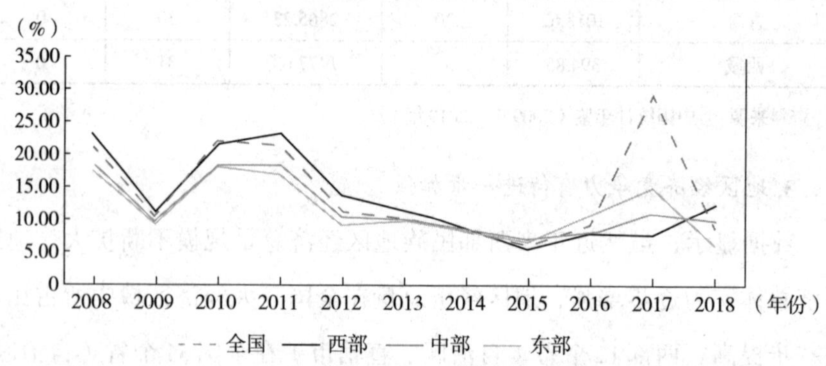

图3-2 2008—2018年西部民族地区与全国其他地区GDP增速比较

2008年，西部民族地区经济增速为22.90%，比全国平均水平18.20%高出4.7个百分点，比中部地区经济增速20.90%高出2个百分点，比东部地区经济增速17.13%高出5.77个百分点，地区经济增速居三大经济区域第一位。到2018年，西部民族地区经济增速为12.22%，比全国平均水平9.69%高出2.53个百分点，比东部地区经济增速6.08%高出6.14个百分点，比中部地区经济增速8.56%高出3.66个百分点，地区经济增速仍居三大经济区域第一位，如表3-3所示。

表3-3　2008—2018年西部民族地区与全国其他地区GDP增速比较

单位：%

年份	全国	西部	中部	东部
2008	18.20	22.90	20.90	17.13
2009	9.17	10.80	10.21	9.01
2010	18.25	21.55	22.01	17.98
2011	18.40	23.13	21.33	16.95
2012	10.38	13.64	11.30	9.04
2013	10.10	11.46	10.00	9.76
2014	8.15	8.76	8.41	7.79
2015	6.97	5.39	6.11	6.49
2016	7.88	7.77	9.18	10.03
2017	10.90	7.48	29.06	14.89
2018	9.69	12.22	8.56	6.08

资料来源：《中国统计年鉴（2009—2019年）》。

2. 地区经济增长不均衡

2008年，四川省、陕西省、内蒙古自治区GDP总量合计为28118.4亿元，三省（自治区）GDP占西部12个省（自治区、直辖市）GDP总量的46.51%，近乎一半，其他9个省（自治区、直辖市）GDP总量为32329.34亿元，经济总量占西部民族地区经济总量的53.49%。2018年，四川省、陕西省、内蒙古自治区GDP总量合计为82405.67亿元，三省（自治区）GDP占西部12个省（自治区、直辖市）GDP总量的44.71%，同期其他9个省（自治区、直辖市）GDP总量为101626.46亿元，经济总量占西部民族地区经济总量的55.29%。这表明经过西部大开发多年的发展，西部民族地区经济发展的协调问题仍较为突出，地区内部各省（自治区、直辖市）间经济发展不均衡，一方面经济发展速度快慢不一，另一方面经济总量规模大小不一，区域内各省（自治区、直辖市）经济发展仍呈现出显著的非均衡性的态势。

3.2.3 地区人均GDP

1. 地区之间人均GDP差距逐步缩小

全国31个省（自治区、直辖市）人均GDP由2008年的2.41万元提高到2018年的6.60万元，增长了1.74倍。其中，西部民族地区人均GDP由2008年的1.76万元提高到2018年的4.99万元，增长了1.84倍；中部地区人均GDP由2008年的1.93万元提高到2018年的4.97万元，增长了1.58倍；东部地区人均GDP由2008年的4.04万元提高到2018年的9.17万元，增长了1.27倍。相比较而言，西部地区人均GDP增速最快，与中、东部地区之间人均GDP差距逐步缩小。2008—2018年11年间西部民族地区人均GDP绝对值水平得到了较大提升。三大区域之间人均GDP增长呈现出显著的趋同特点，如表3-4所示。

2. 地区之间人均GDP绝对值差距仍然较大

（1）地区之间人均GDP绝对值差距较大。从2018年看，全国31个省（自治区、直辖市）中，人均GDP水平最高的为北京市，达到15.31万元，较2008年增加了8.86万元，增长了1.37倍。排第31位的是新疆，2018年人均GDP为5.20万元，较2008年增加了3.22万元，增长了1.63倍。排位第一的北京2018年人均GDP水平是排第31位的新疆的2.94倍。而排在西部民族地区首位的内蒙古2018年人均GDP实现6.38万元，较2008年增加了2.89万元，增长了0.83倍，居全国第5位，比2008年上升了2个位次，但是其人均GDP总量与北京比，仅为北京人均GDP的41.67%，与新疆相比，是新疆的1.23倍，如表3–5所示。

（2）西部12个省（自治区、直辖市）人均GDP排位变化较小。2008年、2018年，西部12个省（自治区、直辖市）在全国人均GDP排位的变化为，2018年新疆、宁夏、青海3个省（自治区）排位出现了下移，分别比2008年下调了14个、11个和8个位次（见表3–5）。其他省（自治区、直辖市）位次变化虽然不大，但是排位仍然靠后。

3.3　西部民族地区经济结构

3.3.1　地区生产力布局结构

1. 国家新重点建设区域布局结构

2000年以来，西部民族地区经济整体实力得到较大提升，在全国经济总量中比重进一步提高。随着西部民族地区经济社会发展，在“洼地效应”的促使下，资本、技术和劳动力、设备技术等一些重要要素资源和关键技术逐步向西部民族地区转移，东部地区和东南沿海地区产业受地区产业结构升级换代和比较优势选择作用机制影响，逐步向中西部地区迁移。与东北地区、中部地区相比，西部民族地区由于在承接产业转移的经济开发环境和市场基础，劳动力成本、资金报酬率等方面存在更低成本优势，成为国家产业转移的最佳选择，地区之间的生产力布局进一步发生变化，一些国家重点开发的经济圈、经济带和经济开发区在西部民族地区布局比例进一步提升。经过近二十年的跨越发展，西部民族地区积蓄了更具比较优势的生产力导入环境和基础。新时期国家重点建设的16大经济区域中，西部民族地区占了5个，占国家重点开发经济区域总量的31.25%，比中部

表 3-4　2008—2018 年我国各地区 GDP 及人均 GDP 对比情况

指标	2008	2009	2010	2011	2012	2013	2014	2015	2016	2017	2018
GDP(亿元)	319244.60	348517.70	412119.30	487940.20	538580.00	592963.20	643563.10	688858.20	746395.10	832035.90	919281.10
人均GDP(万元)	2.41	2.62	3.08	3.63	3.99	4.37	4.72	5.02	5.41	6.00	6.60
西部地区GDP(亿元)	60447.77	66973.48	81408.49	100234.96	113904.80	126956.18	138099.79	145018.92	156828.17	168561.57	189155.25
人均GDP(万元)	1.76	1.93	2.35	2.88	3.24	3.59	3.88	4.04	4.32	4.56	4.99
中部地区GDP(亿元)	78781.03	86443.31	105145.56	127624.70	141908.57	155410.89	167522.17	176097.26	190808.46	207333.82	225073.37
人均GDP(万元)	1.93	2.10	2.55	3.09	3.42	3.73	3.98	4.13	4.43	4.78	4.97
东部地区GDP(亿元)	194085.15	211886.90	250487.94	293581.45	320738.47	351978.26	378727.46	401651.69	432433.34	471244.71	499888.80
人均GDP(万元)	4.04	4.31	4.98	5.73	6.20	6.73	7.18	7.55	8.07	8.70	9.17

资料来源：《中国统计年鉴（2009—2019年）》。

表 3–5　2008 年、2018 年全国地方人均 GDP 及排位

单位：万元

地区	2008年	排位	2018年	排位
北京	6.45	2	15.31	1
天津	5.87	3	8.58	2
河北	2.30	12	4.31	3
山西	2.15	14	4.30	4
内蒙古	3.49	7	6.38	5
辽宁	3.17	9	5.39	6
吉林	2.35	11	4.15	7
黑龙江	2.17	13	3.40	8
上海	6.69	1	14.87	9
江苏	4.00	5	11.59	10
浙江	4.14	4	10.18	11
安徽	1.44	27	5.41	12
福建	2.98	10	9.85	13
江西	1.59	24	4.90	14
山东	3.29	8	6.65	15
河南	1.92	20	5.21	16
湖北	1.99	16	7.11	17
湖南	1.81	22	5.28	18
广东	3.76	6	8.88	19
广西	1.47	26	4.00	20
海南	1.77	23	5.28	21
重庆	2.05	15	6.99	22
四川	1.55	25	5.16	23
贵州	0.99	31	4.28	24
云南	1.26	29	4.34	25
西藏	1.36	28	4.55	26
陕西	1.97	18	6.22	27
甘肃	1.24	30	3.08	28
青海	1.84	21	4.57	29
宁夏	1.96	19	5.12	30
新疆	1.98	17	5.20	31

资料来源：《中国统计年鉴（2008年、2019年）》。

地区12.50%比例高出18.75个百分点，重点开发区个数比中部多3个；与东部比较，比东部地区的重点开发地区占比低25个百分点，重点开发地区个数少4个，如表3-6所示。

表3-6 国家重点建设区域布局

序号	地区	建设功能
1	辽宁中南地区	钢铁工业、门类齐全的重型机电设备制造业
2	京津唐地区	机械电子工业和高技术产业
3	山东半岛	石油和海洋资源、石油化工和海洋产业
4	长江三角洲地区	机械电子工业、石油化工、汽车等支柱产业、高新技术产业
5	闽南三角洲地区	劳动资金密集型产业
6	珠江三角洲地区	在劳动密集型产业基础上进一步升级
7	海南、北部湾沿海地区	对外开放的区位优势、一定的资源优势
8	红水河电力和有色金属基地	建成全国有色金属工业基地
9	哈尔滨—长春地区	石化、汽车、机电工业
10	以山西为中心的能源基地	煤、铝等资源，东部耗能产业接纳地
11	长江干流中上游沿岸地区	发展水电、钢铁、有色金属、磷和盐化工业
12	陕西关中地区	机械电子工业、接纳东部地区纺织工业向西转移
13	以兰州为中心的黄河干流沿岸地区	新疆石油资源钻采、有色冶金、石油化工、化肥
14	以乌鲁木齐为中心的天山北坡地区	东部地区石油加工、轻纺工业向西转移重要接收基地
15	攀西—六盘水冶金、能源、化工基地	发展能源、钢铁工业、有色金属、化肥工业
16	乌江电力和黔中铝、磷基地	开发水电，发展磷肥、炼铝工业

资料来源：《中国统计年鉴（2019年）》。

2. 国家六个核心经济带发展布局结构分析

按照国家区域战略发展规划，依托产业、人力资源、市场转移升级的优势和机遇，除东南沿海和东北老工业基地外，在内地建设3个新的经济增长极和核心经济带，主要包括：首都经济带，以首都经济圈为核心；南海经济带，以珠三角地区改革发展规划纲要的实施、广西北部湾经济区建设以及中国—东盟自由贸易区建立为引擎，加速形成南海经济圈；长江中上游经济带，以武汉城市圈、长株潭城市群、成渝地区、昌九地区为依托的长江中上游经济带；黄河中游经济带，以中原地区、关中地区以及国家能源基地为依托的黄河中游经济带；环渤海经济带，以山东半岛、辽中南地区为两翼，提升和拓展环渤海经济圈；东海经济带，以两岸交流合作的深化、国务院关于长三角地区进一步改革发展意见的实施和海峡西岸经济区建设为契机，加速形成东海经济圈。[①]在上述六大新开辟和发展的经济圈中，涉及和覆盖西部民族地区的有三个经济带，即南海经济带、长江中上游经济带、黄河中游经济带，占经济带总量的1/2。

3. 西部民族地区生产力结构

自2010年起，国家加大了对西部地区开发和发展的力度，西部民族地区生产力进一步提高，超出东部地区和中部地区。从西部民族地区规划建成和已建成的开发区、开放区、特殊经济试验区来看，未来10~20年，西部民族地区不仅成为经济赶超战略的主导力量，而且成为区域乃至全国经济发展的主导力量，因为其蕴含和培育数量众多的经济圈、经济带、经济开发区和经济实验区，生产力容量较大，经济发展的基础更为夯实。新时期西部民族地区将建成成渝经济区，以成都、重庆两市为中心，涵盖重庆、成都、雅安、乐山、绵阳等33个不同规模、不同等级的城市；重庆两江新区是继上海浦东新区、天津滨海新区之后，我国第三个国家级新区、唯一国家级内陆新区，包括江北区、渝北区、北碚区三个行政区部分区域，将建成西部内陆对外开放的重要门户、长江上游地区现代商贸物流中心、长江上游地区金融中心、国家重要的现代制造业和国家高新技术产

① 符太增.中国西部大开发以来的财税政策研究[D].大连：东北财经大学，2006.

业基地、内陆国际贸易大通道和出口商品加工基地、长江上游的科技创新和科研成果产业化基地；关中—天水经济区，包括陕西的西安、咸阳、渭南、铜川、宝鸡、杨凌、商洛和甘肃天水市；青海省柴达木循环经济试验区是国务院批复的第二个区域循环经济发展规划，由国家发改委批复成立；西藏地区增强藏中南引领带动作用，促进藏东、藏北、藏西协调发展，建设面向南亚开放的重要通道；新疆区域经济振兴规划（审批中），在乌鲁木齐西北角，发展能源、旅游、钢铁、新型农业和循环经济，储存通过欧亚大陆桥从中亚五国输送到我国的石油天然气；甘肃地区，沟通西南、西北的交通枢纽、西北重要生态安全屏障、全国新能源基地、特色农产品生产与加工基地；广西北部湾经济区，包括北海、南宁、防城港、钦州、玉林、崇左，建设中国—东盟开放的商贸基地、物流基地、信息交流中心和加工制造基地，如表3–7所示。

表 3–7　我国西部与东部地区生产力项目比较分析

地区	序号	生产力项目	时间（年）	地域范围	项目功能
东部地区	1	环渤海经济区	2010—2025	环绕着渤海全部及黄海的部分沿岸地区所组成的广大经济区域	对北开放、沿海战略、产业转移平台
	2	长江三角洲经济区	2010—2015	传统长三角地区以及周边地区	产业专业、技术创新、管理改进的平台
	3	江苏沿海经济区	2010—2015	连云港、盐城、南通、江苏沿海地区	沿海、沿长江和沿陇海兰新线三大生产力布局主轴区域；与亚欧国家交流与合作新平台，产业转移平台
	4	海峡西岸经济区	2005—2020	福建、浙江南部、广东北部、江西部分地区；依托福州、厦门、泉州、温州、汕头五大城市体	建立两岸区域性金融服务中心；对外开放、协调发展、全面繁荣的经济综合平台

续表

地区	序号	生产力项目	时间（年）	地域范围	项目功能
西部地区	1	成渝经济区	2009—2015	以成都、重庆两市为中心，主要包括：重庆、成都、雅安、德阳、眉山、遂宁、永川等33个城市	培育地区经济增长极和增长带；辐射带动平台
	2	重庆两江新区	2010—2015	重庆两江新区	立足重庆市、服务大西南、依托长江经济带、面向国内外，形成“一门户两中心三基地”
	3	关中—天水经济区	2010—2020	西安、咸阳、渭南、铜川、宝鸡、杨凌、商洛、天水	连接区域内两个增长极的核心和平台
	4	青海省柴达木循环经济试验区	2010—2020	青海省域	第二个区域循环经济发展平台
	5	西藏	2016—2020	西藏区域	增强藏中南引领带动作用，促进藏东、藏北、藏西协调发展，建设面向南亚开放的重要通道
	6	新疆区域经济振兴规划	2010—2020	新疆及哈萨克斯坦、吉尔吉斯斯坦、塔吉克斯坦、乌兹别克斯坦和土库曼斯坦	打造石油城，把通过欧亚大陆桥从中亚五国输送到中国的石油天然气在此储存起来；推进与伊朗、阿富汗、巴基斯坦的边贸、能源合作
	7	甘肃	2010—2020	甘肃省域	连接欧亚大陆桥；沟通西南、西北交通枢纽；西北生态安全屏障；新能源基地、有色冶金新材料基地和特色农产品生产与加工基地
	8	广西北部湾经济区	2010—2015	南宁、北海、钦州、防城港四市和玉林、崇左两个市物流中心“4+2”所辖行政区域	中国—东盟开放合作的物流基地、商贸基地、加工制造基地和信息交流中心；重要国际区域经济合作区

资料来源：《西部地区统计年鉴》。

4. 中国八大局部都市经济圈布局分析

未来20年，随着中国区域经济布局进一步均衡，地区之间发展差距进一步缩小，各大经济地带、经济圈、开发区以及规划区之间以及内部，将出现第二批次的子域范围内的亚经济增长极或者说新微型经济增长带，从区位优势、后发优势、资源优势等方面，进行第二批次的经济赶超。根据“十二五”规划关于中国八大局部都市经济圈布局思路，八大局部都市经济圈具体包括中原都市圈、关中都市圈、徐州都市圈、蒙中都市圈、太原都市圈、兰州都市圈、河套都市带、北疆都市带。在八大都市经济圈布局中，分布于和归属于西部民族地区的都市经济圈达到5个，占都市经济圈总量的62.50%；归属于中部地区的经济圈有2个，占都市经济圈总量的25%；分布于东部地区的经济圈仅有1个，占都市经济圈总量的12.5%，如表3-8所示。从地域范围而言，西部民族地区地域广阔，占据整个中国大西部地区，在未来的生产力布局和经济资源配置新格局下，仍延续“十三五”时期的优势，蕴含和承载着未来中国发展的新基础和新的经济生产力。

表3-8 “十二五”规划中国八大局部都市圈布局

序号	类别	地域	核心城市
1	中原都市圈	河南中北部	郑州、开封、洛阳、焦作、新乡、许昌、漯河、平顶山、济源
2	关中都市圈	陕西中部	西安、咸阳、宝鸡、渭南、铜川、商洛
3	徐州都市圈	江苏北部、安徽北部、山东西南部	徐州、连云港、宿迁、宿州、淮北、枣庄、济宁、商丘
4	蒙中都市圈	内蒙古中部、山西北部	呼和浩特、包头、鄂尔多斯、乌兰察布、大同、朔州、榆林
5	太原都市圈	山西中部	太原、晋中、阳泉、吕梁、忻州
6	兰州都市圈	甘肃中部、青海东部	兰州、西宁、白银、定西、天水、武威、临夏、海东

续表

序号	类别	地域	核心城市
7	河套都市带	宁夏、内蒙古西部	银川、中卫、吴忠、石嘴山、乌海、阿拉善左旗、巴彦淖尔
8	北疆都市带	新疆北部	乌鲁木齐、吐鲁番、昌吉、石河子、沙湾、奎屯、乌苏、克拉玛依

资料来源：《西部地区统计年鉴（2019年）》。

5. 中国“十大城市群”发展战略布局分析

现代经济发展表明，在全球化、工业化、城市化和信息化条件下，城市及城市群发展日益呈现出以下三方面特征：一是以大都市发展为核心，辐射和带动主体实体较强；二是交通便捷，货物运输等成本降低；三是经济体之间以及经济交易诸环节之间关联密切。据统计，2007年中国十大主要城市群所辖面积占全国土地面积的11%，辖区人口占全国总人口的比例已经超过1/3，十大城市群GDP占全国GDP总量的比重超过2/3，城市群整体经济实力和经济效益较高，是国家经济和宏观经济运行的主导和重要增长极。分地区而言，中国主要的城市群分布呈现出东部多、西部少、中部稳的格局。在珠三角城市群、海峡西岸城市群、长三角城市群、山东半岛城市群、京津冀城市群、辽中南城市群、长江中游城市群、中原城市群、川渝城市群、关中城市群中国主要的十大城市群中，东部地区占据了6个，中部地区占据了2个，西部民族地区占据了2个，占比分别为60%、20%和20%，东部地区拥有城市群总量是中西部城市群总量累加的1.5倍，显然这一时期以城市群为主导的生产力布局偏向东部，呈现出东部大城市或超大城市数量多、中西部偏少的格局。

6. 国家区域发展战略规划布局分析

自“十二五”规划开始，中国区域发展规划沿着加快重点地区发展、落实重大发展战略和围绕区域开拓空间三条主线逐步推进。该三条主线主要体现在中央和国家出台的一系列振兴和支持区域开发和发展的政策和措施中，主要发展战略规划包括:《推进重庆市统筹城乡改革和发展的若干意见》《支持福建省加快建设海峡西岸经济区建设的若干意见》《关于进一步推进长江三角洲地区改革开放和经济社会发展的指导意见》《黄河三角洲高效生态经济区规划》《图们江区域合作规划纲要》《江西鄱阳湖生态经济区规划》《珠江三角洲地区改革发展规划纲要》《国务院关于进一步促进宁夏经济社会发展的若干意见》《横琴发展总体规划》《江苏沿海地区发展规划》《国务院关于进一步促进广西经济社会发展的若干意见》《大小兴安岭林区生态保护和经济转型规划》《辽宁沿海经济带的发展规划》13个文件。其中，支持西部民族地区开发和发展的规划有4个，支持东部地区发展的规划有7个，支持中部地区开发和发展的文件仅为2个。

3.3.2 地区产业结构变动

根据现代经济发展历程可知，产业结构升级和优化是推进经济协调发展的前提。在市场机制和价格机制的作用下，虽然产业结构优化不是经济发展的动力和源泉，但却是经济发展质量提高的变动过程体现和结果，是现代经济整体实力提高的内在要求。一国或一地区的产业结构如果符合市场结构、经济发展阶段、要素结构和市场需求变化，产业就可以在良性循环的基础上进行适时调整，发挥其对经济的促进作用；反之，则会影响经济高质量发展，阻碍技术进步和制度变迁等。新中国成立以来，由于受自然地理、气候条件、经济基础、历史文化等诸多因素的影响，西部民族地区经济发展较为迟缓。经过改革开放以来的发展，西部民族地区资本匮缺、劳动力不足、自然资源开发度低的现象得到改善，西部区域经济驶入快车道，虽然以发展资源密集型和劳动密集型产业为主，但是西部民族地区积极发挥后发优势，迎头赶上，在信息化和全球化背景下，努力参与区域分工和国际分工，成功地实现了经济的跨越式发展，地区经济发展方式逐步转型，产业结构不断调整和优化。

1. 产业结构高级化趋势显著

根据配第—克拉克、库兹涅茨定理可知，在工业化加速发展过程中，经济发展由工业化早期依次发展到中期、后期，三次产业结构变化与产业次序呈现反方向的变动，呈“倒塔形”关系。经过30多年发展，在西部民族地区的12个省（自治区、直辖市）中，三次产业结构调整和演化程度最为剧烈和显著的是四川和内蒙古。四川和内蒙古第一产业在国民经济中的比例都下降了28个百分点，第三产业在国民经济中的比例分别提高了29个和28个百分点。就第二产业变动而言，第二产业变化较大的为广西、陕西和内蒙古，第二产业在国民经济中占比分别提高了13个、14个和10个百分点。从第三产业变动来看，第三产业占比较高的省（自治区）是西藏（54%）、甘肃（54%）、重庆（53%）、云南（53%）。综合分析，该时期西部民族地区产业结构高级化趋势明显，经济现代化程度提高，如表3–9所示。

表3–9 2018年中国西部民族地区产业结构变动

单位：亿元

地区	GDP绝对值				GDP结构		
	GDP	第一产业	第二产业	第三产业	第一产业	第二产业	第三产业
内蒙古	16140.76	1750.67	6335.38	8054.70	0.11	0.39	0.50
广西	19627.81	3021.09	6692.87	9913.85	0.15	0.34	0.51
重庆	21588.80	1378.68	8842.23	11367.89	0.06	0.41	0.53
四川	42902.10	4427.43	16056.94	22417.73	0.10	0.37	0.52
贵州	15353.21	2156.02	5506.24	7690.95	0.14	0.36	0.50

续表

地区	GDP绝对值				GDP结构		
	GDP	第一产业	第二产业	第三产业	第一产业	第二产业	第三产业
云南	20880.63	2498.67	7267.50	11114.46	0.12	0.35	0.53
西藏	1548.39	128.34	582.72	837.33	0.08	0.38	0.54
陕西	23941.88	1830.19	11215.27	10896.42	0.08	0.47	0.46
甘肃	8104.07	926.05	2761.64	4416.38	0.11	0.34	0.54
青海	2748.00	268.10	1093.72	1386.18	0.10	0.40	0.50
宁夏	3510.21	279.39	1488.13	1742.69	0.08	0.42	0.50
新疆	12809.39	1692.09	4657.16	6460.14	0.13	0.36	0.50

资料来源:《中国统计年鉴(2019年)》。

2. 工业占经济主导地位

改革开放以来，中国西部民族地区经济长期保持高速增长的态势，工业经济发展速度加快，工业化进程加速，工业在国民经济中逐步处于支配地位。通过对2008年、2018年西部民族地区GDP产业结构分析得出：其比例由0.14∶0.47∶0.39变为0.11∶0.38∶0.51，第一产业下降了0.03个百分点，第二产业下降了0.09个百分点，第三产业上升了0.12个百分点，产业结构进一步优化，如表3-10所示。

表3-10 2008年、2018年我国西部民族地区GDP产业结构变动情况

地区	2008年GDP结构			2018年GDP结构		
	第一产业	第二产业	第三产业	第一产业	第二产业	第三产业
西部民族地区	0.14	0.47	0.39	0.11	0.38	0.51
内蒙古	0.11	0.52	0.38	0.11	0.39	0.50
广西	0.21	0.43	0.36	0.15	0.34	0.51
重庆	0.10	0.53	0.37	0.06	0.41	0.53
四川	0.18	0.46	0.36	0.10	0.37	0.52
贵州	0.15	0.38	0.46	0.14	0.36	0.50

续表

地区	2008年GDP结构			2018年GDP结构		
	第一产业	第二产业	第三产业	第一产业	第二产业	第三产业
云南	0.18	0.43	0.39	0.12	0.35	0.53
西藏	0.15	0.29	0.55	0.08	0.38	0.54
陕西	0.10	0.53	0.37	0.08	0.47	0.46
甘肃	0.15	0.46	0.39	0.11	0.34	0.54
青海	0.10	0.55	0.35	0.10	0.40	0.50
宁夏	0.10	0.51	0.39	0.08	0.42	0.50
新疆	0.17	0.50	0.34	0.13	0.36	0.50

资料来源：《中国统计年鉴（2009年、2019年）》。

3. 第三产业所占比例较低

长期以来，西部民族地区由于受自然条件、地理区位、气候环境、经济基础条件、市场结构等因素的影响和制约，第三产业发展缓慢，发展水平不高，公交商贸、批零物流、运输旅游、金融保险、家政理财等功能较为健全、服务水平较高的服务业发展不充分。2018年，全国三次产业结构比为0.07∶0.40∶0.53，国民经济结构高度化趋势逐步增强。同期，西部地区三次产业结构比为0.11∶0.38∶0.51，第一产业占比较全国平均水平高4个百分点，比中部、东部地区分别高2个和6个百分点，农业经济仍占较高比例和份额；第二产业占比为38%，比全国平均水平、东部地区均低2个百分点，比中部地区低3个百分点，国民经济中工业经济仍占主导和支配地位，工业化特征显著；第三产业占比较全国和东部地区分别低2个和4个百分点，比中部地区略高1个百分点。这表明随着地区经济结构优化和发展质量提高，经济发展方式转变进程加快，西部民族地区第三产业占比进一步提高，如表3–11所示。

表 3–11 2018 年我国西部与东部、中部地区产业结构比较

地区	GDP绝对值（亿元）				产业结构		
	GDP	第一产业	第二产业	第三产业	第一产业	第二产业	第三产业
全国	919281	64745	364835	489700	0.07	0.40	0.53
西部	189155	20357	72500	96298	0.11	0.38	0.51
中部	225073	20361	92354	112358	0.09	0.41	0.50
东部	499888	24029	198887	276973	0.05	0.40	0.55

资料来源：《中国统计年鉴（2019年）》。

3.3.3 地区失业率变动

1. 失业率增长趋势放缓

2015—2018年，西部民族地区失业率增长趋势放缓。这表明该时期西部民族地区经济增长势头较为强劲，经济增长对就业增长的贡献率提高，经济增长带动了就业总量的增加，因此，地区失业率呈现出先增后降的趋势。另外，虽然中国西部民族地区人力资本积累不足，劳动报酬低，产业生产率相对低下，资本积累不充足，市场开放度不强，城市经济、城镇经济、工业经济、服务业经济发展程度低于中部、东部地区，但是由于西部民族地区三次产业对劳动力的吸纳能力较为稳定、持续，特别是第一产业对劳动力吸纳能力较强，有效地缓解了就业压力，使地区失业率增速放缓，如表3–12所示。

表 3–12 2015—2018 年西部民族地区与全国其他地区城镇失业情况比较

单位：万人，%

地区	城镇登记失业人数				城镇登记失业率			
	2015年	2016年	2017年	2018年	2015年	2016年	2017年	2018年
全国	79.88	79.72	80.46	79.25	3.12	3.20	3.27	3.27
西部	16.82	16.78	17.11	16.68	3.09	3.15	3.23	3.30

续表

地区	城镇登记失业人数				城镇登记失业率			
	2015年	2016年	2017年	2018年	2015年	2016年	2017年	2018年
中部	34.88	34.51	34.32	34.04	3.26	3.34	3.43	3.46
东部	28.18	28.43	29.03	28.53	3.00	3.10	3.15	3.06
内蒙古	27.04	27.08	26.71	25.87	3.60	3.60	3.60	3.60
广西	16.71	14.72	18.13	18.13	2.30	2.20	2.90	2.90
重庆	13.09	14.26	15.68	14.26	3.00	3.40	3.70	3.60
四川	53.31	55.78	56.26	54.64	3.50	4.00	4.20	4.10
贵州	15.06	14.90	14.78	14.49	3.20	3.20	3.20	3.30
云南	20.88	19.81	20.10	19.47	3.40	3.20	3.60	4.00
西藏	2.11	1.95	1.84	1.77	2.80	2.70	2.60	2.50
陕西	24.12	23.44	22.74	22.35	3.20	3.30	3.30	3.40
甘肃	9.95	9.65	9.77	9.48	2.80	2.70	2.20	2.10
青海	4.65	4.67	4.58	4.44	3.00	3.00	3.10	3.20
宁夏	5.39	5.07	5.10	4.94	3.90	3.90	3.90	4.00
新疆	9.55	9.99	9.66	10.28	2.40	2.60	2.50	2.90

资料来源：《中国统计年鉴（2019年）》。

2. 年度失业率仍然较高

2015—2018年，西部民族地区失业率增速21%，与同期的中部失业率增速20%基本持平，但是与全国的15%和东部地区的6%还存在一定差距。这表明在经济发展过程中，西部民族地区经济创造的劳动力就业机会还不充分。随着地区经济要素不断流动和变化，新技术应用、新产品开发、市场结构变动、新竞争者加入等将进一步导致西部民族地区失业率提高，结构性失业特征显著，如图3-3所示。

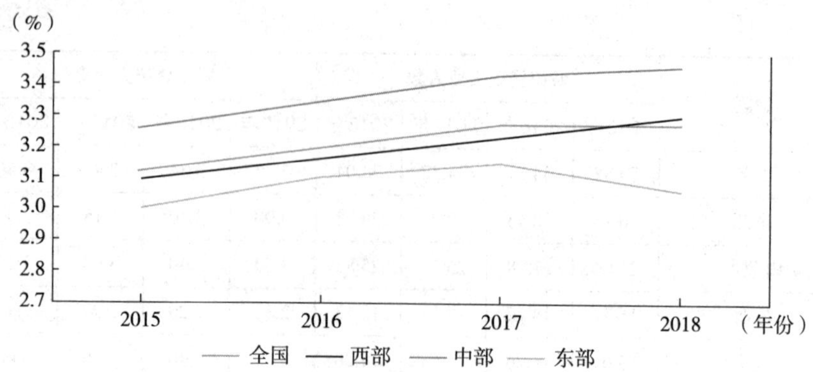

图 3–3　2015—2018 年我国各地区失业率变化情况

资料来源：《中国统计年鉴（2019年）》。

3.4　西部民族地区经济发展的成效

经过40多年的发展，特别是西部大开发以来十多年的跨越式发展，西部民族地区经济状况发生了变化。尽管在经济发展过程中存在着总体实力和竞争力不强、生产力布局结构不合理等问题，但是地区经济发展取得了显著的成就，地区经济发展总量提高，地区经济运行质量提高，财政经济实力进一步增强，地区内部新的经济增长极点正在逐步培育形成和发展。

3.4.1　地区经济发展质量提高

现阶段，中国西部民族地区经济增长方式由粗放型向集约型转变的速度加快，在经济总量增加和经济发展实现量的合理增长的同时，经济发展质量和效益也在相应地提高，经济增长与经济社会发展同步推进。西部民族地区经济增长的协调性、稳定性、可持续性增强。2008—2018年，西部民族地区经济增长总体表现为持续稳定提高的态势，经过11年的发展，西部民族地区经济增长效率持续上扬，内需对经济的拉力逐步增强；产业结构不断调整和优化、换代和升级；工业化、城镇化进程加快，城乡二元差距逐步缩小；全要素生产率逐步提高，技术进步显著，物耗投入逐步下降，经济增长的可持续性增强。截至2018年，西部民族地区经济发展较好的是内蒙古，其次是重庆；经济增长质量改善程度最为显著的是青海，其次依次为贵州、甘肃和云南。

3.4.2　地区经济持续较快发展

2000年以来，西部12个省（自治区、直辖市）经济规模迅速扩大，经济总量大幅增加，经济持续保持高位增长，增速超过同期全国平均水平，固定资产投资规模大幅度扩张，用于民生领域和范围的投资比例增大，消费需求持续快速扩张，消费结构升级加快，经济增长整体水平提高。2008—2018年，西部民族地区经济总量由60447.77亿元增至189155.25亿元，增加了128707.48亿元，增长了2.13倍。十年间，西部民族地区经济增长稳定性增强，波动较小，除个别年份出现自然灾害外，地区经济整体运行态势没有出现大起大落现象，宏观经济运行潜在风险降低。经历汶川地震和西南五省旱灾后，西部民族地区经济依然实现了较快增长，地区经济增长势头强劲，增幅较大。2008—2018年，西部民族地区地方生产总值平均增速为13.19%，高出全国平均增速11.64%1.55个百分点，高出东部地区1.81个百分点。

3.4.3　财政经济实力逐步增强

西部大开发以来，西部民族地区经济驶上经济发展的快车道，地区经济增长的规模、速度和质量有效提升，财政经济实力逐步增强。2008—2018年，西部民族地区财政一般预算收入由5160亿元增至19022亿元（见表3-13），增加了13862亿元，增长了2.68倍；财政一般预算支出由12708亿元增至49607亿元（见表3-14），增加了36899亿元，增长了2.90倍。

3.4.4 社会公共事业进步明显

西部大开发以来，西部民族地区经济整体实力提高，经济增长成果共享度提高，社会事业发展水平也得到进一步提升，民生保证能力增强。《中国西部经济发展报告（2011）》（以下简称“报告”）中，通过选取生存舒适度、成果分配公平度、健康发展质量等11项指标，对西部民族地区经济增长成果共享度进行评价的结果显示，西部民族地区经济增长成果共享度综合评价分值逐年持续提高，地区居民生活质量和社会福利状况在经济快速增长的同时，同步得到了持续改善。据统计，2008—2018年西部民族地区生存质量、健康水平和公平度均得到稳步提升，西部民族地区经济增长成果共享度持续提升，地区居民生存质量分值从2000年的31.68分提至2011年的64.30分，健康发展质量分值从37.04分上升至77.03分，公平度分值从47.49分提至87.58分。测评表明，西部大开发以来，西部民族地区经济快速增长成果共享范围和水平不断提高，经济增长促进了地区社会事业和居民福利的改进和提高，社会公共事业、民生工程推进有力。

3.4.5 地区经济增长极逐渐增多

实施西部大开发和区域经济一体化战略以来，经过多年的发展，西部民族地区内部相继形成和培育了一些新的增长极和增长带，这些增长极和

表 3-13 2008—2018 年我国西部民族地区财政一般预算收入情况一览

单位：亿元

地区	2008年	2009年	2010年	2011年	2012年	2013年	2014年	2015年	2016年	2017年	2018年
内蒙古	651	851	1070	1357	1553	1721	1844	1964	2016	1703	1858
广西	518	621	772	948	1166	1318	1422	1515	1556	1615	1681
重庆	578	655	952	1488	1703	1693	1922	2155	2228	2252	2266
四川	1042	1175	1562	2045	2421	2784	3061	3355	3389	3578	3911
贵州	348	416	534	773	1014	1206	1367	1503	1561	1614	1727
云南	614	698	871	1111	1338	1611	1698	1808	1812	1886	1994
西藏	25	30	37	55	87	95	124	137	156	186	230
陕西	591	735	958	1500	1601	1748	1890	2060	1834	2007	2243
甘肃	265	287	354	450	520	607	673	744	787	816	871
青海	72	88	110	152	186	224	252	267	239	246	273
宁夏	95	112	154	220	264	308	340	373	388	418	437
新疆	361	389	501	720	909	1128	1282	1331	1299	1467	1531
西部合计	5160	6057	7875	10819	12762	14443	15875	17212	17265	17788	19022

表 3-14　2008—2018 年我国西部民族地区财政一般预算支出情况一览

单位：亿元

地区	2008年	2009年	2010年	2011年	2012年	2013年	2014年	2015年	2016年	2017年	2018年
内蒙古	1455	1927	2274	2989	3426	3687	3880	4253	4513	4530	4831
广西	1297	1622	2008	2545	2985	3209	3480	4066	4442	4909	5311
重庆	1016	1292	1709	2570	3046	3062	3304	3792	4002	4336	4541
四川	2949	3591	4258	4675	5451	6221	6797	7498	8009	8695	9708
贵州	1054	1372	1631	2249	2756	3083	3543	3940	4262	4613	5030
云南	1470	1952	2286	2930	3573	4097	4438	4713	5019	5713	6075
西藏	381	470	551	758	905	1014	1186	1381	1588	1682	1971
陕西	1429	1842	2219	2931	3324	3665	3963	4376	4389	4833	5302
甘肃	968	1246	1469	1791	2060	2310	2541	2958	3150	3304	3772
青海	364	487	743	967	1159	1228	1347	1515	1525	1530	1647
宁夏	325	432	558	706	864	922	1000	1138	1255	1373	1419
西部合计	12708	16233	19706	25111	29549	32498	35479	39630	42154	45518	49607

注：新疆维吾尔自治区的一般预算支出数据未获得。

增长带将成为未来十年西部地区经济发展主力和核心，进一步引领西部经济高速发展。“2000年以来，西部民族地区经济强劲发展，新增长极逐步形成且增多”①，这些增长极主要包括：

（1）呼包银重点经济区：呼和浩特—包头—银川经济区涉及内蒙古、宁夏、陕西3个省（自治区）、11个地级市，在西部大开发进入新阶段后，加速其发展对于保障国家能源安全、优化生产力布局、维护民族团结等均具有重要的战略意义。该区域将发展成为我国重要的能源资源接续地、战略性能源供应保障基地和新兴化工基地、国家重要生态屏障建设区以及国家资源型地区科学发展示范区。

（2）兰西格经济区：兰州—西宁—格尔木经济区是国家重点培育的西部地区新的经济增长带。兰西格经济区定位为国家循环经济发展示范区、西部地区经济发展的重点集聚区和引领区，西部地区承接产业转移先导区，促进各民族共同团结奋斗、共同繁荣发展的示范区，全国重要的特色经济带。在带动甘肃、青海和西藏经济发展，促进西部大开发，实现东中西互动、民族团结和社会稳定中发挥更大作用。

（3）兰白经济区：兰州—白银核心经济区将着力打造兰白都市经济圈，积极推进兰州新区、白银工业集中区发展，做大做强石油化工、有色冶金、装备制造、新材料、生物制药等主导产业，把兰白经济区建设成为西陇海兰新经济带重要支点、西北交通枢纽和物流中心。

（4）陕甘宁经济区：陕甘宁经济区能源矿产资源丰富，是新一轮西部大开发国家的能源资源接续地。报告提出，要加大能源资源开发加工力度，建设国家级能源化工基地；做好生态环境保护和土地整治，统筹城乡发展；发展红色旅游，开发黄土文化；打造陕甘宁经济区新龙头，做大做

① 符太增. 中国西部大开发以来的财税政策研究[D]. 大连：东北财经大学，2006.

强榆林中心城市；加强陕甘宁经济区与环渤海的合作，快速融入环渤海经济圈。

（5）黔中经济区：作为贵州经济社会发展基础较好的区域，黔中经济区已成为新一轮西部大开发重点经济区之一。全力打造黔中经济区，使其成为贵州省经济社会发展的“火车头”和“发动机”，带动全省和各区域优势互补、竞相发展，是贵州实现又好又快、更好更快发展的必然选择。

（6）新疆天山北坡经济区：作为新疆经济社会发展的“领头羊”，天山北坡经济区已成为新疆经济发展的重要增长带。天山北坡经济区的快速发展，为新疆实现跨越式发展发挥了示范引领作用，进而影响带动全疆经济水平的提高，提高新疆在全国经济发展中的地位和知名度。报告提出，加快天山北坡经济区发展的政策建议，包括政府经济体制的变革、选择合理的工业化模式及产业布局、加速城市化及农业产业化过程和市场与开放性等。

第4章 西部民族地区经济发展的特征

西部大开发以来，西部民族地区经济发展规模逐步扩大，经济整体实力增强，经济发展的质量和效益得到提高，经济结构和产业结构得到优化和调整，西部民族地区与中东部地区发展差距逐步缩小，地区宏观经济持续稳定增长，地区内部各省份之间经济发展均衡性增强，收入分配差距逐步缩小，各项社会事业进步显著。然而，由于地区经济基础条件、市场结构、需求状况、要素禀赋、资源储备、体制机制等因素的影响和制约，长期以来西部民族地区经济发展呈现出显著的粗放型特征，高投入、高消耗、高排放、低效益，物质消耗巨大，经济发展主要依靠低廉的劳动力成本和低价的原材料投入，经济发展的质量和效益低于东中部地区，环境污染严重，生态破坏程度较大，经济发展的可持续性不强，亟待改革和完善。

4.1 西部民族地区经济的发展与能源消耗

4.1.1 地区能源消耗总体状况

1. 能源消耗大

在西部民族地区经济体系中，传统的重工业和资源型工业所占比例较大，煤炭、水泥、钢筋、电石、电力、天然气、有色金属、稀土等资源型产业在经济中所占比例较大，经济增长主要依靠资源的低成本或零成本来实现，社会生产经营方式粗放，在经济增长过程中资源、环境等因素未纳入成本核算范畴，低廉的原材料、劳动力和资源能源投入构成了经济增长的主体。高新技术产业、科技型产业发展不充分，产品的科技链条不长，科技进步因素在社会产品中体现不足，科技进步对经济发展贡献率较低，经济发展能耗较高，节能减排压力较大，资源浪费巨大，生态环境破坏严重。“十二五”期间，单位国内生产总值能耗由1.61吨标准煤/万元降至1.29吨标准煤/万元，降低了19.65%。东部地区单位地区生产总值能耗由1.11吨标准煤/万元降至0.89吨标准煤/万元，降低了19.57%。中部地区单位地区生产总值能耗由1.56吨标准煤/万元降至1.23吨标准煤/万元，降低了21.01%。西部民族地区单位地区生产总值能耗由2.15吨标准煤/万元降至1.74吨标准煤/万元，降低了18.75%，比全国、东部、中部地区分别低0.9个、0.82个和2.26个百分点，西部民族地区节能降耗幅度最小，经济发展物耗投入依旧较高。2005年，西部民族地区单位地区生产总值能耗为2.15吨标准煤/万元，比全国、东部、中部地区分别高0.54个、1.04个和0.59个百分点，单位能耗水平全国最高；2010年，西部民族地区单位地区生产总值能耗为1.74吨标准煤/万元，比全国、东部、中部地区分别高0.45个、0.85个和0.51个百分点，单位能耗水平依旧为全国最高。因此，西部民族地区能耗较高，资源能源消耗巨大，经济发展粗放，节能减排压力较大。“十二五”期间我国各地区节能目标完成情况如表4-1所示。

表 4-1 “十二五”期间我国各地区节能目标完成情况

单位：%

地区	“十二五”节能目标	2014—2015年能耗年均增速控制目标	考核结果
北京	17	2.9	超额完成
天津	18	2.6	完成
河北	17	2.6	超额完成
山西	16	3.1	完成
内蒙古	15	3.5	完成
辽宁	17	2.8	完成
吉林	16	4.5	完成
黑龙江	16	3.5	完成
上海	18	3.2	超额完成
江苏	18	2.5	超额完成
浙江	18	3.1	超额完成
安徽	16	2.7	超额完成
福建	16	2.4	完成
江西	16	3.3	完成
山东	17	2.2	完成
河南	16	3.4	超额完成
湖北	16	2.6	超额完成
湖南	16	3.0	完成
广东	18	2.9	超额完成
广西	15	4.1	完成
海南	10	6.0	完成
重庆	16	3.2	完成
四川	16	3.1	完成
贵州	15	3.4	超额完成
云南	15	4.0	完成
西藏	10		完成

续表

地区	“十二五”节能目标	2014—2015年能耗年均增速控制目标	考核结果
陕西	16	3.7	完成
甘肃	15	3.5	完成
青海	10	5.1	完成
宁夏	15	3.5	完成
新疆	10	3.4	基本完成

资料来源:《中国统计年鉴(2016年)》。

2. 边际能源消费较大

边际能源消费是衡量经济增长与物耗关系的指标，是指单位GDP增长需要消费的能源的总量。边际能源消费量越大，单位GDP增长过程中所耗费的能源越多，表明经济增长越不经济，经济发展方式越粗放；反之，经济发展方式越集约。具体边际能源消费公式如下：

$$边际能源消费=\frac{\Delta 能源消费量}{\Delta GDP} \tag{4-1}$$

从整体上来看，1986—2007年，西部民族地区边际能源消费一直高于全国平均水平（1991年除外），表明西部民族地区的单位GDP增长所耗费的能源增加量一直高于全国平均水平，西部民族地区经济发展粗放特征显著。其中，1990年，西部民族地区边际能耗与全国平均差距为4.13，差距达到了最大值；1986年西部民族地区边际能源消费为4.13，比同期全国水平高0.82个百分点；2007年，西部民族地区边际能源消费为2.50个百分点，比同期全国平均水平高1.99个百分点。这表明在边际能源消费“U”形变动过程中，西部民族地区边际能耗与全国差距逐步扩大，经济发展粗放特征显著，如图4–1所示。

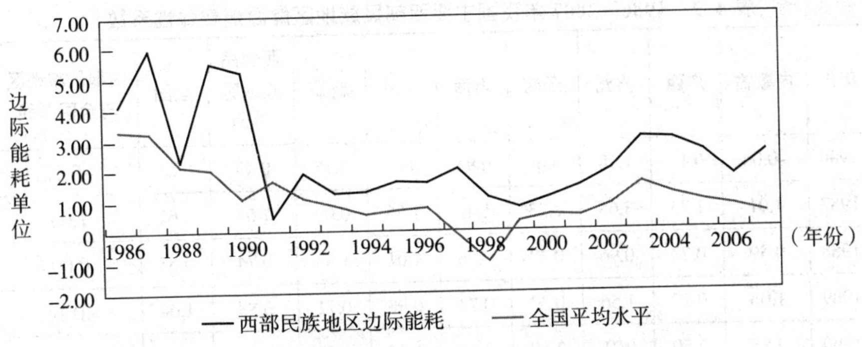

图 4-1　我国西部民族地区 1986—2007 年边际能耗曲线

3. 能源消费弹性系数较大

能源消费弹性系数是衡量能源消费与经济增长关系的指标，反映的是能源消费增长速度与经济增长速度之间的比例关系。一般而言，能源消费弹性系数越大，能源消费增长速度越快于经济增长的速度，经济增长的物耗投入越快，经济增长越不经济，经济增长粗放特征越明显；反之亦然。具体公式如下所示：

$$能源消费弹性系数=\frac{能源消费年均增长速度}{GDP年均增速} \quad (4-2)$$

1986—2007年，西部民族地区经济增长的能源消费弹性系数大多数年份均高于全国平均水平，且呈现出“U”形变动趋势，22年中仅有1986年、1989年、1991年和1996年4个年份比全国平均水平低。这表明近年来西部民族地区能源消费总量增速逐步快于经济增长增速，经济增长过度依赖能源消费的方式有所抬头，经济发展越发粗放，经济发展可持续性逐步减弱，经济发展质量有所下降，如表4-2所示。

表 4-2　1986—2007 年我国主要西部民族地区能源消费弹性系数

年份	内蒙古	广西	贵州	云南	青海	宁夏	新疆	西部民族地区平均	全国	西部民族地区与全国差距
1986	–0.04	0.13	1.18	0.69	0.94	0.41	0.15	0.49	0.61	–0.12
1987	1.01	1.73	3.68	2.23	1.41	1.55	0.09	1.67	0.62	1.05
1988	0.39	0.23	0.96	0.47	0.76	1.01	1.33	0.74	0.65	0.09
1989	1.08	0.77	1.56	0.33	0.73	0.98	0.71	0.88	1.04	–0.16
1990	2.85	2.50	0.71	2.50	5.68	1.95	1.58	2.54	0.48	2.06
1991	0.45	0.86	2.01	0.05	–1.61	–0.49	0.65	0.27	0.56	–0.29
1992	0.27	0.92	0.97	0.42	1.12	0.32	0.64	0.66	0.36	0.30
1993	0.43	0.92	0.13	0.33	1.64	0.18	0.80	0.63	0.45	0.19
1994	0.44	0.72	1.04	0.83	1.01	0.36	0.42	0.69	0.44	0.24
1995	1.45	0.67	1.09	1.29	0.92	0.57	0.63	0.95	0.63	0.32
1996	–0.37	0.17	1.58	0.58	0.15	0.54	1.20	0.55	0.59	–0.04
1997	1.25	0.14	1.02	1.95	0.10	0.07	0.49	0.72	–0.09	0.81
1998	–0.67	0.48	0.99	–0.19	0.50	0.04	0.28	0.20	–0.52	0.72
1999	0.53	0.23	–1.45	–0.28	2.78	0.09	–0.23	0.24	0.16	0.08
2000	0.94	0.99	1.20	–0.34	–0.49	0.78	0.35	0.49	0.42	0.07
2001	1.22	1.09	0.03	1.17	0.48	0.52	0.55	0.72	0.40	0.32
2002	1.55	0.35	0.50	1.89	0.87	1.17	0.36	0.95	0.66	0.29
2003	1.04	1.39	2.94	0.60	1.03	3.88	1.20	1.73	1.52	0.20
2004	0.62	2.54	1.53	2.07	1.81	3.88	1.58	2.01	1.60	0.41
2005	2.26	1.32	0.53	2.01	1.82	0.89	1.32	1.45	1.01	0.44
2006	0.66	0.81	0.83	1.14	1.14	1.07	0.90	0.94	0.83	0.11
2007	1.34	1.78	1.65	1.44	2.13	2.00	1.66	1.71	0.66	1.05

注：表中西部民族地区数据未包含四川、重庆、西藏、陕西、甘肃。

资料来源：《中国统计年鉴（1999—2011 年）》和《西部地区统计年鉴（2010 年）》。

4.1.2 地区主要资源能源消耗状况

1. 水资源消耗情况分析

2018年，东部、中部和西部民族地区供水总量分别为2115.20亿立方米、1942.80亿立方米和1957.50亿立方米，人均用水量分别为356.37立方米、472.92立方米和646.28立方米。西部民族地区供水总量虽然相对较小，但是人均用水量最高，远超东部、中部和全国平均水平（见表4-3）。就用水类别而言，农业用水方面，新疆、广西和四川三省（自治区）农业用水总量远高于全国平均、东部和中部地区省（直辖市）；工业用水方面，西部民族地区也远远高于全国平均水平。不但如此，2018年新疆、宁夏和西藏地区万元生产总值耗水和人均用水量均居全国前三位，西部民族地区其他省（自治区、直辖市）万元生产总值耗水和人均用水量均达到或高于全国平均水平。单位生产总值耗水量衡量的是一地区经济发展过程中经济发展对水资源的依赖程度，由分析可以看出，西部民族地区水资源耗费较大，耗能耗水产业发展需要大量的水资源补给，一方面加大了经济发展的成本，另一方面增加了节能减排的难度。因此，结合水资源使用情况分析，西部民族地区经济发展方式粗放特征显著。

表 4-3 2014—2018 年我国分地区水资源情况

单位：亿立方米，立方米

地区	供水总量					人均用水量				
	2014年	2015年	2016年	2017年	2018年	2014年	2015年	2016年	2017年	2018年
全国	6094.86	6103.60	6040.16	6043.40	6015.50	516.84	512.29	501.76	497.50	491.85
东部	2193.96	2159.30	2130.36	2135.90	2115.20	378.05	369.46	362.45	361.80	356.37
中部	1929.91	1951.50	1936.69	1944.00	1942.80	483.03	483.62	478.49	477.31	472.92
西部	1970.99	1992.80	1973.11	1963.50	1957.50	689.44	683.78	664.34	653.38	646.28
内蒙古	182.01	185.80	190.29	188.00	192.10	727.61	740.85	756.51	744.68	758.84

续表

地区	供水总量					人均用水量				
	2014年	2015年	2016年	2017年	2018年	2014年	2015年	2016年	2017年	2018年
广西	307.60	299.30	290.57	284.90	287.80	649.43	626.81	603.28	586.03	586.69
重庆	80.47	79.00	77.48	77.40	77.20	269.98	262.98	255.56	252.80	249.95
四川	236.87	265.50	267.26	268.40	259.10	291.58	324.89	324.67	324.08	311.36
贵州	95.31	97.50	100.31	103.50	106.80	271.92	277.09	283.13	290.12	297.49
云南	149.41	150.10	150.24	156.60	155.70	317.87	317.48	315.78	327.22	323.35
西藏	30.47	30.80	31.11	31.40	31.70	967.33	960.22	949.62	940.77	930.98
陕西	89.81	91.20	90.83	93.00	93.70	238.26	241.01	238.76	243.21	243.41
甘肃	120.57	119.20	118.35	116.10	112.30	466.16	459.32	454.51	443.47	426.75
青海	26.34	26.80	26.40	25.80	26.10	453.83	457.40	447.08	433.08	434.64
宁夏	70.31	70.40	64.89	66.10	66.20	1068.59	1059.11	966.49	974.28	966.42
新疆	581.82	577.20	565.38	552.30	548.80	2550.72	2478.21	2376.63	2280.78	2225.47

资料来源：《中国统计年鉴（2019年）》。

2. 土地资源利用情况分析

2008年，东、中、西部地区土地调查面积分别为10815.1万公顷、16707.8万公顷和67546.4万公顷，分别占全国总量的11.38%、17.57%和71.05%（见表4–4）。其中，农用地面积占各地区土地调查总量面积的比例分别为75.69%、80.59%和65.19%，农用地面积利用率西部民族地区最低；建设用地占各地区土地调查总量面积的比例分别为11.45%、6.60%和1.43%，建设用地利用率西部民族地区最低，仅为东部和中部地区的1/6和1/3；水利设施用地面积占各地区建设用地面积的比例分别为10.42%、13.73%和8.72%，西部民族地区建设用地用于水利设施建设的比例最低。由此可知，虽然西部民族地区土地资源丰富，土地广阔，但是综合利用效率不高，土地资源利用方式粗放。不仅如此，土地资源产出效率不高，每万公顷土地的产值水平低于东部和中部地区。2008年，全国每万公顷产值为2.62亿元，而同期的西部民族地区仅为0.98亿元，为全国平均水平的37.40%，这一水平更加低于东部和中部地区。总体来看，西部民族地区土地资源利用效率较低，土地资源生产能力不高，土地资源生产方式粗放特征显著。

表4–4 2008年各地区土地利用情况

单位：万公顷，%

地区	土地调查面积	农用地	园地	牧草地	建设用地	居民点及工矿用地	交通运输用地	水利设施用地
全国	95069.3	65687.6	1179.1	26183.5	3305.8	2691.6	249.6	364.5
东部	10815.1	8186.4	563.1	123.4	1238.1	1020.0	89.1	129.0
中部	16707.8	13464.6	231.5	410.3	1102.0	876.5	74.3	151.3
西部民族	67546.4	44036.6	384.5	25649.7	965.6	795.1	86.3	84.2
东部占比	11.38	12.46	47.75	0.47	37.45	37.90	35.69	35.39
中部占比	17.57	20.50	19.63	1.57	33.34	32.56	29.75	41.50
西部占比	71.05	67.04	32.61	97.96	29.21	29.54	34.56	23.11
西部与东部差距	59.67	54.58	–15.14	97.49	–8.24	–8.36	–1.13	–12.28
西部与中部差距	53.48	46.54	12.98	96.39	–4.13	–3.02	4.80	–18.40

资料来源：《中国统计年鉴（2009年）》。

3. 草原资源利用状况分析

2017年，全国草原面积为392832.67千公顷。其中，东部地区为20200.24千公顷，占全国的5.14%；中部地区为41190.14千公顷，占全国的10.49%；西部民族地区为331442.28千公顷，占全国的84.37%，西部民族地区所占比例最大。2017年，全国累计种草保留面积19035.97千公顷。其中，东、中、西部地区分别为1098.19、1902.33和16143.48千公顷，分别占全部种草总量的5.70%、9.99%和84.71%，累计种草面积占草原总面积的比例分别为5.44%、4.62%和4.87%，西部民族地区累计种草面积占草原总面积的比例低于东部地区；2017年，新增种草面积东、中、西部地区分别为487.32千公顷、877.19千公顷和4835.82千公顷，新增种草面积占草原总面积的比例分别为2.41%、2.13%和1.46%，西部民族地区所占比例最低；2017年，草原鼠害治理面积占危害面积比例分别为53.44%、48.81%和24.71%；2017年，草原虫害治理面积占危害面积比例如表4-5所示。综合分析，西部民族地区虽然拥有丰富的草原资源，但是草原综合利用率最低，远低于东部和中部地区水平以及全国平均水平，草原生产方式粗放特征显著。

表4-5　2017年我国各地区草原建设利用情况

单位：千公顷，%

地区	草原总面积	累计种草保留面积	累计种草占草原总面积比例	新增种草面积	新增种草占草原总面积比例	草原鼠害治理面积占危害面积比例	草原虫害治理面积占危害面积比例
全国	392832.67	19035.97	4.85	6119.06	1.56	26.24	33.81
东部	20200.24	1098.19	5.44	487.32	2.41	53.44	46.91
中部	41190.14	1902.33	4.62	877.19	2.13	48.81	42.13
西部	331442.28	16143.48	4.87	4835.82	1.46	24.71	32.10
东部占比	5.14	5.70	—	—	—	—	—
中部占比	10.49	9.99	—	—	—	—	—
西部占比	84.37	84.71	—	—	—	—	—

资料来源：《中国统计年鉴（2018年）》。

4. 电力资源消耗状况分析

2008—2018年，从电力资源消耗量分地区来看，东、中、西部地区电力资源消耗量呈现出逐年上升趋势（见表4-6）。其中，东部地区电力资源消耗量占全国总量比重从54.49%降低到50.95%，中部地区电力资源消耗量占全国总量比重从22.77%下降到21.23%，都呈现出下降并保持恒定

表 4-6　2008—2018 年全国分地区电力资源消耗

单位：亿千瓦时

地区	2008年	2009年	2010年	2011年	2012年	2013年	2014年	2015年	2016年	2017年	2018年
全国	34349.95	36595.19	41998.80	47025.88	49656.80	53423.50	55636.70	56933.01	59747.07	63625.12	69162.35
东部	18719.09	19879.54	22676.29	24836.86	25923.10	27613.50	28538.60	29539.98	31205.05	32783.81	35241.13
中部	7819.73	8260.07	9419.55	10542.06	11061.60	11758.60	11960.55	11977.60	12586.82	13454.30	14683.17
西部	7811.13	8455.58	9902.96	11646.96	12672.10	14051.40	15137.55	15415.43	15955.2	17387.01	19238.05
内蒙古	1220.57	1287.93	1536.83	1864.07	2016.80	2181.90	2416.74	2542.87	2605.03	2891.87	3353.44
广西	753.39	856.35	993.24	1112.21	1153.90	1237.70	1307.99	1334.32	1359.65	1444.95	1702.75
重庆	484.41	533.80	626.44	717.03	723.50	813.30	867.24	875.37	924.89	996.55	1118.79
四川	1210.13	1324.61	1549.03	1751.44	1830.70	1949	2014.79	1992.40	2101.02	2205.18	2459.49
贵州	679.18	750.30	835.38	944.13	1046.70	1126.30	1173.74	1174.21	1241.78	1384.89	1482.12
云南	829.44	891.19	1004.07	1204.07	1315.90	1459.80	1529.38	1438.61	1410.52	1538.10	1679.08
西藏	16.00	17.70	20.41	23.77	27.80	30.70	33.98	40.53	49.22	58.19	69.02
陕西	708.03	740.11	859.22	982.47	1066.70	1152.20	1226.01	1221.73	1357.06	1494.75	1594.17
甘肃	677.76	705.51	804.43	923.45	994.60	1073.20	1095.48	1098.72	1065.15	1164.37	1289.52
青海	313.23	337.24	465.18	560.68	602.20	676.30	723.21	658.00	637.51	687.01	738.34
宁夏	439.62	462.96	546.77	724.54	741.80	811.20	848.75	878.33	886.91	978.30	1064.85
新疆	479.37	547.88	661.96	839.10	1151.50	1539.80	1900.24	2160.34	2316.46	2542.85	2686.48

资料来源：《中国统计年鉴（2019年）》。

的态势。而西部地区电力资源消耗量占全国总量比重从2008年的22.74%上升到2018年的27.82%，2008—2018年大体保持在25%的比例。与东部、中部地区相比较而言，西部民族地区电力资源耗费呈现出匀速增长的态势，2008—2018年，西部民族地区电力资源耗费占全国总量的比例由22.74%提高到27.82%。由此可见，近年来西部民族地区经济增长过程中电力耗费总量在不断增加，电力耗费总量规模逐年扩大，经济增长粗放特征显著，如图4-2所示。

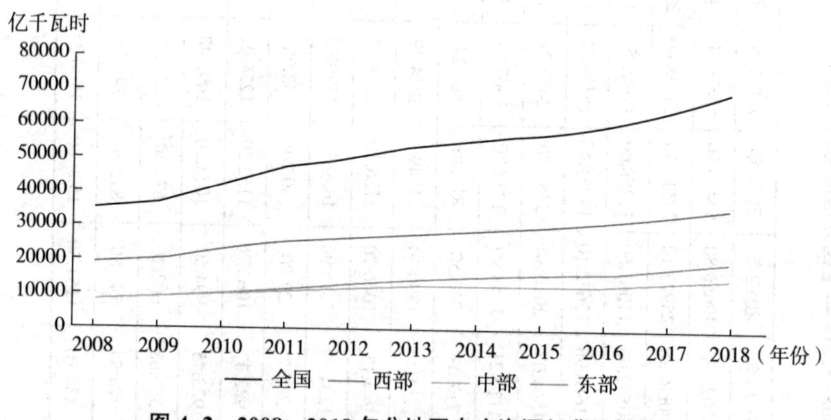

图4-2　2008—2018年分地区电力资源耗费比较情况

4.1.3　地区污染物排放情况

1. 废气排放情况分析

经过“十二五”时期的大幅度节能减排，经济发展对资源能源消耗程度，废水、废气、废物等污染物排放强度逐步减弱，经济发展的低碳性、可持续性逐步增强，经济发展的质量和效益逐步提高。但是由于人口因素、市场结构、要素贡献率、自然地理条件等的影响，中国经济特别是西部民族地区经济发展依旧呈现出粗放特征，经济发展主要依靠第二产业拉动，消费、投资、出口对经济增长的拉动协调性不强，经济增长的物耗水平较高，废气等污染物排放量过大，对生态环境破坏较为严重。2017年，东、中、西部地区工业废气排放总量分别为3620980.47吨、1800206.94吨和1575422.56吨，西部民族地区工业废气排放量最小。但是从表4–7可以看出，二氧化硫排放量西部民族地区占比分别高于东部和中部地区9.67个和17.05个百分点，高达42.24%；烟（粉）尘排放量西部民族地区占比高达38.92%，比东部和中部地区分别高出3.56个和13.21个百分点。综合来看，在经济发展过程中，西部民族地区工业粉尘、二氧化硫等工业废气排放总量均高于东部和中部地区，对大气污染程度最为严重，西部民族地区经济发展的环境成本最高，经济发展的可持续性低于东部和中部地区，如表4–7所示。

表4–7　2017年工业废气排放情况

单位：吨，%

地区	废气排放总量（吨）	二氧化硫排放量（吨）	氮氧化物排放量（吨）	烟（粉）尘排放量（吨）
全国	12417797.38	8753975	12588324	8595835
东部	3620980.47	2851523	5806695	3039526
中部	1800206.94	2204690	3435731	2210411
西部	1575422.56	3697762	3345898	3345898
东部占比	29.16	32.57	46.13	35.36
中部占比	14.50	25.19	27.29	25.71
西部占比	12.69	42.24	26.58	38.92
西部与东部差距	–16.47	9.67	–19.55	3.56
西部与中部差距	–1.81	17.06	–0.71	13.21

资料来源：《中国统计年鉴（2018年）》。

2. 二氧化硫排放情况分析

2008—2017年，西部民族地区二氧化硫排放量从848.50万吨降至369.78万吨，下降了56.4%，下降速度分别高于中部和东部地区的35.3%和33.8%

近23个百分点。同期，全国二氧化硫排放量从2321.30万吨降至875.40万吨，下降了62.29%。2008年，西部民族地区二氧化硫排放量占全国排放总量的比重为37%，2017年，这一比例则提高到42%，西部民族地区在经济发展过程中二氧化硫排放量占全部排放总量的比例呈现出升高的趋势，这与节能减排、低碳发展、科学发展的趋势相背离，不利于经济发展方式的转变。而同期，中部地区二氧化硫排放量占全部排放总量的比例从27%下降到25%，下降了2个百分点。由此可见，随着近年来西部大开发进程的加快，西部民族地区传统工业和资源型产业发展迅速，工业经济快速发展进一步导致了二氧化硫等工业废气排放量增加，经济增长对大气污染和生态环境破坏程度加剧，经济增长的不可持续性增强，如表4-8所示。

表4-8　2008—2017年我国各地区二氧化硫排放量比较

单位：万吨，%

地区	2008年	2009年	2010年	2011年	2012年	2013年	2014年	2015年	2016年	2017年	增长率
全国	2321.30	2214.37	2185.15	2217.91	2117.63	2043.92	1974.42	1859.12	1102.86	875.40	9.93
东部	843.50	791.72	771.93	791.99	751.77	716.68	684.84	645.21	400.81	285.15	11.78
中部	629.30	603.47	595.74	616.93	585.00	567.97	548.57	523.91	281.72	220.47	10.32
西部	848.50	819.17	817.48	808.98	780.86	759.27	741.00	689.99	420.33	369.78	8.21
东部占比	0.36	0.36	0.35	0.36	0.36	0.35	0.35	0.35	0.36	0.33	
中部占比	0.27	0.27	0.27	0.28	0.28	0.28	0.28	0.28	0.26	0.25	
西部占比	0.37	0.37	0.37	0.36	0.37	0.37	0.38	0.37	0.38	0.42	
西部与东部差距	0.00	0.01	0.02	0.01	0.01	0.02	0.03	0.02	0.02	0.10	
西部与中部差距	0.09	0.10	0.10	0.09	0.09	0.09	0.10	0.09	0.13	0.17	

资料来源：《中国统计年鉴（2018年）》。

3. 工业固体废物排放情况分析

如表4-9所示，2010年，西部民族地区工业固体废物产生量为10080.16万吨，占当年全部工业固体废物产生总量的33.21%，略低于东部地区

42.20%的比例，超过中部地区24.58%的比例。同期，西部民族地区工业固体废物排放量为1465680.78万吨，占全部工业固体废物排放总量的93.89%，比东部和中部地区分别高93.54个和88.13个百分点。由此看出，西部民族地区在经济发展过程中，工业固体废物产生量和排放量均处于较高水平，尤其是工业固体废物排放总量接近全部排放量的94.00%。西部民族地区经济发展废物排放量过大，一方面说明了经济发展的物耗投入水平过高；另一方面说明经济发展对环境破坏程度最大，经济发展的可持续性极差，经济发展的外部不经济特征显著，这种经济发展方式必须及时进行调整和转变，以维持地区宏观经济稳定发展，提高资源安全和经济安全水平，降低经济运行风险。不但如此，西部民族地区在经济发展高投入、高排放、高污染、低效益的同时，废物综合利用水平较低。2010年，全国工业固体废物综合利用率为81.54%，东部地区为87.28%，中部地区为89.40%，而西部民族地区仅为67.95%，比全国平均、东部地区和中部地区综合利用率分别低13.59个百分点、19.33个百分点和21.45个百分点，西部民族地区工业固体废物综合利用率最低。综合来看，经过西部大开发十多年的发展，西部民族地区经济在总量不断扩大的同时，对物耗投入量也逐年大幅度增加，废物排放总量也同步大幅增长，其对环境污染、生态破坏的程度也到了极致，经济发展不可持续，粗放特征和高碳特征显著。随着资源稀缺和环境因素对经济发展的制约加剧，西部民族地区粗放的发展方式亟待转变。

表4–9 2010年我国各地区工业固体废物产生及处理利用情况

单位：万吨，%

城市	工业固体废物产生量	#危险废物	工业固体废物综合利用量	工业固体废物排放量	工业固体废物综合利用率
全国	30348.49	245.52	24383.10	1561028.26	81.54
东部	12807.76	164.99	11709.78	5491.50	87.28

续表

城市	工业固体废物产生量	#危险废物	工业固体废物综合利用量	工业固体废物排放量	工业固体废物综合利用率
中部	7460.57	9.68	5921.69	89855.98	89.40
西部	10080.16	70.84	6751.62	1465680.78	67.95
东部占比	42.20	67.20	48.02	0.35	107.03
中部占比	24.58	3.94	24.29	5.76	109.64
西部占比	33.21	28.85	27.69	93.89	83.33
西部与东部差距	–8.99	–38.35	–20.33	93.54	–23.70
西部与中部差距	8.63	24.91	3.40	88.14	–26.30

资料来源：《中国统计年鉴（2011年）》和《西部地区统计年鉴（2010年）》。

4.2 西部民族地区产业和行业发展状况

4.2.1 地区二元结构

根据刘易斯二元结构理论，在经济增长的不同阶段，农业部门与非农业部门的产值增加和从业人员比例的变化率也会有所不同，地区经济三次产业结构也不相同，各个产业所容纳的就业规模也呈现出差异。改革开放以来，国家对西部民族地区先后实施了加速发展战略、非均衡发展战略、协调发展战略和区域经济一体化战略，地区经济现代化程度进一步提高，城乡二元结构在不断调整和优化，工业化、城镇化进程加快。但西部民族地区经济的二元特性依然显著，需要进一步调整，具体表现在：一方面，在西部民族地区的广大农村和一些纺织、食品、建材、服装、煤炭、化工等劳动密集型产业和行业，传统生产方式仍然占主导地位，生产效率不高，物耗投入较大，劳动者报酬低；另一方面，西部民族地区引进的高新技术产业、重点新兴产业以及现代生产服务业发展势头迅猛，这些行业的产业科技附加值较高、劳动生产率高于传统产业、劳动者报酬较高，在传统产业与现代产业之间形成了鲜明的对比，地区经济呈现显著的二元性。按照二元结构理论，依公式（4–3）计算，得出西部民族地区1987年、2004年和2010年二元结构系数值，以此分析改革开放以来西部民族地区二元经济变化和发展情况。二元结构系数计算公式如下：

$$\Pi=\partial\frac{A}{I}=\sqrt{\frac{A\times\partial a}{(\mathrm{GDP}-A)\times(1-\partial a)}} \tag{4-3}$$

其中，A代表一国或一地区农业部门产值，I代表一国或一地区非农部门产值，∂a代表农业部门或第一产业从业人员比率，则计算结果如表4–10所示。

表4–10　西部民族地区与全国二元结构比较

地区	1987年	2004年	2010年
全国	0.97	0.40	0.30
西部地区	1.34	0.56	0.38
内蒙古	1.00	0.52	0.31
广西	1.68	0.66	0.49
重庆	1.25	0.42	0.22
四川	1.90	0.55	0.36
贵州	1.86	0.63	0.39
云南	2.15	0.80	0.51
西藏	2.20	0.67	0.42
甘肃	0.78	0.56	0.42
青海	0.88	0.39	0.28
宁夏	0.84	0.41	0.26
新疆	0.20	0.55	0.51

资料来源：《中国统计年鉴（2011年）》。

1. 工业化水平较低

由表4–10可以看出，1987年、2009年和2010年，西部民族地区二元结构系数值由1.34逐步降至0.38，工业化程度提高，二元结构特征逐步弱化，工业经济一元化特征逐步增强。然而，与同期的全国平均水平相比，西部民族地区工业化水平仍然较低，1987年、2004年和2010年，西部民族地区二元结构系数比全国平均水平分别高0.37个、0.16个和0.08个百分点，这充分表明西部民族地区工业化程度低于同期全国平均水平，农业经济在国民经济中所占比例仍较高。不但如此，分省（自治区、直辖市）来看，除重庆外，其他西部民族省（自治区）工业化程度整体上低于其他地区。2010年，经济二元结构数值居前10位的有9个省（直辖市）处于东部地区，仅西部民族地区的重庆市居第10位（见表4-11）。而在排名靠后的后14个省（自治区、直辖市）中，西部民族地区省（自治区、直辖市）就高达10个，占比超过了71.42%。西部民族地区工业经济发展水平落后于东部、中部地区，工业经济在国民经济中所占比例偏低，工业对地区经济贡献率较低，农业经济所占份额仍较大。需要特别指出的是，2010年新疆和云南的二元结构系数为0.51，比同期全国平均水平高0.21个百分点。广西、云南、新疆三地的二元结构系数基本维持在0.50左右，远高于全国平均水平。

表4-11　2010年全国31个省（自治区、直辖市）二元结构分地区比较

地区	构成（合计=100）			GDP绝对值构成			二元结构	二元结构排位
	第一产业	第二产业	第三产业	第一产业	第二产业	第三产业		
上海	3.9	37.6	58.5	114	7218	9834	0.02	1
北京	4.9	20.9	74.1	124	3388	10601	0.02	2
天津	14.6	41.0	44.4	146	4840	4239	0.05	3
浙江	15.9	48.0	36.1	1361	14298	12064	0.10	4
江苏	18.7	45.3	36.1	2540	21754	17131	0.12	5
广东	25.7	34.9	39.4	2287	23015	20712	0.13	6

续表

地区	构成（合计=100）			GDP绝对值构成			二元结构	二元结构排位
	第一产业	第二产业	第三产业	第一产业	第二产业	第三产业		
山西	38.3	26.4	35.2	554	5234	3412	0.20	7
福建	29.2	37.4	33.4	1364	7523	5851	0.20	8
辽宁	31.3	26.2	42.5	1631	9977	6849	0.21	9
重庆	33.1	29.1	37.8	685	4359	2881	0.22	10
山东	35.4	32.5	32.0	3588	21238	14343	0.24	11
湖北	29.5	29.1	41.3	2147	7767	6053	0.26	12
宁夏	39.4	26.4	34.2	159	828	702	0.26	13
青海	41.9	22.6	35.5	135	745	471	0.28	14
陕西	43.9	25.0	31.2	988	5446	3689	0.29	15
江西	37.6	29.7	32.7	1207	5123	3121	0.30	16
河北	38.8	33.3	28.0	2563	10708	7124	0.30	17
内蒙古	48.2	17.4	34.4	1095	6368	4209	0.31	18
湖南	46.7	21.5	31.8	2326	7343	6369	0.39	24
贵州	49.6	11.9	38.5	625	1800	2177	0.39	25
西藏	53.1	11.1	35.8	69	164	275	0.42	26
甘肃	51.1	15.1	33.8	599	1985	1537	0.42	27
广西	53.3	21.0	25.6	1675	4512	3383	0.49	28
新疆	51.2	14.1	34.8	1079	2592	1767	0.51	29
云南	59.4	13.6	27.0	1108	3223	2892	0.51	30
海南	49.8	12.0	38.2	540	571	954	0.59	31

资料来源：《中国统计年鉴（2011年）》和《西部地区统计年鉴（2011年）》。

2. 工业化发展不均衡

据分析，西部民族地区整体上工业化程度不高，并且呈现出区域内工业化发展不均衡的态势。2004年，西部12个省（自治区、直辖市）中，二元结构系数最高的为云南（0.80），最低的为青海（0.39），最高与最低的差距为0.41。这表明西部民族地区内部各省（自治区、直辖市）之间工业化发展不均衡，地区工业经济发展的协调性不强。2010年，西部民族地区二元结构系数最高的为新疆和云南，均为0.51，最低的为重庆（0.22），最高与最低差距为0.29。虽然工业化发展差距进一步缩小，但是西部12个省（自治区、直辖市）之间的工业化发展差距仍然较大。这表明地区工业经济发展的非均衡性在一定程度上影响和制约了地区经济发展的整体质量和效益的提高，如表4–12所示。

表 4–12 2010 年西部民族地区二元结构分地区比较

单位：万人

地区	构成（合计=100）				GDP绝对值构成				二元结构
	就业人数	第一产业	第二产业	第三产业	GDP	第一产业	第二产业	第三产业	
内蒙古	1185	571.0	206.2	407.5	11672	1095	6368	4209	0.31
广西	2945	1571.2	619.5	754.7	9570	1675	4512	3383	0.49
重庆	1912	632.7	555.7	723.7	7926	685	4359	2881	0.22
四川	4998	2142.1	1153.6	1701.9	17185	2483	8672	6030	0.36
贵州	2402	1192.1	285.0	925.1	4602	625	1800	2177	0.39
云南	2814	1671.5	382.6	759.9	7224	1108	3223	2892	0.51
西藏	175	93.0	19.4	62.7	507	69	164	275	0.42
陕西	1952	856.0	487.8	608.2	10123	988	5446	3689	0.29
甘肃	1432	731.5	216.3	484.1	4121	599	1985	1537	0.42
青海	294	123.4	66.4	104.3	1350	135	745	471	0.28
宁夏	326	128.3	86.2	111.5	1690	159	828	702	0.26
新疆	853	436.1	119.8	296.6	5437	1079	2592	1767	0.51

资料来源：《中国统计年鉴（2011年）》。

4.2.2 地区就业结构

根据配第—克拉克、库兹涅茨定理，在工业化演进过程中，随着工业化和城镇化进程加快，产业结构高级化速度加快，工业在国民经济中比重提升，第二、第三产业发展迅速，吸纳劳动力就业能力提高，在新经济格局和产业布局下，生产力配置方式和劳动力结构布局也随之发生变化。作为第一产业的农业部门由于比较优势发生变化，与第二、第三产业相比，农产品科技附加值较低，产品产值和利润也低于同期的其他行业，农业劳动者的报酬更低，因此，农业吸纳劳动力和资本的能力下降。在市场条件下，通过价格作用和竞争作用，劳动力要素资源从第一产业向第二、第三产业转移，这种趋势在整个工业化进程中逐步加强。然而，虽然经过多年发展，西部民族地区经济仍然属于典型的二元经济，地区劳动力就业结构变化显著滞后于产业结构变化。一方面，由于西部民族地区产业结构以资源密集型和劳动密集型产业为主，农牧业在三产中占比仍较大，吸纳就业能力仍然较强；另一方面，在第二、第三产业中，仅能源、原材料工业以及相关产业吸纳劳动力能力较强，其他产业吸纳就业能力较弱，因此，劳动力的产业就业结构变动显著滞后于产业结构高级化变动趋势，阻碍了经济发展质量的提高以及经济发展方式转变的进程。

1. 第一产业吸纳劳动力能力较强

2010年，东部地区劳动力产业布局结构为0.26：0.36：0.37，三产之间劳动力布局较为均匀，劳动力在各产业间的分配比例比较适中，劳动力产业配置较为均衡。东部地区经济发展程度较高，工业和服务业较为发达，这为劳动力的产业分布提供了良好的经济基础。同期，西部民族地区第一产业劳动力在三产中就业比例为48%，比全国、中部和东部地区分别高13个、6个和22个百分点。这充分表明西部民族地区第一产业从业人员比例在全国最高，第一产业仍然是创造现实就业机会、吸纳实际劳动力就业的主要载体，如表4–13所示。

表 4-13　2010 年中东西地区三产就业人员分布

单位：万人

地区	就业人数	三产就业人数			三产就业比例		
		第一产业	第二产业	第三产业	第一产业	第二产业	第三产业
全国	58956	20515	17406	21036	0.35	0.30	0.36
中部	22115	9203	5752	7161	0.42	0.26	0.32
东部	33431	8856	12098	12478	0.26	0.36	0.37
西部	21288	10149	4199	6940	0.48	0.20	0.33
内蒙古	1185	571	206.2	407.5	0.48	0.17	0.34
广西	2945	1571.2	619.5	754.7	0.53	0.21	0.26
重庆	1912	632.7	555.7	723.7	0.33	0.29	0.38
四川	4998	2142.1	1153.6	1701.9	0.43	0.23	0.34
贵州	2402	1192.1	285	925.1	0.5	0.12	0.39
云南	2814	1671.5	382.6	759.9	0.59	0.14	0.27
西藏	175	93	19.4	62.7	0.53	0.11	0.36
陕西	1952	856	487.8	608.2	0.44	0.25	0.31
甘肃	1432	731.5	216.3	484.1	0.51	0.15	0.34
青海	294	123.4	66.4	104.3	0.42	0.23	0.35
宁夏	326	128.3	86.2	111.5	0.39	0.26	0.34
新疆	853	436.1	119.8	296.6	0.51	0.14	0.35

资料来源：《中国统计年鉴（2011年）》和《西部地区统计年鉴（2010年）》。

2. 第二产业吸纳劳动力能力较低

改革开放以来，西部民族地区工业化进程加快，第二、第三产业在国民经济结构中占比提升，农业占比下降，劳动力布局结构相应发生较大变化，对劳动力在三次产业中的配置比例也相应进行了调整，然而实际三产吸纳劳动力就业并不与产业结构变动趋势保持同步。2010年，中国西部民族地区劳动力就业产业分布结构为0.48∶0.20∶0.33，其中第二产业劳动力占比为20%，比全国、中部、东部地区分别低10个、6个和16个百分点，表明西部民族地区第二产业创造就业机会和吸纳就业能力相对比较低，低于全国平均水平，地区工业经济发展对劳动力资源需求不大，对就业的贡献率较低。在全部产业中，第三产业劳动力占比为33%，与全国和东部地区的36%、37%水平比，分别低3个和4个百分点，比中部地区略高1个百分点，如表4-13所示。

4.2.3 企业对地区经济发展的贡献

1. 工业企业生产经营效益不高

根据库兹涅茨经济增长理论和内生增长理论，地区经济实现增长的重要前提是资本积累率、储蓄率和资本产出率的不断提高。资本积累作为经济增长的内生要素，是实现经济增长的关键要素和核心指标。资本积累通过自身要素附着和集聚作用，将劳动力、土地、技术、管理、机械设备、管理人才等生产要素聚集起来，投入企业生产经营中。因此一国或一地区经济发展的快慢在一定程度上取决于该国或地区资本的丰裕度。具体到企业而言，生产实体的资本积累充裕，则生产经营效益良好，则对当地经济起到促进作用；反之，则对经济增长起到延滞作用。从总资产贡献率来看，2010年，全国、东部、中部和西部地区总资产贡献率分别为14.91%、14.42%、17.22%和11.09%，西部民族地区总资产贡献率比全国、东部、中部地区分别低3.82个、3.33个和6.13个百分点；从资产负债率来看，2010年，全国、东部、中部和西部地区资产负债率分别为58.45%、57.30%、59.68%和47.66%，西部民族地区资产负债率比全国、东部、中部地区分别低10.79个、9.64个和12.02个百分点；从产品销售率来看，2010年，全国、东部、中部和西部地区产品销售率分别为98.16%、98.39%、98.02%和81.30%，西部民族地区产品销售率比全国、东部、中部地区分别低16.86个、17.09个和16.72个百分点；从成本费用利润率来看，2010年，全国、东部、中部和西部地区成本利润率分别为8.73%、8.17%、10.26%和10.33%，西部民族地区成本利润率比全国、东部、中部地区分别高1.6个、2.16个和0.07个百分点；从流动资产周转率来看，2010年，全国、东部、中部和西部地区流动资产周转率分别为2.24次、2.28次、2.27次和1.53次，西部民族地区流动资产周转率比全国、东部、中部地区分别低0.71次、0.75次和0.74次。这充分表明西部民族地区工业企业发展受资本积累不足的制约，企业总资产贡献率、资产负债率、流动资产周转率、产品销售率不高，企业生产经营效益明显低于东部、中部地区和全国平均水平，进而影响和制约了对经济增长贡献率的提高，如表4–14所示。

表4–14　2010年我国各地区大中型工业企业主要经济效益指标

地区	总资产贡献率（%）	资产负债率（%）	流动资产周转率（次）	成本费用利润率	产品销售率（%）
全国总计	14.91	58.45	2.24	8.73	98.16
东部	14.42	57.30	2.28	8.17	98.39
中部	17.22	59.68	2.27	10.26	98.02
西部	11.09	47.66	1.53	10.33	81.30
西部与全国差距	–3.82	–10.79	–0.71	1.6	–16.86
西部与东部差距	–3.33	–9.64	–0.75	2.16	–17.09
西部与中部差距	–6.13	–12.02	–0.74	0.07	–16.72

资料来源：《中国统计年鉴（2011年）》和《西部地区统计年鉴（2011年）》。

2. 工业企业发展不均衡

据统计，2010年，西部民族地区工业增加值实现34349亿元，占第二产业增加值的比例为84%，比同期的东部、中部和全国水平分别低5个、3个和4个百分点，工业经济规模和质量有待进一步扩大和提高。在西部12个省（自治区、直辖市）中，工业经济占第二产业比例最高的为内蒙古，高达88%；工业经济占第二产业比例最低的为西藏，仅为24%，最高与最低之间差距为64个百分点。另外，就总资产贡献率而言，西部12个省（自治区、直辖市）中处于全国平均线以下的省（自治区、直辖市）达到7个，处于平均线以上的达到5个；西部12个省（自治区、直辖市）中，资产负债率最高与最低之比为65.46∶28.93；就流动资产周转率而言，西部12个省（自治区、直辖市）中处于全国平均线以下的省（自治区、直辖市）达到11个，处于平均线以上的仅有1个，流动资产周转率最高与最低之比为2.43∶0.61。由此可以看出，西部民族地区大中型工业企业经营效益虽然有所提高，但是受资本稀缺程度、人力资本积累、市场结构等因素影响和制约，区域内部各省区之间工业企业总体实力、盈利能力、资金融通能力存在较大差距，工业经济发展以及工业企业发展呈现出显著的不均衡趋势，地区工业企业经营效益有待进一步提升，工业企业对经济增长的贡献率较低，亟待进一步提高，如表4–15所示。

表4–15　2010年我国各地区大中型工业企业主要经济效益指标

地区	总资产贡献率（%）	资产负债率（%）	流动资产周转率（次）	成本费用利润率	产品销售率（%）
全国总计	14.91	58.45	2.24	8.73	98.16
东部	14.42	57.30	2.28	8.17	98.39
中部	17.22	59.68	2.27	10.26	98.02
西部	11.09	47.66	1.53	10.33	81.30
内蒙古	17.66	57.73	2.21	17.36	97.32
广西	15.81	63.45	2.17	8.71	95.10
重庆	12.71	60.55	2.20	5.65	98.31
四川	13.36	62.46	2.02	8.44	97.62
贵州	12.72	65.46	1.63	9.88	96.01
云南	18.64	57.80	1.66	11.88	97.00
西藏	3.74	28.93	0.61	14.89	97.88
陕西	16.75	57.20	1.56	17.36	97.33

续表

地区	总资产贡献率（%）	资产负债率（%）	流动资产周转率（次）	成本费用利润率	产品销售率（%）
甘肃	11.53	61.96	2.15	4.95	97.24
青海	12.24	64.01	1.72	14.68	99.53
宁夏	9.13	65.19	1.66	8.72	97.94
新疆	20.74	47.43	2.43	21.81	98.91

资料来源：《中国统计年鉴（2011年）》。

4.3 西部民族地区资源配置效率状况

4.3.1 地区需求结构状况

1. 需求结构变化总体状况

衡量一国或一地区经济发展方式，从需求结构上看，即该国或地区经济增长是以投资、出口拉动为主，还是以消费、投资和出口拉动为主，前者为粗放型经济发展方式，后者为集约型经济发展方式。分析需求结构与经济发展的关系，是研究经济发展方式转变的重要内容之一。研究需求结构变化，我们选取支出法地区生产总值指标，从最终消费支出、资本形成总额和货物服务的净流出三个方面入手，分析三者与经济发展之间的关系。

西部大开发以来，西部民族地区需求结构变化大体呈现出如下特点：

第一，西部民族地区有效需求主要由消费和投资构成，消费和投资是地区需求的主体，货物和服务净流出为负数，地区经济发展的封闭性较强。2017年，西部民族地区最终消费支出比例为60%，而资本形成比例为80.1%（见表4–16）。因此，地区经济增长的主要动力来源于内需和投资。

表 4-16　2017 年支出法地区生产总值

地区	支出法地区生产总值				最终消费率（消费率）（%）	资本形成率（投资率）（%）
	地区生产总值（亿元）	最终消费支出（亿元）	资本形成总额（亿元）	货物和服务净流出（亿元）		
全国	884426.0	480340.6	480340.6	7440.5	54.3	44.8
东部	474244.7	272583.5	220330.1	13517.0	51.8	48.8
中部	207333.5	106778.2	120102.2	–19549.9	51.7	56.9
西部	168561.6	92707.0	111059.5	–35205.0	60.0	80.1
东部占比	53.62%	56.75%	45.87%	1.816679	4.4	10.5
中部占比	23.44%	22.23%	25.00%	–2.627484	8.0	20.1
西部占比	19.06%	19.30%	23.12%	–4.731536	6.2	12.9

资料来源：《中国统计年鉴（2018年）》。

第二，西部民族地区经济开放程度低，具有较强的封闭性，地区有效需求主要为内部需求，外部需求较低，地区货物和服务的净流出绝大多数年份为负数，外部需求对地区经济增长贡献率和拉动力为负数。

第三，随着经济发展，西部民族地区最终收支结构发生了一些特殊性变化。其中，2018年，居民人均可支配收入在全国占比仅为9.18%，农村居民人均消费支出比例为10.18%；城镇居民人均消费支出比例为10.39%，低于东部地区。因此，地区最终消费结构中，政府消费支出、城镇消费支出对经济增长起到了积极的促进和拉动作用，如表4–17所示。

表 4–17　2018 年我国各地区最终消费收支及构成

地区	居民人均可支配收入（元）	城镇居民人均可支配收入（元）	农村居民人均可支配收入（元）	居民人均消费支出（元）	城镇居民人均消费支出（元）	农村居民人均消费支出（元）
全国	28228.05	39250.84	14617.03	19853.14	26112.31	12124.27
东部	461291.45	552419.94	242235.73	313701.58	366533.36	183600.28
中部	188596.45	261637.62	110658.81	135355.38	175551.02	92107.33

续表

地区	居民人均可支配收入（元）	城镇居民人均可支配收入（元）	农村居民人均可支配收入（元）	居民人均消费支出（元）	城镇居民人均消费支出（元）	农村居民人均消费支出（元）
西部	259182.07	397172.76	139376.21	191325.22	271416.34	123422.22
东部占比（%）	16.34	14.07	16.57	15.80	14.04	15.14
中部占比（%）	6.68	6.67	7.57	6.82	6.72	7.60
西部占比（%）	9.18	10.12	9.54	9.64	10.39	10.18

资料来源：《中国统计年鉴（2019年）》。

2. 需求对经济发展的贡献率

衡量需求对地区经济发展的贡献率，可以选取政府消费贡献率、居民消费贡献率、投资贡献率以及货物和服务净流出贡献率等指标进行分析。因此，需求分项构成的贡献率公式如下：

$$某项需求构成贡献率=\frac{某项需求构成的增量}{\Delta GDP} \tag{4-4}$$

西部大开发以来，西部民族地区三大需求对地区经济发展的贡献率情况为：最终消费支出和资本形成是地区经济发展的主要动力，对地区经济增长的贡献率和拉动力最大，而地区货物和服务净流出对地区经济发展的贡献率呈现出逐年下降的趋势。其中，地区最终消费支出对经济发展的贡献率和拉动力呈现出逐年下降的趋势，而资本形成总额对经济发展的贡献率和拉动力逐年提高，并自2010年以后，成为促进地区经济发展的第一拉动力。这表明近年来地区发展主要依靠投资拉动来实现，经济发展粗放特征显著。最终消费支出结构中，政府消费支出对经济发展的贡献率和拉动力逐年提高，而居民消费支出对经济发展的贡献率和拉动力逐年下降；居民消费支出结构中，农村居民消费支出对经济发展的贡献率和拉动力逐年下降，而城镇居民消费支出对经济发展的贡献率和拉动力则逐年增加，这对地区经济长期发展和社会福利状况改进尤为不利，地区经济发展的内在动力机制不足，可持续性不强。

此外，就资本形成与经济发展关系而言，近年来国家和中东部地区对西部民族地区投资逐年增加，地区投资率较高，地区经济发展呈现出显著的投资主导型经济发展的特点。然而，在投资总量规模不断扩大的同时，地区边际产出—资本比率却呈现出逐年下降的趋势，特别是2000年以后，西部民族地区GDP与全社会固定资产投资比例呈现逐年大幅下降的趋势，资本形成对地区经济发展的促进效果逐年减弱，不利于提升地区经济发展质量以及经济发展方式的转变。

4.3.2 地区生产率状况

1. 要素积累和全要素生产率对经济增长的贡献率

从要素积累和结构方面分析，衡量一国或一地区经济发展方式的粗放和集约，主要区分该经济发展模式是主要依靠科技进步、管理创新和劳动者的素质提高，还是依靠物质资源和要素投入量的增加。长期以来，西部民族地区经济发展方式呈现出粗放的特点，要素资源等物耗投入量大，全要素生产率低，科技进步缓慢，经济增长的环境成本较大，经济增长的可持续性不强。我们从实物资本、人力资本、自然资本等角度就要素积累和全要素生产率对经济增长的贡献率进行分析。如表4–18所示，首先，据统计，改革开放以来，西部民族地区实物资本对地区经济增长的贡献率最大，年均高达70%，成为拉动地区经济增长的第一动力。其次，人力资本对地区经济增长的贡献率达到年均10%的水平。地区产业结构和工业发展模式对劳动力吸纳能力较低，因而劳动力对经济发展的促进作用有限。最后，全要素生产率对地区经济发展的贡献率和促进作用不稳定，波动较大，说明地区全要素生产率尚未形成对地区经济发展的持续促进作用。此外，衡量和判断一国或一地区经济发展方式粗放或集约，国际上通常采取全要素生产率的贡献率指标。一般而言，如果全要素生产率的贡献率所占比例低于35%，则该经济发展方式为粗放型，若高于35%则属于集约型经济发展方式。据统计，改革开放以来西部民族地区经济发展粗放特征显著，属于粗放型经济增长模式。

表 4-18　1979—2007 年中国西部民族地区与全国要素积累和全要素生产率贡献率

年份	西部民族地区			全国		
	实物资本	劳动力	索洛剩余	实物资本	劳动力	索洛剩余
1979	67.86	8.08	24.06	74.79	14.88	10.32
1980	28.69	34.31	37.00	51.25	21.57	27.18
1981	-1.90	31.21	70.69	67.19	31.87	0.94
1982	40.26	26.79	32.94	48.38	20.57	31.05
1983	48.99	10.59	40.42	62.36	12.04	25.60
1984	137.87	20.89	-58.76	61.90	12.97	25.13
1985	87.74	12.52	-0.25	71.04	13.40	15.56
1986	62.16	13.06	24.78	104.93	16.57	-21.51
1987	78.83	23.70	-2.54	83.01	13.11	3.87
1988	53.98	15.67	30.34	65.18	13.52	21.30
1989	28.02	12.93	59.05	28.13	23.39	48.48
1990	135.20	42.74	-77.94	133.43	230.13	-263.57
1991	195.72	23.04	-118.76	132.57	6.48	-39.05
1992	184.31	11.41	-95.72	107.47	3.68	-11.15
1993	145.44	10.05	-55.49	145.12	3.69	-48.80
1994	103.75	9.38	-13.13	111.82	3.84	-15.66
1995	73.19	5.48	21.33	109.82	4.30	-14.11
1996	111.38	4.17	-15.55	124.75	6.70	-31.49
1997	88.38	8.42	3.20	94.42	7.04	-1.47
1998	93.63	5.18	1.19	84.58	7.75	7.67
1999	76.19	4.65	19.16	64.43	7.30	28.27

续表

年份	西部民族地区			全国		
	实物资本	劳动力	索洛剩余	实物资本	劳动力	索洛剩余
2000	51.77	10.37	37.86	47.46	5.96	46.59
2001	57.09	14.86	28.05	58.23	8.15	33.62
2002	87.49	7.02	5.49	72.74	5.59	21.66
2003	108.53	5.20	−13.74	90.90	4.86	4.24
2004	98.07	4.08	−2.15	93.04	5.31	1.65
2005	94.42	6.90	−1.33	91.72	4.31	4.14
2006	86.53	6.82	6.66	76.18	3.39	20.42
2007	67.76	6.83	25.41	59.82	3.37	36.82

资料来源：根据郑长德、罗布江村整理的数据计算。

2. 生产率对经济增长的贡献率

一般而言，国际上通常采取生产率指标衡量其对地区经济增长贡献率的高低。生产率计算公式为：生产率 = 产出 / 投入。在比较两个不同地区生产率高低时，往往采取生产率比率指标，即生产率比率 = 产出比率 / 投入比率。一般情况下，依据戴维 ·N. 韦尔确定的实物资本产出弹性 α=1/3，1−α=2/3，计算人均产出值、人均实物资本值、人均人力资本值以及综合要素生产率，进一步计算出生产率比率，进而将西部民族地区与全国平均水平、东部地区和中部地区进行比较分析，得出1997年以来西部民族地区生产率水平总体上低于全国平均水平（见表4–19），地区经济发展方式基本属于粗放类型。

表4–19　1997—2007年中国西部民族地区主要省（自治区）与全国生产率比率

年份	全国	内蒙古	广西	贵州	云南	青海	宁夏	新疆
1997	1	1.19	0.70	0.57	0.77	0.99	1.18	1.02
1998	1	1.26	0.69	0.57	0.77	0.95	1.17	1.06
1999	1	1.31	0.71	0.54	0.77	0.84	1.09	1.03

续表

年份	全国	内蒙古	广西	贵州	云南	青海	宁夏	新疆
2000	1	1.31	0.68	0.54	0.75	0.84	1.05	1.10
2001	1	1.34	0.69	0.48	0.78	0.81	1.01	1.11
2002	1	1.29	0.69	0.46	0.79	0.78	1.01	1.08
2003	1	1.24	0.71	0.46	0.81	0.77	1.00	1.07
2004	1	1.24	0.69	0.47	0.73	0.81	0.98	1.07
2005	1	1.24	0.69	0.50	0.74	0.88	1.01	1.08
2006	1	1.34	0.66	0.50	0.68	0.89	1.00	1.07
2007	1	1.37	0.66	0.49	0.67	0.89	0.99	1.05

资料来源：根据郑长德、罗布江村整理数据计算。

4.3.3 地区经济发展的均衡性

改革开放以来，随着工业化和城镇化进程的加快，西部民族地区生产总值以及人均地区生产总值增长速度显著快于地区城乡居民收入增长，农村居民和城镇居民收入实现较大幅度增长的同时，收入增速明显滞后于地区经济增长速度。这表明在地区经济发展过程中，地区居民收入水平增长缓慢，经济发展成果共享程度较低，不利于社会福利状况的改善和社会生产效率的提高，长期来看，对经济发展形成了负面影响和制约。西部民族地区城乡居民收入增长不同步，城乡之间收入增长的差距呈逐步扩大的趋势。西部民族地区经济增长与城乡居民收入增长不同步，城乡居民收入增长呈现出显著的非均衡性，城乡之间的收入分配差距逐步拉大，城乡之间经济发展均衡性和协调性较差，经济发展存在的结构性矛盾一定程度上影响和制约了地区经济发展方式转变的进程。

第5章　西部民族地区经济发展方式转变的特殊性

5.1　西部民族地区经济发展的要素状况

5.1.1　地区要素禀赋

1. 资本积累状况

（1）资本丰裕度。与东中部地区不同，西部民族地区由于地理环境、自然条件、社会历史等因素的限制，经济发展不平衡不充分问题比较突出。地区经济发展的总体水平、规模速度和质量效益均与东部、中部地区存在较大差距，地区内部经济基础和市场基础环境较差，地区要素积累不充足。西部地区工业基础薄弱，工业与东部和中部地区相比，比较优势不明显，工业经济聚集劳动力、资本、土地、技术等要素资源的附着能力不强，地区内部不能形成要素洼地，资源要素组合度不高。据统计，2017年，中国西部民族地区资本形成总额约为11.11万亿元。其中，固定资本约为10.85亿元（见表5–1），这说明西部民族地区资本形成规模较小，资本积累不充足，对经济增长促进作用也低于东部、中部地区，资本形成总额对经济贡献率不高。

表 5-1　2017 年我国各地区资本形成总额及构成

地区	资本形成总额(亿元)			资本构成	
	合计	固定资本形成总额	存货增加	固定资本形成总额	存货增加
东部	220330.13	212513.91	7816.22	96.45%	3.55%
东部占比	61.56%	61.01%	81.54%		
中部	120105.15	117834.21	2270.94	98.11%	1.89%
中部占比	33.56%	33.83%	23.69%		
西部	111059.52	108457.66	2601.9	97.66%	2.34%
西部占比	31.03%	31.14%	27.14%		
内蒙古	10298.32	10391.9	-93.58	100.91%	-0.91%
广西	9364.46	9034.54	329.92	96.48%	3.52%
重庆	10380.68	9907.32	473.36	95.44%	4.56%
四川	18021.18	17689.34	331.84	98.16%	1.84%
贵州	9356.45	9085.81	270.64	97.11%	2.89%
云南	15486.95	14825.48	661.47	95.73%	4.27%
西藏	1376.13	1372.87	3.26	99.76%	0.24%
陕西	14414.84	14144.08	270.76	98.12%	1.88%
甘肃	3804.55	3557.06	247.49	93.49%	6.51%
青海	3897.01	3918.34	-21.33	100.55%	-0.55%
宁夏	3806.87	3835.67	-28.8	100.76%	-0.76%
新疆	10852.08	10695.25	156.83	98.55%	1.45%

资料来源:《中国经济统计年鉴（2018年）》。

（2）资本使用效率。区域经济不是凭空发展的，而是在一定的要素积累的基础上实现的。在诸生产要素中，资本是最关键的要素，扮演双重角色，一方面其作为投资要素出现，参与企业生产经营管理；另一方面作为货币要素出现，在组织生产以前，遵循等价交换的原则，用货币购进生产所必需的劳动力、设备和技术等。然而，不是实现资本积累经济发展的目的就达到了。区域经济发展的质量高低和速度快慢较大程度上取决于资本积累的使用效率，资本与科技进步、管理经验、劳动力、人力资本等要素优化组合，才能发挥要素组合效能，促进区域经济发展。改革开放以来，西部民族地区由于受投资体制机制、工程项目运行模式以及市场条件等因素影响，项目投资效率不高，资本使用效率低下，进而限制了区域经济的进一步发展。

2. 劳动力供给状况

（1）劳动力受教育程度。受自然地理条件、环境气候、人文历史和社会政治经济发展水平诸多因素的影响，西部民族地区教育事业发展迟缓，进步较慢。突出表现为：地区办学水平不高、教育教学质量较差、教育基础设施建设滞后以及教学设备采购不足等，教育产业化发展并没有促进教学质量提高，反而加剧了教育资源布局的不均衡，进而影响了人力资本培育质量。据对15岁及以上人口抽样调查统计，2008年，西部民族地区15岁及以上文盲人口总量为27396人，到2018年则减少为17183人，文盲人口减少了10213人，但与全国以及东部地区和中部地区文盲率相比，西部地区文盲率仍然偏高，如表5–2所示。

表5–2 我国各地区15岁及以上文盲人口（人口抽样调查）比较

地区	文盲人口（人）		文盲率（%）	
	2008年	2018年	2008年	2018年
全国	75731	47007	7.77	4.94
东部	17509	25416	4.39	6.30
中部	22920	12314	7.34	4.19
西部	27396	17183	10.76	6.52
内蒙古	1512	825	8.14	4.58
广西	1896	1002	5.61	3.18
海南	1614	808	7.80	3.83
重庆	6239	4282	10.24	7.49
四川	3680	2276	14.58	9.93
贵州	4239	2639	13.29	8.14

续表

地区	文盲人口（人）		文盲率（%）	
	2008年	2018年	2008年	2018年
云南	759	759	37.74	35.24
西藏	2326	1345	8.19	4.96
陕西	3349	1844	17.78	10.35
甘肃	654	407	16.69	10.23
青海	430	416	10.08	9.23
宁夏	698	580	4.65	3.68
新疆	1512	825	8.14	4.58

资料来源：《中国统计年鉴（2019年）》。

（2）人力资本优势。西部民族地区正处于地区工业化、城市化早期，由于人口基数、社会传统观念的影响，地区人口总量较大，劳动力规模也较大。但由于长期以来受财政支出规模的限制，公共教育投入不足，劳动力人均受教育程度较低，专业技能和综合素质显著低于东中部地区，西部民族地区人力资本有效积累和储备不足，对地区经济发展形成了负向制约，对经济增长的贡献率较低，人口资源优势亟待转换为人力资本优势。

3. 科技进步和企业管理创新

（1）科技研发投入不足。西部民族地区经济社会发展水平不高，经济增长的质量和效益差，导致各项社会事业发展迟缓，影响和制约了教育事业的发展，地区人力资本投资不充足。现阶段，中国正处于转型期，一方面经济增长方式由粗放型向集约型加速转变，另一方面加快完善社会主义市场经济体制，推进经济体制改革向纵深发展。这一过程中，科技因素取代资本和劳动力因素，逐渐成为地区经济发展的主要推动力之一，对地区经济发展起着显著的促进作用。科技作为第一生产力，对地区经济发展具有极大的促进作用。然而，长期以来，西部民族地区历史欠账较多，科技基础薄弱，科技投入不足，科技研发环境较差，科技人才紧缺，导致地区科技进步缓慢，科技对经济增长的促进作用不能充分发挥，对经济发展的贡献率较小。

（2）科技进步市场动力不足。一方面，地区产学研机制不健全。由于诸多因素的影响，在西部民族地区，规范、成熟的产学研机制并没有真正建立起来，初步建立的一些校企合作、工学结合平台还有待进一步完善，产学研一体化建设进程迟缓，还有较长的路要走。另一方面，在缺乏必要财力支撑下，地区企业科技创新动力不足，在缺乏有效的知识产权保护和产权制度不完善的条件下，企业缺乏科技创新和技术研发的主动性和积极性，导致科技创新的市场动力不足，严重影响和制约了地区经济的持续健康发展。

5.1.2 区位状况

中国西部民族地区，区域面积辽阔，资源富集，地理条件得天独厚。一些省（自治区、直辖市）坐落在煤炭资源和矿产资源的中心，一些省（自治区、直辖市）则处于大江大河周边，便于水路运输，一些城市则位于交通枢纽的交会点，一些城市则拥有独特的自然景观，名胜古迹众多。从某种程度上说，西部民族地区较东部、中部地区更具有显著的区位比较优势，更有利于区域经济的开发和协调发展。改革开放以来，西部民族地区交通基础建设进程加快，交通运输事业发展进步明显，货运、客运以及水陆运输能力逐步增强。然而，如表5–3所示，西部12个省（自治区、直辖市）区位优势利用不足，区位禀赋优势开发利用与经济发展相关性较低，地区区位在交通运输网中分布绝大多数属于第Ⅲ和第Ⅳ类，这说明地区名义区位优势与现实区位优势存在差距，潜在区位优势资源利用不足，对地区经济发展的促进作用有限。

表5-3中，根据区位条件和经济增长关系，按照交通网位置、与重要工业基地距离、与重要海港距离以及区际运输能力等综合标准，将区位禀赋划分为Ⅰ类区、Ⅱ类区、Ⅲ类区和Ⅳ类区，并以此作为分析评价各地区区位禀赋状况的类别标准。选择这四个指标的原因在于：一是区位条件通过要素流动，以更低廉的成本方式，加速地区要素流动和市场对资源要素的配置；二是地缘上的接近性在一定程度上决定了地区经济的开放性和封闭性特征；三是地区交通基础设施状况决定着区位条件优势的发挥，只有地区交通运输基础健全、运输工具完备、运输效率提高，才能使得地区区位优势发挥出来；四是地形地貌复杂限制了区位优势发挥，也影响着区域分工的实现。

表 5-3　中国西部民族地区区位禀赋分级

地区	交通网中位置	与重要工业基地距离	与重要海港距离	区际运输能力
内蒙古	Ⅲ	C	2	d
广西	Ⅳ	C	2	c
重庆	Ⅲ	A	4	c
四川	Ⅲ	A	4	c
贵州	Ⅲ	B	4	d
云南	Ⅳ	D	4	d
西藏	Ⅳ	D	4	d
甘肃	Ⅲ	C	4	c
青海	Ⅳ	D	4	d
宁夏	Ⅲ	D	3	c
新疆	Ⅳ	D	4	d

注：Ⅰ，位居全国性交通枢纽；Ⅱ，位居区际交通或对外门户；Ⅲ，位居交通网侧翼；Ⅳ，位居交通网末梢。

资料来源：《中国统计年鉴（2018年）》。

5.2 西部民族地区经济发展的经济基础

5.2.1 地区城镇化发展状况

1. 城市化发展加速

根据刘易斯模型、费景汉—拉尼斯模型可知，由于城市具有聚集效应、增长极效应和辐射效应，城市在资本积累、劳动力、技术等生产要素报酬方面具有比较优势，成为要素洼地的流入区，最终促进城市经济的快速发展。在发展中国家，由于工业与农业、城市和农村经济发展差距较大，加剧了城市对农村要素的吸纳，形成城市和工业要素的漏斗区，工业化和城镇化进程比其他国家和地区的速度都要快，城市化速度过快，导致人口过度涌入城市，造成了一系列的城市问题。城市化的快速发展，虽然促进了第三产业的发展和壮大，但是在工业化早中期，为了实现利润最大化，追求低成本发展，一些国家或地区过分依赖资源优势和要素优势，在发展中忽视技术改进，在一定程度上阻碍了经济转型的进程。反观西部民族地区40多年的发展历程，西部大开发促进了一批大中城市的迅速崛起，城市的快速发展必然引发一些负面影响，“城市病”问题也接踵而至。如西部民族地区的乌鲁木齐、兰州、乌海、包头等城市发展包袱沉重，城市污染严重，城市空气质量较差。2008—2017年我国各地区二氧化硫排放量如表5-4所示。

2. 城市人口膨胀

经过40多年的赶超发展，西部民族地区经济整体实力增强，城镇居民收入增长的幅度大于农村。当前，西部民族地区正处在工业化发展中期，城市化进程面临着新一轮的提速。伴随城市加速发展，城市不断扩容、增

表 5-4　2008—2017 年我国各地区二氧化硫排放量比较

单位：万吨

地区	2008年	2009年	2010年	2011年	2012年	2013年	2014年	2015年	2016年	2017年
全国	6963200	11028643.04	21850000	22179081.69	21180000.00	20439000.00	19744000.00	18591000.00	11028643.04	6963200
东部	8435000	7917245.15	7719304	7919903.17	7517654.17	7166786.99	6848412.59	6452131.88	4008141.03	2137650
中部	6293000	6034725.75	5957417	6169347.06	5850049.63	5679683.79	5485740.18	5239123.55	2817177.70	1903330
西部	8485000	8191706.60	8174775	8089831.47	7808615.75	7592747.13	7410007.09	6899938.63	4203324.32	2501290
内蒙古	1431000	1398803.38	1394100	1409404.33	1384928.33	1358691.74	1312436.37	1230945.68	625742.23	397880
广西	925000	890494.78	903826	521022.51	504123.33	471986.80	466588.74	421198.70	201063.67	115790
重庆	782000	746091.62	719404	586929.07	564776.63	547686.06	526944.28	495801.96	288337.75	128930
四川	1148000	1135299.13	1130952	902006.30	864440.44	816706.01	796401.53	717584.45	488269.45	263770
贵州	1236000	1175494.19	1148830	1104284.00	1041086.62	986423.12	925787.10	852964.5	647063.92	406960
云南	502000	499306.78	500702	691225.79	672215.92	663091.24	636683.23	583739.22	526208.98	264940
西藏	2000	1660.00	3857	4175.73	4184.65	4191.65	4249.87	5373.02	5411.40	12500
陕西	889000	804407.63	778649	916838.68	843755.44	806152.32	780954.38	735017.20	318012.39	199010
甘肃	502000	500305.71	551785	623902.18	572489.40	561980.81	575648.72	570621.39	271975.89	144420
青海	135000	135698.26	143431	156602.10	153853.33	156694.00	154276.00	150766.00	113692.70	60750
宁夏	348000	314245.07	310752	410385.49	406633.25	389712.30	377055.54	357596.19	236859.01	160040
新疆	585000	589900.05	588487	763055.29	796128.41	829431.08	852981.33	778330.32	480686.93	346300

容，大量农村人口涌入城市，导致城市人口膨胀。农村人口大量流入城市，劳动力在城乡间的比例结构失调，进而影响了劳动力的布局状况和生产力布局状况。一方面，受劳动力市场供求关系的影响，农村人口大量涌入，对城市在职在岗人员造成了冲击，导致新一轮的城市失业。另一方面，农村劳动力大规模向城市转移，必然减少农村现有的劳动力规模，在一定程度上影响了农村生产力的发展。因此，在中国特别是西部民族地区出现了“民工荒”和“就业难”并存的现象。据统计，2008年，西部民族地区城镇失业率高于中东部地区（见表5–5），并且呈现出先增后缓、陡增匀减的趋势。城市失业率高表明市场竞争、资源配置以及经济增长没有达到充分状态，经济发展的质量和经济增长方式的转变必然受到一定的负面影响。

表 5–5　2008 年、2018 年我国分地区失业率比较

地区	失业人口（万人）		失业率（%）	
	2008年	2018年	2008年	2018年
全国	886.00	974.00	4.2	3.8
西部	167.51	201.86	3.9	3.1
中部	267.74	279.06	3.7	3.2
东部	314.97	309.95	3.5	3.0
内蒙古	19.92	27.04	4.1	3.6
广西	18.80	16.71	3.8	2.3
重庆	13.02	13.09	4.0	3.0
四川	37.86	53.31	4.6	3.5
贵州	12.47	15.06	4.0	3.2
云南	14.77	20.88	4.2	3.4
西藏	—	2.11	—	2.8
陕西	20.83	24.12	3.9	3.2
甘肃	9.43	9.95	3.2	2.8

续表

地区	失业人口（万人）		失业率（%）	
	2008年	2018年	2008年	2018年
青海	3.87	4.65	3.8	3.0
宁夏	4.77	5.39	4.3	3.9
新疆	11.77	9.55	3.7	2.4

3. 城市交通拥堵

一般情况下，除自然灾害等不可抗力因素外，城市交通阻塞并不是城市运行的常态。城市交通拥堵说明，一是城市基础设施建设落后，城市交通运输能力不高，不适应城市发展的需要；二是城市交通拥堵是城市设计、城市要素资源配置效率低下的表现，交通拥堵是城市经济与工业经济低效率的外在体现；三是大量的非城市人口的涌入，在一定程度上造成了城市要素资源布局改变，城市资源供求结构和配置效率发生变化，导致一些要素资源相对剩余，城市发展成本增加，城市经济发展效率下降，进而影响经济整体发展方式的转变。各种因素错综复杂，交互作用，造成了城市化发展滞后，进而影响城市经济增长极作用、辐射作用的发挥，区域经济增长因此放缓。近年来，中国西部民族地区一些省区省会城市、地市州城市存在显著的城市交通拥堵现象，在一定程度上说明了经济增长方式转变的迫切性。

4. 市场价格扭曲

随着工业化和城市化进程的加快，城市在发展的同时产生了一系列的“城市病”，这也是发展经济学所研究和讨论的重点。城市化高速发展引发的城市环境污染、交通阻塞、城市失业人口激增、城市贫困人口等问题制约了城市的发展，降低了城市经济的资源和要素配置效率。城市化快速发展造成市场机制、市场结构和价格机制的扭曲，进一步降低了城市发展的能力。其中，城市住房价格扭曲，房价畸高不下，提高了劳动力成本，促使企业和用人单位的经营成本增加，进而降低了企业的经营效益。

20世纪七八十年代，经历战后高速发展的日本鼓励和支持房地产市场发展，大力推进城市化和工业化深入发展，由于过分强调和放大工业化和城市化的积极作用，忽视了城市化带来的负面效应，催生了房地产泡沫，最终引发经济危机。同样，2007年由美国房地产市场引发的次贷危机在全球蔓延，最终发展成为世界性的金融危机，造成了世界性的经济衰退。据统计，2008—2018年，中国西部民族地区建筑企业实现利润总额由352.51亿元增至1645.15亿元，11年间增加了3.67倍。同期，东部、中部以及全国建筑企业实现利润总额分别增长了3.03倍、4.45倍和2.93倍。由此可以看出，西部民族地区建筑企业实现的利润总额增速高于东部、中部地区和全国水平。地区建筑业利润非正常高速增长，说明地区市场机制不健全，资源要素配置效率不高，价格机制和竞争机制扭曲，不利于经济发展质量的提高和发展方式的转变。

5.2.2　地区工业化发展状况

1. 资源优势推动工业化发展

改革开放以来，中国西部民族地区立足本地资源优势（见表5-6）和区位优势，大力发展能源工业、资源产业和交通运输业，大力推进地区工业化导向战略，提高工业经济在地区生产总值中的比例，强化工业对农业和服务业的主导作用。通过煤炭、钢铁、电石、水泥、钢筋、建材、有色金属等传统工业产业的发展，西部民族地区工业经济实力进一步增强，工业对地区经济增长的贡献率提高，拉动作用逐步增强。工业化战略的推进，为构建地区统一市场和国民经济体系提供了基础。但是，这种依靠土地、资金、劳动力、资源、能源大量投入的生产模式过于粗放，经济增长的物耗投入过高，付出的资源环境代价过大。长期来看，这种资源密集型的工业化模式不可持续，难以实现长期均衡增长。

表 5-6　西部民族地区自然资源综合优势度

地区	自然资源综合优势度		自然资源人均拥有量优势度		自然资源总丰度		45种主要矿产资源的潜在价值	
	数值规模	全国排序	数值规模	全国排序	数值规模	全国排序	矿产资源价值（亿元）	全国排序
内蒙古	1.1034	2	3.3244	2	1.9152	3	5035.61	3
广西	0.7126	13	0.5200	15	0.6056	13	488.35	20
四川	0.8966	8	0.9956	11	0.9448	10	13239.37	1
贵州	0.9080	7	1.2109	8	1.0486	8	1736.85	11
云南	1.0345	5	1.5984	6	1.2859	5	2648.74	4
西藏	1.0920	3	7.0307	1	2.7708	1	43.57	29
甘肃	0.7816	12	0.7144	12	0.7472	12	1048.13	14
青海	1.1609	2	3.3231	3	1.9410	2	748.18	17
宁夏	0.8046	10	1.2663	7	1.0094	9	802.29	16
新疆	1.0805	4	1.9495	4	1.4514	4	1012.33	15

资料来源：刘再兴. 中国区域经济：数量分析与对比研究[M]. 北京：中国物价出版社，1993；中国科学院可持续发展研究组. 2000中国可持续发展战略报告[R]. 2000.

2. 城镇化拉动工业发展

一国或一地区经济发展的经验证明，实现国民经济工业化的目标离不开城市化或城镇化的助推，离不开产业结构优化和升级。中国西部民族地区工业化发展过程是与城镇化同步的，工业化是发生在经济领域的变革，城镇化是发生在社会领域的变革，二者相辅相成，互为条件。城镇化通过提升资本、资源、劳动力、技术等综合要素生产率，促进经济增长。2000年以来，随着地区均衡发展战略的逐步推进，地区经济整体实力进一步增强，但是地区经济增长的粗放特征仍较为显著，物耗投入较高、生产效益较低，这种经济发展方式亟待转变。

随着工业化进程的不断加深，劳动力等要素资源又由第二产业向第三产业转移，这个过程被称为产业结构的高级化。产业结构高级化是促进国民经济由传统工业向新兴工业转变的主要因素。西部民族地区工业化与城镇化、产业结构高级化过程是同步推进的。近年来，西部民族地区产业结构高级化趋势明显，第一产业在地区经济中占比大幅下降，第二、第三产业占比不断提高。但是，由于受自然条件、市场结构、要素禀赋、政治制度、历史文化等多种因素的制约，西部民族地区具有鲜明的地域特点，地区工业化整体质量不高，资源能源工业比重过大，轻工业发展滞后，第三产业发展不充分，高新技术产业发展较为迟缓，影响和制约了经济发展质量和经济发展方式的转变。

不但如此，受经济发展基础、市场条件、市场结构、资源禀赋、城镇化模式等影响，西部民族地区经济发展方式在由粗放向集约转变的过程中，地区优势和劣势对比明显。西部民族地区拥有独特的区位优势、资源优势、人文优势的同时，还较大程度上存在着显著的劣势和不足，这是长期影响和制约地区经济持续、健康发展的重要因素，不利于地区经济发展方式的转变。

5.2.3　地区旅游资源开发状况

1. 优势旅游资源开发利用不充分

西部民族地区地域宽广，具有生物多样性和气候多样性的特征，拥有旅游资源先天优势。敦煌莫高窟、古丝绸之路、楼兰古城、西藏布达拉宫、成吉思汗陵等资源是打造地区人文旅游精品和拳头产品的重要基础。除此之外，西部民族地区还具有鲜明的民族特色和区域特色旅游资源，适宜开发涵盖民族服饰、食品、风俗习惯、祭祀庆典礼仪的民族特色旅游品牌。如鄂尔多斯婚礼等民族旅游产品正在逐步形成并推广。此外，西部民族地区还具有得天独厚的地形地貌条件，为开发西部地理旅游产品提供了资源基础，能够较好地满足游客对西部独特地理形势观瞻的需要。然而，西部大开发以来，由于旅游资金投入不足，西部地区民族旅游、地理旅游、人文旅游和特色旅游等旅游资源优势没有得到充分发掘，加之西部民族地区平地少、丘陵多，高山、峡谷错综分布，极大地影响了旅游资源的有效开发和利用，导致西部民族地区旅游资源开发不充分。

2. 传统工业化延滞了旅游业发展

长期以来，西部民族地区一些地方政府受传统经济管理模式的影响，热衷发展传统工业，主张利用本地资源优势，大力发展资源型工业、能源工业、重工业和劳动密集型工业。虽然短时期内实现了经济发展，但对生态环境的污染和破坏程度较大，不可再生资源耗费巨大，旅游业长足发展的根基也受到了影响。由于西部地区生态保护区和生态恢复治理区较多，长江、黄河、澜沧江、怒江等大江大河多发源于此，出于生态安全、经济安全和资源安全的考虑，应加大对生态保护的投入力度。然而由于受地区可用财力不足、传统资源工业占主导地位、环境监督软约束的影响，西部民族地区资源工业发展势头依旧强劲，旅游业发展受到冲击，发展速度较为缓慢。

5.3 西部民族地区经济发展方式转变的紧迫性

5.3.1 地区资源日益短缺

据统计，中国自然资源的基本特征是资源总量丰富但人均占有量偏少，资源利用率低且浪费严重。2018年末中国总人口数约14亿人，约占世界人口的22%。就人均资源占有量而言，绝大多数矿产资源人均占有量不到世界平均水平的一半，煤炭、石油、天然气人均资源占有量仅为世界平均水平的55%、11%和4%。长期以来，由于西部民族地区片面追求经济增长速度，经济发展粗放特征显著，资源消耗的规模和速度惊人，资源浪费严重，非再生资源数量日益减少。

1. 土地资源分析

我国土地资源丰富，土地总面积位居世界第三，但是人均水平远低于世界平均标准，不但如此，在资源布局上存在“一多三少”的特点：总量多，人均耕地少，优质耕地少，后备耕地少。据统计，我国现有人均土地面积仅为世界人均标准的1/3。对于西部民族地区而言，土地资源分布格局更加不容乐观。西部民族地区虽然区域面积广阔，人均占有量也相对其他地区较大，但是由于地形地貌、自然地理条件的限制，西部民族地区可开发和利用的有效土地面积较少，名义和实际人均土地占有量相差较大。一些西部地区虽然地广人稀，但由于缺水、多沙、土壤墒情较差，水土流失、干旱退化、污染严重，人均耕地标准每况愈下。我国西部民族地区土地资源分布如表5-7所示。

表5-7 我国西部民族地区土地资源分布

地区	林业用地面积（万公顷）	森林面积（万公顷）	人工林面积（万公顷）	森林覆盖率（%）	活立木总蓄积量（亿立方米）	森林蓄积量（亿立方米）
全国	32591.12	22044.62	8003.10	23.00	190.07	175.60
西部	18983.57	13291.57	3383.82	352.00	108.31	101.01
内蒙古	4499.17	2614.85	600.01	22.10	16.63	15.27
广西	1629.50	1429.65	733.53	60.20	7.44	6.78
重庆	421.71	354.97	95.93	43.10	2.44	2.07
四川	2454.52	1839.77	502.22	38.00	19.72	18.61
贵州	927.96	771.03	315.45	43.80	4.45	3.92

续表

地区	林业用地面积（万公顷）	森林面积（万公顷）	人工林面积（万公顷）	森林覆盖率（%）	活立木总蓄积量（亿立方米）	森林蓄积量（亿立方米）
云南	2599.44	2106.16	507.68	55.00	21.32	19.73
西藏	1798.19	1490.99	7.84	12.10	23.05	22.83
陕西	1236.79	886.84	310.53	43.10	5.10	4.79
甘肃	1046.35	509.73	126.56	11.30	2.84	2.52
青海	819.16	419.75	19.10	5.80	0.56	0.49
宁夏	179.52	65.60	43.55	12.60	0.11	0.08
新疆	1371.26	802.23	121.42	4.90	4.65	3.92

资料来源：《中国统计年鉴（2019年）》。

2. 森林资源分析

《中国森林资源报告（2014—2018）》显示，中国现有的森林面积和森林蓄积量为2.2亿公顷和175.6亿立方米，人均森林面积不足世界人均的1/3，人均森林蓄积量仅为世界人均的1/6。中国森林资源主要分布在东北大兴安岭地区、西北地区和西南地区，其中，西部民族地区的长江、澜沧江、黄河发源地周边森林资源比较富集，但是这些地区地势险峻、地形复杂，森林开发利用难度较大。随着经济的发展，市场对林木需求不断加大，进一步造成了供需缺口的加大，因此，木材供给较大部分依赖进口。

3. 矿产资源分析

根据矿产资源普查结果，中国人均占有的矿产资源仅为世界人均水平的58%，人均拥有量严重不足。矿产资源布局不合理，资源储备质量不高，现有条件下，开发利用难度较大，存在小矿床多、大矿床少，贫矿多、富矿少的现象。特别是西部民族地区，虽然矿产资源富集，但是富集区地形地貌复杂，区位条件差，开发难度高于其他地区。如攀西—六盘水地区、乌江干流地区、红水河流域、西藏一江两河地区矿产资源比较富集，但是这些地区的自然环境脆弱，而且地形复杂险峻，多为荒漠、戈壁、高山和峡谷地带，开发利用以及交通运输难度较大。2016年西部民族地区主要能源情况如表5–8所示。

表5–8　2016年我国西部民族地区主要能源基础数据

地区	石油储量（万吨）	天然气储量（亿立方米）	煤炭储量（亿吨）	水资源总量（亿立方米）	人均水资源量（立方米）
全国	350120.3	54365.50	2492.30	32466.4	2354.92
西部	146336.1	45558.34	1155.44	15503.7	14723.27
内蒙古	8381.3	9630.49	510.27	426.5	1695.49
广西	154.0	1.58	0.90	2178.6	4522.73
重庆	266.9	2726.90	18.03	604.9	1994.72
四川	623.4	13191.61	53.21	2340.9	2843.31
贵州	—	6.10	110.93	1066.1	3009.46
云南	12.2	0.47	59.58	2088.9	4391.67
西藏	—	—	0.12	4642.2	141746.56
陕西	38375.6	7802.50	162.93	271.5	713.91
甘肃	28261.7	318.03	27.32	168.4	646.45
青海	8252.3	1354.44	12.39	612.7	10375.95
宁夏	2432.4	274.44	37.45	9.6	142.96
新疆	59576.3	10251.78	162.31	1093.4	4596.05

资料来源：《中国统计年鉴（2019年）》。

4. 能源资源分析

中国西部民族地区能源探明储量较大，其中，煤炭资源占94%，石油和天然气储量所占比例相对较低。这种能源分布结构决定了在一定程度上能源生产以煤为主的格局长期不会改变。加之一次性能源比例大，替代能源少，煤炭必不可少地成为工业燃料、民用燃料以及机械动力的主要来源，煤炭在国民经济中的地位不可替代。如此一来，现有的煤炭资源结构较大程度上决定了地区经济发展的特点，粗放式的经济增长必然消耗巨大的煤炭资源，导致经济增长方式越发粗放，经济增长陷入恶性循环。2016年我国西部地区主要黑色金属基础储量如表5–9所示。

表 5–9　2016 年我国西部民族地区主要黑色金属基础储量

地区	铁矿储量（亿吨）	锰矿储量（万吨）	铬矿储量（万吨）	钒矿储量（万吨）	原生钛铁矿储量（万吨）
全国	217.60	29658.50	537.10	1304.90	21385.00
西部	65.69	26834.36	402.54	890.54	20898.65
内蒙古	18.17	567.55	56.29	0.77	—
广西	0.30	17388.59	—	171.49	—
重庆	0.12	1380.14	—	—	—
四川	27.02	206.34	—	598.55	20850.86
贵州	0.17	4886.87	—		
云南	4.24	1196.81	—	0.07	3.12
西藏	0.17	—	158.47	—	—
陕西	3.97	288.11	—	7.18	—
甘肃	3.24	357.52	141.24	112.32	—
青海	0.03	—	3.68	—	—
宁夏	—	—	—	—	—
新疆	8.26	562.43	42.86	0.16	44.67

资料来源：《中国统计年鉴（2019年）》。

5. 淡水资源分析

淡水资源储备是指储存于地表和地下的可利用水量，也就是所谓的可更新水资源量。据统计，2016年中国西部地区水资源年均拥有量为15503.7亿立方米，其中，地表水资源15235.5亿立方米，占水资源总量的98.27%；地下水资源量4589.6亿立方米，占水资源总量的0.29%，如表5–10所示。

但由于西部民族地区地广人稀，自然条件恶劣，水资源有效利用率不足，仅用于灌溉、发电等，用途较为狭窄。不但如此，水资源在西部民族地区分布不均，南多北少，西多东少，高山多，低地少，西部民族地区水资源布局现状影响和制约地区经济发展，不利于地区经济发展方式的转变。

表 5–10 2016 年我国西部民族地区的水资源

地区	水资源总量（亿立方米）	地表水资源量（亿立方米）	地下水资源量（亿立方米）	地表水与地下水资源重复量（亿立方米）	人均水资源量（立方米）
全国	32466.4	31273.9	8854.8	7662.3	2354.92
西部	15503.7	15235.5	4589.6	4321.4	176679.26
内蒙古	426.5	268.5	248.2	90.2	1695.49
广西	2178.6	2176.8	529.2	527.4	4522.73
重庆	604.9	604.9	112.3	112.3	1994.72
四川	2340.9	2339.7	593.3	592.1	2843.31
贵州	1066.1	1066.1	251.3	251.3	3009.46
云南	2088.9	2088.9	699.7	699.7	4391.67
西藏	4642.2	4642.2	1028	1028	141746.56
陕西	271.5	249.2	107.4	85.1	713.91
甘肃	168.4	160.9	108.7	101.2	646.45
青海	612.7	591.5	282.5	261.3	10375.95
宁夏	9.6	7.5	18.6	16.5	142.96
新疆	1093.4	1039.3	610.4	556.3	4596.05

资料来源：《中国统计年鉴（2019年）》。

5.3.2 地区环境污染严重

粗放型经济迅速发展必然需要大量的能源资源作支撑，对能源资源的耗费大且消费总量增长迅速。近年来，西部民族地区经济发展物耗投入巨大，能源消费增速超过经济增速。不但如此，能源消费偏高，产出效率偏低，能源效率损失偏大，加剧了地区能源紧张局势。据统计，2000—2010年，西部民族地区能源平均消费弹性系数为1.44，远高于全国平均水平。从能源消费结构看，工业企业是能源消费主要力量。2010年西部民族地区工业能源消耗占全社会总能源消耗的79%；万元GDP电耗1838.9千瓦时，同比上升7.68%，远超过国家节能减排标准；煤炭、电力、钢铁、建材、有色、化工六大行业能源消费占全国的37%，占工业耗能的69%。经济粗放增长直接导致生态环境严重恶化，经济发展的环境成本大幅提高，且不可持续。

1. 大气污染严重

2011年，我国仍是世界废气排放量最大的国家。空气污染导致酸雨，酸雨面积占国土面积的30%，污染农田600多万公顷。空气质量达到国家一级标准的城市仅占1.9%，污染较重的城市主要分布在新疆、内蒙古、陕西、甘肃、四川、重庆、青海、宁夏、浙江、北京、江苏、辽宁、河北、山东、山西、湖北、湖南、河南。其中，西部民族地区占了8个，东部地区占了6个，中部地区占了4个。大气污染主要体现在工业废气、二氧化硫污染和悬浮颗粒污染。一是国家标准规定，城市二氧化硫年平均排放的上限是浓度不得超过0.06毫克/立方米的标准。按照这一标准，全国几乎1/3的大中城市超标，有2/5的中小城市处于标准线上下。二是总悬浮颗粒物，国际上采用PM 2.5标准进行环境监测。近几年，随着西部民族地区开发和发展提速，在一些地区特别是煤炭开采、煤炭加工、矿产加工的地区和城市，空气中总悬浮颗粒物严重超标，悬浮颗粒直径也超过国际和国家规定的上限标准，城市大气污染严重，严重影响了社会居民的生产、生活以及身体健康。

2. 水质污染严重

一是地表水污染加剧。当前，我国七大水系均为中度污染，湖泊富营养化问题突出。流经西部民族地区的长江和黄河等水系污染严重，一些支流受城市和工业污染影响，地面水质降低到四五类国家标准。河流中废水、废渣、废物排放超标，大江大河水体受污染程度加深，直接影响了当地居民生产和生活。水利部对全国700余条河流约10万公里河流水质进行监测评价，指出目前已有46.5%的河流受到污染。其中，10.6%的河流严重污染，水体已丧失了使用价值，90.0%以上的城市水域污染严重。二是地下水受到较大污染。西部大开发以来，一些地区政府部门片面追求GDP高速增长，受政绩考核和利益寻租的驱使，盲目招商引资，无视地方居民饮用水安全等现实，将一些高耗能、高污染、低效益的过剩产业和夕阳产业引入当地，造成了当地地下水污染，给当地居民生活带来不便。

3. 土地退化严重

受气候变化的影响以及城镇化和工业化加速的影响，西部民族地区水土流失和土地荒漠化严重，呈现出逐年加速的态势。2008年，水利部调查显示，中国水土流失面积356万平方千米，占国土面积的37%；荒漠化面积超过262万平方千米，占国土面积的27%；年均土壤流失50多亿吨，肥力丧失4000万~5000万吨。荒漠化速度惊人，以每年2460平方千米的速率推进，几乎一年损失一个中等县的面积。一方面，水土流失造成了大量土地资源衰减，地表河床升高，湖泊、水库淤积，洪灾频繁；另一方面，土地荒漠化导致沙尘暴的发生概率增加，影响和改变了地区和全国气候状况。

4. 城乡垃圾污染严重

随着城市化进程加快、城市居民生活水平的提高，城市生活垃圾产生量也在不断加大。据统计，现阶段，中国城市垃圾产生量以每年10%的速度增长，工业固体废弃物的产生量和堆存量以年平均2000万吨的速度增长。一些大中城市特别是工业城市和新兴城市，垃圾产量和递增速度往往高于其他地区。由于一些城市垃圾和工业废物得不到及时处理，城市被“垃圾”重重包围，固体废弃物中含有毒、有害物质，渗滤液污染地表水和地下水，扬尘污染大气，堆存物污染农田，造成土壤质量下降，对居民的生产和生活用水安全造成了较大威胁，成为重大的环境隐患。这种现象已向西部民族地区农村扩展和蔓延，并且农村污染呈现出污染范围广、污染物无害处理度低、污染强度高、污染速度快的特点。

第6章 西部民族地区财政政策评价及目标模式选择

实施西部大开发战略以来，经过多年的开发和发展，西部民族地区经济社会发生了巨大的变化。西部民族地区城镇化水平、工业化进程加快；基础设施建设、水利建设、能源建设、重点资源建设推进有力；2015年脱贫攻坚工作开展以来，西部民族地区九年义务教育巩固率达到90%以上，城镇化率达到45%；地区内部经济发展的差距进一步缩小；地区经济总量规模扩大的同时，经济发展的质量和效益提高，民族地区公共财政框架和体制基本建立。未来十年，西部民族地区将面临新一轮的机遇和挑战。应在新时期科学运用财政政策，促使民族地区发挥后发优势，增加要素积累，提高科技创新能力，降低物耗投入，切实转变经济发展方式，促进西部民族地区经济发展与人口、资源、环境相协调，实现更高质量、更有效率、更加公平、更可持续发展。

6.1 西部民族地区经济发展方式评价

6.1.1 粗放型经济发展模式评价

1. 经济发展粗放特征显著

依据前述第3、第4、第5章的实证分析，结合对地区需求结构、要素贡献率、生产率比率、产业结构贡献率、企业经营效益、物耗投入水平、环境污染程度等综合分析，总体上断定西部民族地区经济发展模式属于显著的粗放式的发展方式，主要依据为：一是据统计，1979—2007年西部民族地区全要素生产率平均水平为0.42%，远低于34.58%的国际标准。二是地区经济发展物耗投入较大，资源浪费现象严重，经济发展的成本较高。三是地区就业结构变动呈显著滞后于地区产业结构变动趋势，不利于地区福利状况的改善以及地区经济质量的提高。四是西部民族地区生产率比率整体上低于全国平均水平，社会生产效率低下，地区经济发展质量不高。五是地区技术进步缓慢，科技园区发展滞后，科技进步与经济发展相关性较低。六是社会生产投资巨大且投资效率低下，政府投资主导型经济发展模式，一方面促进了对资源掠夺性开发，加剧了生态环境污染破坏程度；另一方面地区经济发展效益不高，经济发展成果共享度较低。七是地区有效需求不足，最终消费支出和资本形成对经济发展贡献率较大，货物和服务净流出对经济发展贡献率为负数。八是区域经济发展均衡性差，区域内各省（自治区、直辖市）之间居民收入分配、人均GDP、城乡居民收入等存在着显著的差距，区域经济发展均衡性和协调性较差。上述特点是粗放型经济发展的典型特征，以此判断，改革开放以来西部民族地区经济发展方式粗放且特征显著。

2. 现行经济发展方式亟待转变

1979—2007年西部民族地区全要素生产率平均水平为0.42%，低于国际通用标准34.58%。全要素生产率贡献率越小，经济发展粗放程度越显著；全要素生产率贡献率越大，经济发展集约程度越强。这说明，改革开放以来西部民族地区经济发展粗放特征显著，科技进步、全要素生产率对经济发展的贡献率较小，物质资本投入巨大，单位GDP能耗过高，地区经济资源呈现掠夺性开发特点，经济发展可持续性、协调性不强，对环境污染严重，经济发展的环境代价较大。因此，在今后的发展中，要立足西部民族地区经济社会发展实际，加快西部民族地区经济发展方式由数量型、资源耗费型的粗放发展模式向质量型、要素型的集约发展模式转变，努力提高经济发展的质量和效益。

6.1.2　粗放型经济发展模式的影响因素

1. 经济基础因素

经济发展是一个前后相继的过程，经济发展基础条件好，则后继经济发展就越容易；反之，则经济发展越难。市场结构、要素积累、技术进步、劳动力储备以及综合要素生产率构成了经济发展的基础条件，是影响和制约一国或一地区经济发展质量和效益的重要因素。20世纪50年代以来，虽然国家在西部民族地区建设了一大批工业项目，搭建了较为完整的地区工业经济体系，但地区经济基础条件薄弱的现实并未改变，社会资本稀缺，劳动力积累不足，科技落后，企业效益不高，因此，地区经济发展一直较为缓慢，产业结构不合理，经济整体实力不强，地区经济发展方式呈现显著的粗放特点。

2. 环境因素

除受经济基础因素影响和制约外，环境因素也是决定地区经济发展质量和发展模式的重要因素之一。一是由于西部民族地区多为“老少边穷”地区、边疆地区，地处经济社会发展的边缘地带，远离政治经济发展中心，要素流动成本高，阻碍和限制了地区经济要素自由流动；二是除地处边远外，西部民族地区大部分省（自治区、直辖市）自然环境恶劣，自然灾害频发，地震、泥石流、沙尘暴、水土流失、土地荒漠化、沙化严重，经济发展缺乏应有的自然环境基础；三是受地区分工的影响，在全球化、工业化和城镇化条件下，西部民族地区处于社会分工的不利地位，由于缺乏先进的生产技术和通畅的管理信息，在经济发展格局中只能发展资源型产品加工、初级农产品加工、原材料工业和传统产业，高科技产业、高新技术产业以及新型工业化发展迟缓；四是作为经济发展落后地区，西部民族地区由于缺乏先进的技术和管理经验，过度依赖资源产品开发，地区经济发展的质量和效益远低于东中部地区，经济生产效率低下，经济发展方式粗放特征显著。

3. 体制因素

经济基础、自然环境等客观因素和体制因素、政策因素等主观因素在较大程度上影响和制约着地区经济的发展。新中国成立以来，在传统高度集中的计划经济体制下，经济发展的全部资源、要素、价格、产品均由国家计划来实行配给。这一时期在国家计划调配机制下西部民族地区的要素资源和能源大规模向东南沿海流动，地区资本、劳动力和技术均呈现流出状态，生产要素的单向流动制约了地区经济的高效、长足发展。长期以来，为支持东南沿海地区经济发展，国家通过计划将西部民族地区资源产品、基础工业品等基础产品以较低甚至成本价格调配至东南沿海地区，西部民族地区经济发展的一部分福利发生了转移，同时东南沿海地区又将基础产品经过加工以高价销售给西部民族地区，西部民族地区的社会生产剩余和福利又转移到了东南沿海地区，较大程度上造成了经济发展的有效积累不足。不但如此，在财政分权模式下，地方政府纷纷开展经济“竞赛”，盲目投资、低水平重复建设，地区经济发展的粗放特征愈加明显。

4. 政策因素

长期以来，在既定的体制机制框架下，西部民族地区受各种政策的影响，地区经济发展呈现出显著的粗放特征。一是改革开放初期，国家允许一部分人和地区先富起来，加大投资支持东部沿海地区优先发展，在中央财力规模相对有限的情况下，财政投资的倾斜，使东部地区经济潜能得到发挥，而西部民族地区则处于不利境地，地区经济发展资本不充足；二是东部沿海地区在国家优惠政策的扶持下，建成了一大批经济开发区、经济开放城市、沿海开放城市，地区经济实现了腾飞，而西部民族地区缺乏优惠政策扶持，失去了宝贵的后发赶超机会，地区经济发展依旧较缓；三是改革开放以来，中国实施了出口促进战略和外贸导向战略，东部沿海地区率先发展赢得了先机，而西部民族地区只能依靠大规模资源开发，不断加速资源开发进程，加大资源开发强度，力图走资源经济赶超的路子，这种模式使得西部民族地区经济发展缺乏持续性，经济发展粗放特征越发明显。

6.2 西部民族地区经济发展的财政政策效果分析

6.2.1 西部民族地区财政政策的演变

1. 改革开放初期西部民族地区财政政策（1978—1992年）

1978年改革开放后，我国经济运行机制发生了重大转变，在经济改革转型过程中，财政政策始终以支持推进各项改革和对外开放为己任，不断调整政策方向和作用机制，大力推进改革开放事业。

（1）从调整规范国家与企业分配关系入手推进国有企业改革。一方面，从改革财政管理体制和国有企业经营机制入手，无论是利改税、承包经营责任制、税利分流，还是改革规范企业财务会计制度，财政都致力于通过国家和企业分配关系，不断扩大和减少对企业微观事务直接管理，集中力量推动产业技术进步和优化经济结构，不断增强企业活力。另一方面，不断加大对企业改革的支持力度。仅1981—1990年，财政通过减税让利政策就增加国企可支配财力4200亿元；1992年，财政为支持国有大中型企业改革发展，采取了增提折旧、增提技术开发费、补充流动资金、折旧基金免交能源交通建设基金和国家预算调节基金，以及降低部分企业所得税税率等五项优惠政策，当年增加企业财力155亿元。

（2）大力支持价格体制改革。价格是市场经济中最主要、最基本的信号，形成合理的价格体系是我国经济体制改革的重要内容。为推进价格双轨制改革，财政提供大量补贴，有力地保障了价格改革的顺利进行。1979年，为弥补商业部门因农副产品收购价格上涨产生的亏损，财政加大了对商业部门的价格补贴，当年仅此项补贴就达78亿元，1980年增加到168亿元，1981年财政用于各类价格补贴的支出高达320多亿元。除了对国有企业的各项政策补贴之外，财政对职工个人也发放了副食品价格补贴。

（3）建立健全涉外税制度。为了适应对外开放的需要，我国政府先后于1980年和1981年发布了《中外合资经营企业所得税法》《个人所得税法》和《中华人民共和国外国企业所得税法》，建立并初步规范涉外税制。此后，又陆续对涉外税收制度进行调整修订，进一步放宽优惠政策。涉外税制的建立对我国吸引外资、引进先进技术以及扩大对外经贸往来都起到了积极的推动作用。

（4）积极支持工资制度改革。工资制度改革是理顺初次分配关系、建立市场化分配机制的重要内容。改革开放之后，在财政收支矛盾较为突出的情况下，财政每年仍然安排相当一部分资金用于增加职工工资，支持工资制度改革；同时，财政积极配合有关部门，研究制定行政、事业和企业单位工资制度改革方案，发挥财政职能作用，合理控制工资和奖金增长，推进工资制度完善。

2. 1994年分税制改革前对民族地区实行的财政优惠政策（1992—1994年）

新中国成立以来，中央政府努力促进各民族的共同发展与进步，并根据民族地区的实际情况，自20世纪50年代起就制定和采取了一系列财政优惠政策，帮助和扶持民族地区发展经济。主要有：

（1）财政三项照顾。第一，设立“少数民族地区补助费”[①]。为了满足民族地区经济文化事业发展的需要，国家财政从1955年开始设置少数民族地区补助费。这是在正常经费以外的特殊专款，重点用于民族地区发展生产、文化教育、医疗卫生方面某些特殊困难的补助开支。

第二，设立“少数民族地区机动金”[②]。国务院于1963年批转财政部和民族事务委员会制定的《关于改进民族自治地方财政管理的规定（草案）》，于1964年开始实行。具体方案为按照民族自治地方上年的经济建设费、社会文教事业费、行政管理费及其他事业费（不包括基建投资款和流动资金）的各项财政支出决算数，另加5%计算，以解决特殊支出的需要。

①② 国家民族事务委员会，等.少数民族地区补助费的管理规定[EB/OL].http://www.people.com.cn/item/flfgk/gwyfg/1979/215206197901.html.

第三，财政预备费高于其他地区。即民族自治区的预备费按支出总额的5%计算（一般省份为3%），自治州按4%、自治县按3%计算。

云南、青海两省，由于人口较多，预备费的比例和机动费的安排比照自治区予以照顾。据统计，仅上述“三项照顾政策”，到1998年国家对民族地区累计补助达168亿元，并且在20世纪90年代实行分税制后仍予以保留。

（2）定额补助。20世纪80年代初期，为了帮助民族自治地方发展生产和文化教育事业，国务院在实行“划分收支、分级包干”财政体制时决定，从1980年开始，中央财政对内蒙古、宁夏、新疆、西藏、广西五个民族自治区及贵州、云南、青海三个少数民族比较集中的省实行定额补助制度，即：以上八省（自治区）收入全部留用，支大于收的差额由中央财政补贴，补贴数额五年不变，以1979年的收支预计数作为支大于收的基数，确定中央补助额，补助额每年递增10%。一般地区省内所辖自治地方的定额补助每年递增幅度，由有关省自行规定。这一政策执行到1988年。20世纪80年代末期，由于财政管理体制发生变化，在保留了历年递增的实际补助数额后，体制补助额每年递增10%的优惠政策因财政承包制的实施被取消。①

（3）拨出各种专项补助款，对民族地区给予财政上的补助。第一，拨出边境地区基本建设专款和边境建设事业补助费，主要用于边境地区基本建设和补助边境地区发展各项事业的特殊开支（其中大部分用于少数民族地区）。

第二，设立了“支援经济不发达地区发展资金”“少数民族发展资

① 国家民族事务委员会，等.少数民族地区补助费的管理规定[EB/OL].http://www.people.com.cn/item/flfgk/gwyfg/1979/215206197901.html.

金”“少数民族贫困地区温饱资金”“少数民族发展教育补助费”等，专门用于经济不发达的革命老根据地、民族地区、边远山区和贫困地区（即“老少边穷”地区），以此来改变其落后面貌，促进其经济发展。其中，“支援经济不发达地区发展资金”由中央专案拨款，不列入地方财政包干范围。

第三，作为纳入一般性转移支付方案的财政扶贫资金，其分配方法一直采用适当兼顾因素的基数法，沿用至今。

（4）组织经济发达省（直辖市）对口支援民族地区。中国政府致力于在地区之间、民族之间先富帮后富，最终实现共同富裕。从20世纪70年代末开始，为加大社会力量对少数民族地区的援助，国务院组织部分经济发达省（直辖市）对口支援少数民族地区。通过对口支援、智力支边来帮助民族地区发展经济和社会事业。而对口支援无论是采取物资、技术援助，还是采取资金援助，其实质是发达省（直辖市）的部分财力无偿转移到不发达省（自治区）。同时，中央政府将各省级区域之间的对口支援关系以法律形式固定下来，并明确各对口关系的援助条件与金额，类似于横向转移支付。对口支援的省、自治区、直辖市之间签订协议的项目，均以价值计算，在法律规定的数额之内则为无偿援助，超过部分则为横向联合的有偿经济技术合作。这样既能保证对口支援得以落实，又可将无偿援助与有偿经济技术协作区分开来。

（5）税收优惠政策。新中国成立以后，我国实行了统一的税收制度，但对民族地区，根据不同情况采取了一定的优惠措施：

第一，20世纪50年代至今，国家为加快作为民族地区基础产业的农牧业发展，对农业实行“依率计征、依法减免、增产不增税”的轻税政策，对牧业采取轻于农业区和城市的税收政策。

第二，20世纪70年代末，国家根据民族地区偏远落后的特点，对其实行税收减免和优惠税率的利好政策，对民族八省（自治区）基建企业降低成本，在扣除营业外支出和提取企业基金后，按降低成本额三七分成，即上交30%，企业留成70%。而一般地区企业仅留成50%。

3. 1994年分税制改革后对民族地区实行的财政优惠政策

1994年分税制财政体制改革后，国家为了更好地支持民族地区发展，不让其因为分税制改革而受影响，对民族地区采取了多种财政优惠政策。具体如下：

（1）政策性转移支付。1994年，国家开始实行分税制财政管理体制。当时规定，原体制的分配格局暂时不变，过渡一段时间再逐步规范化。原体制中央对少数民族地区的补助和专项拨款政策继续按规定执行。国家从1995年开始实行《过渡期转移支付办法》，对民族八省、自治区（内蒙古、宁夏、新疆、广西、西藏、云南、贵州和青海）及其他省的少数民族自治州增设政策性转移支付内容，政策性转移支付额随国家财力的增长而不断增加。从1995年到1998年，国家对少数民族八省、自治区的过渡期转移支付总额达80.96亿元，占全国总数的48.74%，而且这4年内国家对这八省、自治区的支付额度逐年增加。从1999年开始，对于标准支出大于标准收入的民族地区来说，按标准收支差额，最低可以获得10%的补助，最高可达18%，而一般地区只能获得6%的转移支付补助。

（2）实行税收优惠政策。1994年税制改革后，根据税制统一的原则，中央对民族地区先后制定了一些税收优惠政策。主要有：①

第一，现行的《中华人民共和国农业税条例》规定，经省级人民政府

① 陈安．1994年税制改革以及对中国农村财政结构的影响[J]. 中国乡村研究，2010（7）：119-152.

批准，农民的生产和生活以及困难的革命老根据地，生产落后和生活困难的少数民族地区，交通不便、生产落后和农民生活困难的贫困山区，可以减征农业税，西藏自治区免征农业税。

第二，1994年1月实行的《国务院关于对农业特产收入征收农业税的规定》明确要求，革命老根据地、少数民族地区、边远山区、贫困地区和其他地区中温饱问题尚未解决的贫困户，缴纳农业特产税确有困难的，可以免税。

第三，1994年3月财政部、国家税务总局财税字〔1994〕001号规定：国家确定的“老少边穷”地区新办的企业，经主管税务机关批准，可以从开始生产、经营之日起，减征或者免征企业所得税3年。

第四，在税收方面对民族自治地方实行特殊照顾。1994年分税制改革出台的新税制政策，保留了对民族自治地方的税收管理权限。属于地方税种的减免权由民族自治地方政府依法管理；民族自治地方省级政府有权对属于地方财政收入的地方税种进行减免，有权对确定需要减免的企业上缴的所得税做出减免规定，有权对投资方向调节税依法自行规定和征收。同时，国家对少数民族地区还酌情给予减免税优惠。如对民族地区兴办的乡镇集体企业，经营的确有困难的，定期给予减税和免税；对“三项照顾”县（旗）的商业企业继续实行减免税；鼓励企业、单位向少数民族地区进行开发投资，投资分得的利润5年内减半征收所得税，若将利润再投资于少数民族地区即可免征所得税。

6.2.2　对西部民族地区财政优惠政策的评价

新中国成立以来，政府对西部民族地区的关怀，给西部民族地区的经济发展带来了新的机遇和希望，对地区经济的发展起到了巨大的推动作用。但是，与东部沿海地区相比，还存在一定的差距。

1. 国家对西部民族地区财政优惠政策的积极作用[①]

新中国成立以来，国家对西部民族地区实施的一系列财政优惠政策在缓解其财政困难、增强自我发展能力和稳定社会经济等方面起到了重要的作用，使西部民族地区经济得到了一定的恢复。

（1）对稳定西部民族地区社会经济、恢复促进生产和缓解其财政紧张状况起到了重要作用。首先，20世纪五六十年代在西部民族地区实行的财政优惠照顾政策，对于恢复少数民族地区经济发展、促进经济文化事业建设和缓解少数民族地区的财政困难起到了积极作用。20世纪90年代，随着市场经济体制的完善及分税制财政政策的实行，国家考虑到西部民族地区，特别是少数民族地区产业竞争力弱、企业经济效益普遍较差、农牧业生产自给水平低、资金来源十分有限，运用优惠的财政政策，通过财政转移支付制度、对口支援等措施支持西部地区加快发展。

（2）根据西部民族地区实际情况采取的税收优惠政策，减轻了其经济负担，对其发展起到了很大的扶持作用。20世纪50年代至今，国家根据区域特征、民族特色及不同行业、不同经济发展阶段，对西部民族地区实施差别税收优惠政策。如对少数民族地区农牧业实行轻税政策，对生活困难的少数民族地区减征农业税。这些轻税政策的实行，对生活贫困的农牧户来说，有利于休养生息，发展生产。随着我国经济体制的转型，国家根据少数民族地区偏远落后的特点，对边境县和自治县的乡镇企业免征所得税、对实行民族贸易"三项照顾"地方的供销社减征所得税、对"老少边穷"地区兴办的乡镇企业在一定时期内经营有困难的减征所得税。这一系列税收优惠政策有利于企业降低生产成本，加大积累规模，支持扩大再生

① 陈安. 1994年税制改革以及对中国农村财政结构的影响[J]. 中国乡村研究，2010（7）：119-152.

产，促进了西部民族地区农牧业发展。

2. 国家对西部民族地区实施财政优惠政策的不足之处

虽然国家加大了对西部民族地区财政的支持力度，但是由于转移支付制度不规范等，也存在一些不足。

（1）中央财力不足，制约了国家对西部民族地区的援助能力。从1978年至20世纪90年代中期税制改革，我国财政改革包括两大内容：一是“分灶吃饭”，调整中央和地方的关系，扩大地方权限；二是“减税让利”，调整国家和课税对象的关系，为后者增添了活力。改革推动了我国经济的发展，但也带来了两大严重问题：一是中央财政收入占GDP的比重越来越小，二是财政分权倾向越来越明显。虽然1994年分税制建立了以中央为主的组织财政收入格局，但中央所支配财力偏小的状况并没有得到根本改观。具体表现在财政收入占GDP比重过低。1979年，财政收入占GDP比重为31.00%，1995年下降到10.70%，1999年回升到13.90%，2000年提高到15.00%。若扣除地方财政收入，1999年中央财政收入占GDP比重仅为6.06%，远远低于国际普遍15.00%以上水平。国外发达国家财政收入占GDP比重一般在45.00%左右，发展中国家为25.00%，而中国2000年这一比重远低于发达国家和其他发展中国家。中央财政支出的比重由新中国成立初期的70.00%以上，下降至1978年的50.00%左右，改革开放后进一步下降至30.00%，远低于国际的50.00%以上水平。由于中央不能直接掌握财政收入的大多数，须依靠地方向中央上缴，可控财力有限，这样导致中央向西部民族地区直接注入资金的能力以及从发达地区转移资金的能力均受到限制。

（2）分税制改革后，中央对西部民族地区转移支付的支持力度相对下降，不能满足西部民族地区经济发展的需求。

1994年实行分税制财政体制改革时，中央采取过渡时期转移支付制度逐渐解决西部民族地区的财力平衡和经济增长问题。但由于转移支付和扶贫资金的增加要以中央财力的增加为前提，以及西部民族地区地域广、贫困面大、数量多，还要顾及中部地区等，实行分税制以后，国家财政收入虽有所增加，但中央财力有限，转移支付僧多粥少。因此，这些年来中央对西部民族地区的转移支付补助相对于西部民族地区的财政困难和经济发展来说是杯水车薪，不仅绝对数量很少，而且仅有的转移支付补助在全国总补助中的比例也呈逐步下降的趋势。1994年分税制以来，中央采取了过渡时期转移支付办法，在全国范围内实现了统一的公式化分配，分配的资金占全部转移支付资金比例很低，但其他五种形式作为非均等化财政转移支付，分配的资金占全部转移支付资金的比重很高。根据统计，1995—1998年全国过渡期转移支付补助分别为20.71亿元、34.65亿元、50.12亿元和60.54亿元。

（3）部分优惠政策形成于计划经济时代，与现行体制不适应。有些优惠政策与现行体制不适应，而寻求替代政策和制定新政策的工作相对滞后，导致财政体制改革中出现忽视少数民族地区特殊情况的“一刀切”现象，影响了优惠政策的连续性和稳定性，不利于西部民族地区的经济发展。

6.3 促进西部民族地区经济发展方式转变的财政政策目标

6.3.1 短期目标

现阶段，西部民族地区工业化和城镇化发展水平不高，地区经济基础对比东、中部地区而言相对薄弱，市场发育不完全、企业效益不好、要素资源配置效率不高，经济发展的基础有待进一步夯实。新时期，中央和西部民族地区应继续采取多元化的财政政策，支持西部民族地区在地理区位、资源禀赋、特色产业和后继发展等方面继续发挥比较优势，吸引各种要素资源西向流动。

1. 充分发挥区位优势

短期内，中央和西部民族地方政府应从战略发展的高度出发，采取多种措施提升西部民族地区区位优势。一是增加西部民族地区交通基础设施投资，营建四通八达的地区交通运输网，提高要素资源流动速度；二是采取财税优惠措施，鼓励西部民族地区提高对外开放度，加强同西部周边各国贸易往来，提高地区出口创汇的能力；三是以“一带一路”建设为依托，立足西部民族地区优势，构建区际、省际、国际全覆盖的货物运输的大通道，打造西部民族地区新丝绸之路，为西部民族地区经济发展夯实基础。

2. 继续保持资源优势

长期以来，西部民族地区依靠地区资源能源优势，大力发展资源型工业，加大对原材料工业、初级产品加工工业、能源工业等投资扶持力度，地区重工业发展实力逐步增强，资源优势显著。新时期，伴随着地区经济发展方式的逐步转型，要积极引导资源型产业转型升级，加大支持节能减排的同时，采取多种财税优惠措施和奖补政策，鼓励清洁能源开发，提高西部石油、天然气、有色金属产业经济效益，最大限度减少资源浪费，提高地区资源型产业发展效率。

3. 努力提升产业优势

新时期，依托“一带一路”建设和地区资源优势，国家通过制定和出台差别财税政策，支持和鼓励西部民族地区优势特色产业发展，充分发挥地区产业比较优势，提高地区优势特色产业的竞争力。国家通过采取税收调节和财政补贴等政策，支持黑色金属、食品加工、烟草加工、电力、蒸汽热水、纺织、石油、天然气、有色冶金、非金属制品、农畜产品加工、民族工艺、民族服饰等产业发展，逐步提高产业对地区经济发展的贡献率，力促经济发展方式转型。

4. 科学利用后发优势

根据亚历山大·格申克龙的后发优势理论，经济落后国家或地区在经济发展方面具有一定的后发优势，后发地区通过学习、模仿、消化、吸收先发地区的经验，在经济发展模式、体制机制、技术进步等方面进行后发赶超。新时期，西部民族地区应继续向东中部地区和国外学习，采取财税鼓励措施，大力引进相对成熟的应用科技和生产工艺，缩短科技研发时间，降低科技研发成本，形成科技跨越效应，并适时进行科技改进和创新，提高资源型产品的科技附加值，提高社会生产的边际收益，改进地区经济发展的质量和效益，促进地区经济发展方式转型。

6.3.2 长期目标

中央和西部民族地区要通过制定科学的财政政策，鼓励和支持西部民族地区加速推进地区经济发展方式由粗放型向集约型转变，推动经济质量变革、效率变革、动力变革，促进西部民族地区经济发展与人口、资源、环境相协调，实现更高质量、更有效率、更加公平、更可持续发展，确保2020年西部地区生态环境、营商环境、开放环境明显改善。到2035年，基本实现社会主义现代化，基本公共服务基础设施通达程度、人民生活水平与东部地区大体相当，努力实现不同类型地区互补发展，东西双向开放协同并进，民族边疆地区繁荣安全稳固，人与自然和谐共生。一是促使西部民族地区积极转化发展角色，由“原材料基地”向“富庶西部”转变，提高地区居民福利水平，实现地区经济可持续发展；二是培养和提高西部民族地区经济发展的内生动力，促使地区经济发展由“政府主导型”向“内生发展型”转变；三是通过采取多种财税措施，支持和鼓励西部民族地区实现由“掠夺式开发”向“高质量发展”转变，提高地区经济发展的可持续性和稳定性；四是积极培育地区核心竞争优势，通过制定科学的财政政策促进西部民族地区将潜在的区位比较优势转化为实际的竞争优势。实现上述四个方面长期目标，是转变地区经济发展方式的关键所在。

1. 提高地区企业竞争力

企业竞争力是指企业的组织结构、生产规模、生产效率、产品结构、市场销售、技术研发以及品牌价值等，衡量一地区企业竞争力强弱的标志主要包括企业产品市场占有率、投入产出比率以及企业品牌价值。新时期，西部民族地区要立足本地区资源型工业优势、民族特色产业优势和农畜产品加工业优势，以共建“一带一路”为引领，加大西部开发力度，改进企业生产经营组织形式，提高企业经营管理水平，提升企业生产经营效益，推动地区工业经济和国民经济发展。

2. 提高工业整体实力

改革开放以来，西部民族地区工业化进程加快，但是工业化发展水平不高，与东中部地区存在显著差距，且区域内工业化发展不均衡，地区工业化发展质量不高。新时期，国家和西部民族地区要以促进工业化转型为契机，大力发展新型工业化，通过制定科学的财政政策促进重点领域和关键产业发展，提高科技进步、人力资本、物质资本等生产要素对工业经济的贡献率。继续保持工业经济在地区经济中的主导地位，通过延伸产业发展链条，扩大产业发展集群规模，逐步扩大地区工业经济整体实力，提高工业经济对地区经济增长的贡献率，进而促进地区经济发展方式转型。

3. 大力发展第三产业

市场经济条件下，第三产业是否充分发展已成为衡量地区经济现代化程度的重要指标之一。随着地区工业化、城镇化进程加快，产业结构高级化趋势显著，第一产业比例逐步下降，第二、第三产业比例逐步提高，第三产业发展逐步超过第二产业，成为促进地区经济发展的第一推动力。新时期，要积极制定鼓励和支持第三产业发展的财税政策，提高对交通物流、金融、保险、家政服务、电信通信等产业财政补贴标准，实施有效的税收调节，促进地区第三产业充分发展，增强劳动力吸纳能力，促进地区宏观经济稳定发展，加速经济发展方式转变。

4. 切实加强科技研发

科技进步是衡量地区经济发展方式转变的重要指标。国际经验表明，只有当全要素生产率或科技进步对经济增长的贡献率超过35%，地区经济发展方式才属于集约型经济增长。根据内生增长理论可知，作为经济增长的内生要素，科技进步贡献率、劳动力贡献率、资本积累贡献率影响和制约着综合要素生产率和全要素生产率，对地区经济发展起着促进作用。实现地区经济发展方式由粗放型向集约型转变，必须加大财政科技投入力度，提高科技研发水平和地区科技竞争力。

6.4 促进西部民族地区经济发展方式转变的财政政策模式选择

6.4.1 扩张性财政政策模式选择

1. 新时期经济发展方式转型特点

（1）经济增长方式理性化转型。“十二五”以后，我国的经济增长将从主要依靠工业数量扩张向产业结构服务化升级，将更多地依靠提高质量和效益来实现经济发展方式的转变。从需求看，消费需求、投资需求和出口需求趋于理性，由市场机制内在推动产生的有效需求比例超过外在政策性、目标性和计划性拉动的名义需求，社会居民消费预期增加，即期消费水平和结构得到改善；从供给看，现代产业体系逐步构建，高新产业跨越式发展，现代生产性服务业逐步提升，低附加值、初加工、高资源消耗的资源品供给减少，结构转换型的服务品供给逐步增加；从要素看，随着我国在信息、新能源、生物、新材料等高新技术科技研发投入力度的加大，科技进步对经济增长的实际贡献率不断提高，与高素质劳动投入和市场管理创新共同促进新时期经济发展方式的转变。①

（2）产业结构科学化转型。2010—2020年，我国产业将实现三方面转型。一是由传统产业体系向现代产业体系转型。以新能源为主导的高新技术产业将得到快速发展，并成为产业结构转型升级的重要支撑。新能源产业、新材料产业、节能环保产业、高新技术产业将成为主流产业。传统产业在改造过程中实现扬弃和提升。二是由产品制造业向生产服务业转型。转型过程中，无形服务品供给比重大幅提高，逐步赶超有形资源品供给，实体经济与虚拟经济结构更趋合理。三是由外在拉力主导型产业向内在动力推动型产业转换。“十二五”和“十三五”时期，资源型产业、传统制造产业、粗加工产业将被科技推动型、管理效率型和高素质劳动提高型的集约型产业所替代，产业层级提高，产业链条拉伸延长，产业绿色度较浓。②

（3）社会发展和谐化转型。自“十二五”时期始，社会发展更加体现和谐化、福利化、多元化、市场化和世界化的特征。一是更加注重人的发

①② 本书编写组．中华人民共和国国民经济和社会发展第十二个五年规划纲要单行本[M]．北京：人民出版社，2011.

展，注重解决人的各方面合理诉求，更多体现以人为本；二是现代服务水平、科技教育医疗水平、公共保障水平随着现代化进程加快而加快，社会福利水平逐步提高；三是低碳节能、绿色环保观念深入人心，新型工业发展使我国环境保护和社会生态化水平逐步提高；四是区域发展向多极化转型，城乡之间、区域之间、区域内部以及各增长极之间，多元化趋势明显，均衡发展能力增强；五是市场化程度进一步提高，市场机制法治化、本体化、自由化、规范化运行，区域经济参与国家竞争能力增强，世界市场的融入性提高。①

2. 新时期扩张性财政政策预期

（1）新时期财政政策模式定位。在未来的十几年，西部民族地区经济平稳健康发展，经济体的市场化水平、规范化程度和成熟度将逐步提高。而衡量一个经济体是否成熟、规范的关键在于该经济体是否拥有强劲的、持续的、自由的市场动力，即市场是否真正成为经济运行的基础，政府是否真正退居“守夜人”地位。作为重要的战略发展期，“十三五”和“十四五”时期是西部民族地区经济大有作为的时期，十年的经济转型决定十年的财政体制运行特点和财政政策的定位和选择，应实施以培育经济内生动力机制、提高要素组合报酬、降低物耗投入为目标的均衡化、公共化、民生化、内生化的扩张性财政政策。

（2）构建新时期财政政策体系。根据国内外经验，实现对“十三五”和“十四五”时期经济运行调节，需要构建一个科学的财政政策体系，即由财政预算管理体制、政府间财政体制、财政管理体制、公共财政体制、税收管理体制等构成的，以服务性、民生性、公共性为特点的，以让位市

① 本书编写组. 中华人民共和国国民经济和社会发展第十二个五年规划纲要单行本[M]. 北京：人民出版社，2011.

场调节为主、稳定调控为辅的财政政策体系。

（3）新时期财政政策分段选择。对“以培育经济内生动力机制、提高要素组合报酬、降低物耗投入为目标的均衡化、公共化、民生化、内生化的扩张性财政政策”的运用，要从整个地区经济长远战略规划出发，依据时间序列推移，分阶段分步实施。财政政策扩张度可按如下方法划分：第一阶段为延续扩张期，指延续“十二五”时期财政扩张的模式，在“十三五”时期初继续实施扩张性的财政政策，指图6–1中*OA*阶段。第二阶段为加速扩张期，指*AB*阶段，这一阶段财政扩张度最强，对经济增长的助推力最大。第三阶段为扩张收缩期，指*BC*阶段，财政政策扩张在*B*时点达到极速扩张后，出现拐点，开始转入紧缩期。由于财政扩张政策存在一定惯性，为实现对经济的适度收缩，需要进行大力度的紧缩，因此，该阶段紧缩力度比较强。第四阶段为扩张舒缓期，指*CD*段，该阶段为巩固前阶段扩张紧缩成果，对经济继续进行适度调整，引导经济平稳过渡。第四阶段是扩张性财政政策运用的关键阶段，也是实现扩张性财政政策对地区经济均衡性调整的重要时期。通过该阶段的调整和适应，地区经济开始步入工业化中后期，进行地区经济的合理转型。

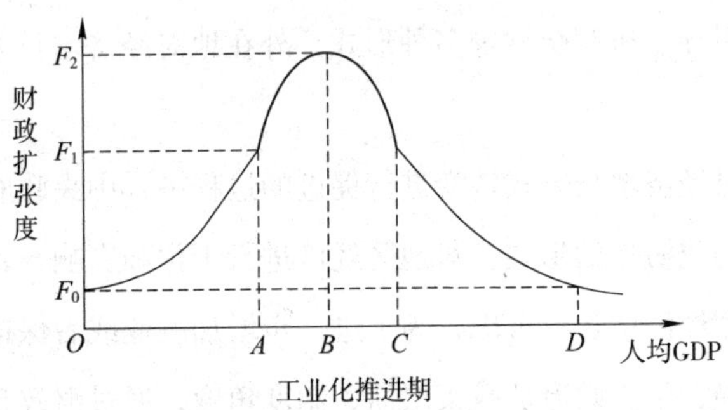

图 6–1　财政政策示意

6.4.2 提高民族地区自治性的财政政策模式选择

1. 支持地方发展的中央性财政政策选择

稳妥有序推进中央和地方收入划分改革。中央财政在一般性转移支付和各领域专项转移支付分配中，继续通过加大资金分配系数、提高补助标准或降低地方财政投入比例等方式，对西部民族地区实行差别化补助，加大政策倾斜支持力度。考虑重点生态功能区占西部地区比例较大的实际，继续加大中央财政对重点生态功能区转移支付力度，完善资金测算分配办法。

“十三五”时期，西部民族地区加快经济发展方式转变，一方面，依靠市场经济体的内在运行，地区经济内在资源配置和生态环保对经济增长的负约束成为推动经济可持续发展的内在要求，地区经济增长依靠物耗投入的传统方式和思维已经难以为继，因此，市场需要低碳的经济增长方式。另一方面，非市场因素对经济增长方式转变也有助推作用。出于对国家安全、地区安全、经济安全和生态安全的考虑，中央和地方政府通过完善体制机制，外在地对地方经济增长进行干预和影响，在中央集权国家，这种力量尤为重要。特殊时期，政府对经济要素资源进行配置，通过政策倡导、舆论引导、机制疏导等多种形式，外在地对经济增长方式转变进行正向促进。

在政府对经济增长方式转变进行促进的过程中，中央政府和地方政府通过一种契约或协作的形式，对地区经济进行干预和影响。其中，出于全局性和全域型经济增长的考虑，为了进一步增加就业或者保持某种既定的经济增长格局，中央政府从政策层面、制度角度，通过财政政策、税收政策、产业政策、投融资政策等宏观政策工具对地区经济进行调控，调控的结果是，一方面制定和出台了大量的反周期和相机抉择的财政经济政策；

另一方面是调动地方政府积极性，通过政策引导促进地方经济进行转型。因此，一个国家或一个地区，出于全局性或者目标性考虑，或者在地方政府缺乏协调机制的前提下，中央政府对地区经济发挥“加速器”和“调节器”的作用，出台全域性的经济促进政策，推动地方经济发展方式进行转型。一般而言，在规范的市场经济国家，中央政府往往在执行规范的财政政策和体制之外，制定和出台针对性较强、周期较短、立竿见影的专门政策，这些政策的针对性、区域性、优惠性和时效性比较突出，往往能够收到较好的效果。作为发展中国家，我国在2000年实施了西部大开发政策，制定和出台了一系列支持西部大开发的财政政策，使西部与中东部地区的差距逐步缩小。

中央政府制定和出台支持西部民族地区财政政策时，重点在政策的适用性和有效性上，中央政府的政策不是依靠中央政府主体去执行，而是通过地方政府来贯彻，因此，中央制定的政策一方面要符合适用性和可行性的原则，充分体现经济运行的特点和规律；另一方面必须符合民族地区的经济社会发展实际，不能超前也不能滞后，否则，适得其反。2010年3月以来，我国政府在总结西部大开发10年经验时，又适时提出继续推进西部大开发的发展战略，从六大产业、四大区域、两个提高等方面对西部民族地区进行后续支持和鼓励。2020年，党中央做出实施西部大开发战略的重大决策。党中央、国务院先后印发实施《关于实施西部大开发若干政策措施的通知》（国发〔2000〕33号）、《关于进一步推进西部大开发的若干意见》（国发〔2004〕6号）、《关于深入实施西部大开发战略的若干意见》（中发〔2010〕11号）等文件和一系列相关政策，为西部大开发提供了重要指导和支持。实施西部大开发以来，特别是党的十八大以来，在以习近平同志为核心的党中央坚强领导下，西部民族地区广大干部群众艰苦奋斗，全国人民大力支持，西部民族地区经济社会发展取得了历史性成就，为决胜全面建成小康社会奠定了比较坚实的基础，也扩展了国家发展的战略回旋空间。一是经济实力显著提升。西部12个省（自治区、直辖市）地区生产总值从1999年1.5万亿元增加到2019年20.5万亿元，占全国比重达到20.7%，提高了约3.6个百分点。地区生产总值年均增长10.9%，高于全国平均水平。二是脱贫攻坚取得决定性进展。2012—2019年，西部农村贫困人口由5086万人减少到323万人，贫困发生率由17.5%下降到1.1%。截至2019年年底，西部民族地区90%以上的贫困县实现脱贫摘帽。三是基础设施更加完善。交通运输网络不断拓展加密，空间可达性大幅提升。截至2019年年底，西部民族地区铁路营业里程5.6万千米，其中高铁9630千米，高铁已连接西部大部分省会城市和70%以上的大城市。西气东输、西电东送等一批重大能源工程相继竣工，最后一批无电人口用电问题有效解决。四是现代产业体系基本形成。建成了一批国家重要的能源基地、资源深加工基地、装备制造业基地和战略性新兴产业基地，大数据、健康养生、旅游文创等新产业新业态蓬勃发展，新旧动能转换持续推进。五是国家生态安全屏障得到巩固。退耕还林还草、天然林保护等一批重点生态工程全面实施。截至2019年年底，西部民族地区累计实施退耕还林还草1.37亿亩，森林覆盖率进一步提高。草原、湿地等重要生态系统得到有效保护和恢复，生态环境持续改善。六是人民生活水平持续提高。2019年西部城镇和农村居民人均可支配收入分别达到3.5万元和1.3万元，是1999年的6.5倍和7.8倍。“两基”攻坚计划如期完成，覆盖城乡的社会保障体系初步建立。

2. 提高财政自给能力的地方性财政政策选择

考虑西部民族地区普遍财力较为薄弱的实际，加大地方政府对基础设施建设的支持力度，将中央财政一般性转移支付收入纳入地方政府财政承受能力计算范畴，指导推动省（自治区）以下财政事权和支出责任划分，调动市县积极性。

（1）提高民族地区财政自给能力。

第一，积极涵养税源。切实调动中央和地方的“两个积极性”，关键的落脚点在于中央帮助地方搞好税源建设，培植新税源，巩固传统税源，实施“藏富于民，让利于企”的低税赋发展战略，为民族地区长远发展奠定坚实的税源基础。

第二，适当下放税权。少数民族自治地方依法享有一定的自治权，包括财政自治权，在争取国家适当下放税权的条件下，应把握经济发展时机，用好用足政策，提高税收收入规模，实现地区高水平的财政自治。

第三，提高财政增收节支意识。在现有的分税制体制下，中央对民族地方转移支付财力和补助水平有限，民族地方除了依靠自己的力量保障地区经济社会事务发展外，还应该进一步提高财政管理水平，提高节约意识，增收节支，保持财政收支均衡。

（2）增强民族地区内生增长动力。

第一，建立和完善民族地区金融信贷体制，优化投融资环境。一个地区要实现经济社会的长足发展，既离不开地区实体经济的力量，也离不开该地区金融、信贷、资本等虚拟经济实力，只有具备了坚实的实体经济和优良的虚拟经济搭建的经济统一体，才能实现经济的持续、健康发展。民族地区要实现赶超战略，缩小同中东部地区的差距，势必搭建符合地区特点投融资平台，构建完整、规范、安全的地区金融信贷体系，营造良好的金融信贷环境，以期“筑巢引凤”。

第二，完善支持民族地区中小企业发展的政策。“大河有水小河满，小河无水大河干”，中小企业是地区经济的生力军，是市场经济的主体，只有支持中小企业发展，为中小企业提供良好的服务，给予税收优惠减免，为中小企业增加活力，才能增强地区经济整体实力。

第三，催生民族地区自主创新机制。进行自主创新，提升科技创造力，培育自主创新和科技研发力量，是夯实地区发展基础、提高地区经济竞争力的重要举措，国家和民族地区要高度重视、加强对自主创新体制、机制管理，切实推动民族地区进行自主创新和自力更生。

第四，巩固国家生态安全屏障。从主体功能区划和地区长远发展战略考虑，西部民族地区应该把工作的重点放在生态环境的保护和发展建设上，而不是进行大规模的资源开发。既要积极大力保护和治理环境，又要合理有序适度利用，切实改善生态环境的质量，提高生态环境的生产能力，大力发展旅游业。

第五，完善民族地区人才强区战略。西部民族地区最为缺乏的就是人才，在资金、技术和人才等资源要素构成中，人才因素尤为重要，人才是地区经济发展的支撑和支点。国家和民族地区应该下大力气，出台优惠政策，增加资金投入，引进高层次人才，用好人才，最大限度地激发人才投身建设的活力。

（3）健全和完善财政管理体制机制。对设在西部民族地区的鼓励类产业企业所得税优惠等政策到期后继续执行。赋予西部民族地区具备条件且有需求的海关特殊监管区域内企业增值税一般纳税人资格。对西部民族地区鼓励类产业项目在投资总额内进口的自用设备，在政策规定范围内免征关税。

第一，完善分税制财政体制。一是对现有的分税制进行完善，主要目的就是提高分税制体制的效率和政策质量，分税制中最关键的改革不外乎进一步明晰分税制的政策初衷和归宿。基于此，分税制改革的重点应该是进一步提高分税水平，科学分税、合理分税、合情分税、合规分税。在提高财力聚集度的前提下，哪些税种适宜共享，哪些税种适宜独享，哪些税种适宜下放，共享和划分的比例如何确定等，均需要进行深入研究和摸底调查，广泛征求意见。二是针对民族地区特殊性，要量体裁衣，在大的统一的分税体制下，给予民族地区财政充分的话语权和自治权，适度下放税收征管权限，有序培育地方税源，提高民族地区税收征管水平和依法理财水平。三是在收支脱钩的前提下，实现分级分税和转移支付制度的有效融合，财力分税水平要与财政支付能力相匹配，减少财政收支循环路径，降低财政支出和管理成本。

第二，推行符合民族地区特点的公共财政管理体制。一是重点做好民族地区资源税制度改革。及早实现由从量征税向从量、从价综合计征的制度转变，提高资源税的累进档次和累进税率。调高资源税补偿费标准，适当提高地方分成比例，特别是民族地区的分成比例。完善资源税计征依据制度，综合考虑企业产量和资源可采储量两方面因素，鼓励企业回采和从事采陷区治理。建立和完善生态补偿机制，根据谁开发谁付费、谁受益谁补偿、谁破坏谁赔偿的原则，从国家、区域、产业三个层面，通过财政转移支付、项目支持等措施，给予民族地区合理补偿。同时，建立资源补偿基金，从资源开采企业中集中一定资金，用于生态恢复和治理，既有利于提高资源型企业的社会责任感，也有利于促进民族地区生态环境的改善。二是巩固和培植税源，搞好税源建设，避免“竭泽而渔”和“杀鸡取卵”。三是切实壮大税收收入规模，提高财政收入质量，提高民族地区可用财力规模。四是完善财政支出管理机制，改善财政支出结构，提高财政支出保障水平，加快推进民族地区基本公共服务均等化进程。

第三，完善省级以下财政预算管理体制。一是在现行中央对民族地方财政管理体制模式下，民族地方各自为政的财政预算管理体制急需改革和完善，结合地区特点，民族地区要深入研究，探索出符合民族地区特点的省级以下财政管理体制；二是积极倡导三级财政管理模式，缩短中央财政对省级财政、省级财政对基层财政的直线管理距离，降低财政管理成本。在有条件的地区，积极推行“省直管县”“乡财县管”以及“村财民理乡代管”等好的财政预算管理模式，先行试点，再扩大推广。

第四，完善民族地区财政转移支付制度。一是建立规范、科学、标准的对民族地区转移支付的“标准因素”测算体系和数据库。1994年的分税制，没有体现对民族地区的支持和倾斜，原因在于缺乏对民族地区特殊性因素考虑，在进行转移支付因素体系设计时，没有考虑到民族地区的特殊因素，造成对民族地区转移支付总量的减少。所以，通过调查研究、分析比较，应该及早建立一套规范的标准因素体系，包括一般因素（人口数量、地理分布、区域面积、行政机构等），自然因素（海拔、气候、降雨、路况等），经济因素（资源禀赋、交通状况、经济基础、人均财力等），社会因素（文化传统、科学研究、技术状况、教育管理、体育事业等），民族因素（民族聚居、边疆面积、行政管辖范围等）。二是建立扶持民族地区的一般性转移支付制度。作为财政转移支付主体的一般性转移支付主要是用于平衡民族自治地方财政预算，实现民族自治地方基本公共服务均等化。三是建立对民族地区的专项转移支付制度，支持民族地区进行基础设施建设以及进行教育、科技、脱贫攻坚、社保等社会事业发展的投入。四是建立对民族地区的优惠性转移支付。为了提高中央对民族地区帮扶政策的针对性和时效性，通过直接拨付资金和转移财力等方式，采取“一站式”的补助方式，为民族地区的教育、卫生、宣传等特殊支出需要提供资金保障。五是扩大转移支付规模，提高民族地区财力保障水平，通过严格的立法，减少年度转移支付行为的随意度，规范和整合政府间财政资金转移和专项补助资金，集中使用、统筹协调。六是适时建立对民族地区的横向转移支付制度。近年来，西部民族地区在生态保护、资源供给等方面做了全域性和全局性的贡献，通过建立横向转移支付协调机制，组织东西部省份建立省际转移支付关系，东部发达省、直辖市每年拿出一定比例的资金，用于支援结对的民族自治地方经济建设。

6.4.3　资源节约与环境优化的财政政策模式选择

1. 促进资源节约的财政政策选择

资源具有稀缺性，随着地区经济的快速发展，不可再生资源数量逐年大规模减少，西部民族地区经济发展越来越受到资源瓶颈的制约。在资源能源日益短缺的条件下，西部民族地区要立足本地区情，走资源节约、绿色发展之路，最大限度降低经济发展的物耗投入，大力发展绿色经济，摒弃传统的物耗巨大的资源型工业的道路。为此，中央和西部民族地方政府要从西部民族地区实际出发，适时改革和调整资源税收政策，改革资源税的计价和计量综合征收办法，提高资源税对经济调节的弹性，实现对资源的合理有序开发利用，避免浪费。另外，国家要制定出台相关资源产权管理制度、资源开发保护制度以及资源产权交易制度，推动资源在市场机制条件下进行有效配置，防止资源价格扭曲，既科学有序进行资源开发，又合理有效节约资源。同时，国家要及时改进和完善知识产权保护制度、交易制度以及抵押担保制度，鼓励和支持西部民族地区逐步加大科技研发投入，大力促进科技事业发展，为地区经济发展增加科技积累，重点鼓励和支持西部民族地区开展资源产品综合利用效率提高、节能减排技术改进以及低碳技术推广等科技研发。

2. 促进环境优化的财政政策选择

按照国家关于建设“两型社会”的要求，一方面要鼓励和支持资源节约，最大限度避免资源浪费；另一方面要保持生态环境平衡，提高生态文明水平，有效防止环境污染，加大生态环境治理力度。经过多年粗放发展，西部民族地区资源能源总量规模日益降低，不可再生资源日益枯竭，废水、废渣、废气等“三废”排放量大，环境污染加剧，生态平衡遭到严重破坏，急需进行治理和恢复。新时期，国家应重点做好生态移民工作，统筹协调社会居民的生产生活与环境保护的关系，加大中央财政对生态移民工程的投入力度，统筹解决好生态保护和移民扶贫的关系。中央财政要逐步加大投资力度，支持西部民族地区主体功能区划分建设，采取财政补助、政府投资、税收减免等多种措施，对生态保护区、生态恢复治理区、限制开发区等进行资金支持，加大生态环境保护力度，改善西部民族地区生态状况。适时制定和出台生态税收政策，通过征收生态税加大税收对地区经济的调节力度，提高西部民族地区环境保护和治理水平，将西部民族地区生态红利转化为经济社会发展红利。

第7章 促进西部民族地区宏观经济稳定发展的财政政策

经过多年的西部大开发，西部民族地区经济实现了长足发展，经济规模大幅提高，经济结构日趋合理，但是受地区自然条件、经济周期、经济基础、地理区位、资源状况等因素的影响和制约，地区发展的宏观经济形势稳定性不强，经济极易出现波动。为加快地区经济发展方式转变进程，提高地区经济发展质量，促进地区经济持续、健康稳定增长，保持物价稳定，持续增加就业，促进地区宏观经济形势稳定，中央和地方政府还应从下述九个方面加以改进。一是从财政、投资、税收、人才、产业、金融、价格、土地、生态等方面完善扶持政策，加大资金投入，体现项目倾斜；二是夯实基础、加快发展，统筹兼顾、协调发展，因地制宜、分类指导，坚持改单创新、扩大开放，实现自力更生与国家支持相统一；三是重点推进基础设施建设，优先发展交通、水利建设和基础设施建设，构建安全高效、功能完善的现代化基础设施体系；四是推进重点生态区综合治理，加强环境保护和地质灾害防治，加强生态环境保护，加快重点生态工程建设，构筑全国性生态安全屏障；五是大力发展特色农业，夯实农业基础，改善农业基本生产条件，加强农业基础设施建设，拓宽农民增收渠道，扎实推进城镇化；六是发展特色优势产业，建设战略性新兴产业基地、资源深加工基地、国家能源基地、装备制造业基地，大力发展现代服务业，发展绿色经济；七是大力发展科技事业，强化科技创新，加快人才资源开发，优先发展教育事业，提高医疗卫生服务能力，大力发展文化事业，促进基本公共服务均等化；八是加强重点经济区域开发，调整和优化区域生产力布局，促进民族地区、革命老区、贫困地区和边疆地区发展，支持民族地区实现跨越式发展；九是扩大全方位开放，推进体制机制创新，提高公共管理水平，铸牢中华民族共同体意识，促进社会和谐稳定。

为实现上述发展目标，新时期，中央政府要针对西部民族地区区情，科学运用财政政策，深入推进西部大开发进程，支持西部民族地区尽快建设一批有利于改善投资环境、开发人力资源重大项目工程，培育更多的经济增长点和增长极，实行扩张性财政政策，加大投资力度，理顺收入分配关系，加快西部民族地区发展。

2010—2020年，是国家深入推进西部大开发的关键时期。西部地区发展、繁荣、稳定，事关中国改革开放和社会主义现代化建设全局，事关国家长治久安，事关中华民族伟大复兴。中共中央、国务院《关于新时代推进西部大开发形成新格局的指导意见》中指出，到2020年西部地区生态环境、营商环境、开放环境、创新环境明显改善，与全国一道全面建成小康社会；到2035年，西部地区基本实现社会主义现代化，基本公共服务、基础设施通达程度、人民生活水平与东部地区大体相当，努力实现不同类型地区互补发展、东西双向开放协同并进、民族边疆地区繁荣安全稳固、人与自然和谐共生。

7.1 促进西部民族地区经济发展的财政支出总量政策

7.1.1 促进经济总量扩张的财政政策

1. 促进地区经济高质量发展

未来十年，继续保持西部民族地区经济持续健康发展，增加地区经济总量规模，是顺利推进地区工业化、城镇化和信息化的重要物质前提。推进地区经济发展方式转变，按照罗斯托的经济起飞理论，在经济起步发展阶段，一个合理的、比较高的增长速度是必需的。转型是以数量和物质积累为前提，是经济高质量发展的基础条件。现阶段，西部民族地区尚处于工业化时期，一些国贫县、国贫区、特困地区以及革命老区经济类型仍然延续自然经济模式，所以，西部民族地区经济增长方式转型需要以强大的地区经济总量和经济增速做保障。因此，作为欠发达地区，西部民族地区发展经济还有很多工作要做，要实现高质量发展，离不开地区的优先发展，离不开地区经济的快速发展。在新一轮西部大开发中，以“一带一路”建设为依托，西部民族地区依然需要保持一个适度的增长规模，才能为地区均衡发展提供有效的财政保证和支撑。

2. 逐步扩大社会就业规模

（1）加大人力资本投资力度。与东部、中部地区相比，西部民族地区虽然属于人口相对较少的地区，但是由于西部民族地区自然地理条件和地形地貌比较复杂，气候条件恶劣，大部分地区不适宜人类居住，高寒山区、戈壁荒漠、深山峡谷较多，平原、大川较少，人类相对集中的地域范围有限。在有限的地域内，55个少数民族和汉族大杂居、小聚居，人口较为稠密，西部民族地区的大中城市是聚集人口最多的地方。据统计，2018

年，西部民族人口总计3.79亿人，占全国总人口的27.07%。然而，由于地区民族教育水平和历史文化限制，人均受教育程度并不高，人力资本优势较弱，尤其是劳动力人口的劳动技能和综合素质较差，就业难度增加，是失业率较高的主要原因。提高就业水平、减少失业率的主要办法是大力发展教育事业，提高劳动者素质，但这不是一蹴而就的，而是一个漫长的过程，需要一段时间来发展。解决就业问题的根本在发展。要实现更高质量和更加充分的就业，需要不断优化人力资源对实体经济的支撑作用，实现经济发展与扩大就业良性互动。

（2）增加财政就业投入。增加社会就业，是当前世界各国宏观管理的主要目标之一，是政府工作的中心和关键点。衡量一个政府执政管理能力的主要指标是就业率的增加。作为宏观政策工具的财政政策是提高就业的重要抓手。在经济发展期，政府通过制定扩大内需的政策，通过政府投资引导和财政支出政策调整，增加社会就业机会，并鼓励中小企业发展，吸纳更多的社会人员就业；在经济衰退期，经济发展衰减，就业不振，政府通过出台刺激就业的计划，增加财政就业补贴，鼓励自主创业和企业吸纳就业，力争减少失业。未来十年，中国西部民族地区在保持经济高质量发展的同时，需要不断增加财政就业支出，增加教育培训支出，提高受教育者素质，鼓励企业吸纳就业，制定地区就业鼓励政策，增加社会就业总量，促进社会稳定。这是实现地区经济发展方式转变的重要前提，在经济发展方式转变过程中，受经济短期波动的影响，失业率也相应发生变化，需要政府进行适度调整和引导。

3. 加强地区通货预期管理

实施积极的财政政策离不开货币政策的配合，现代经济发展的历程表明，财政政策始终是与货币政策相伴使用的。国家通过财政政策与货币政策的组合，实现对全域和区域经济的干预和调整，维持地区经济稳定，离不开恰当货币政策的使用。在西部大开发深入发展的未来十年，在实施积极的财政政策、扩大财政支出规模、增加财政支出范围、提高财政补助标准、扩大税收减免优惠范围的同时，实施适度宽松的货币政策，调整和优化地区储蓄率、投资率和资本产出率，增加地区货币供给，实现地区商品总量与货币总量均衡，有利于地区经济保持健康、持续、稳定发展，有利于地区经济发展方式转变。

在地区经济迅速扩张期，地区经济呈现出过热态势，就业增加，物价普遍上涨，通货膨胀预期变为现实，货币出现贬值，需要在进行财政政策瘦身的同时，推行适度从紧的货币政策，减少社会货币供给，降低流动性，挤压经济增长泡沫，推动经济回归理性；在地区经济衰减期，就业不振，失业增加，社会总供求失衡，有效需求不足，出现明显的通货紧缩，经济增长速度和质量受损，需要政府制定扩张性的财政政策，刺激经济发展，推行适度宽松的货币政策，增加社会流动性，提高社会货币供给量，刺激社会供给总量增加。

2010—2020年，西部民族地区基础设施投资规模扩大，社会投资需求旺盛。由于积极财政政策的影响，地区投资需求膨胀，需要对货币政策进行相应调整，在适当时机根据具体的经济运行特点，制定和出台紧缩性或扩张性的货币政策，以加强预期管理，保持社会总供给和总需求的均衡。

7.1.2　适度扩大财政支出规模

经济发展方式的转变不同于经济增长方式的转变，根本原因在于，经济发展是在经济增长的基础上又加入了社会发展的因素，经济发展方式的转变既涉及经济结构、质量和效益的调整和优化，又涉及蕴含经济发展的社会公共事业的进步。社会公共事业虽然不直接提供经济增长因素和直接表现经济增长，但社会公共事业发展是经济发展诸要素的来源和动力。促进经济发展方式转变，一方面要促进经济体向质量型转变；另一方面要实现社会公共事业发展与社会经济增长同步，提升社会经济增长的成果共享度。

改革开放以来，经过长期的开发和发展，西部民族地区经济总量规模实现了大幅增加，但是受自然地理、历史文化、地形地貌、交通状况、社会政治等诸多因素的影响，西部民族地区社会事业发展长期滞后，国民教育、公共卫生、社会公共事业发展滞后，与中东部地区存在较大差距。未来较长一段时期，实施深度的西部大开发战略，推行积极的财政政策，需要进一步扩大财政支出规模，提高地区公共服务均衡化水平。随着地区经济总量的扩大，地区财政收入规模也相应扩大，保持财政收支均衡是实现地区财政经济发展的内在要求。根据西部经济发展状况和支出需求，引导财政支出向基础设施建设、生态环境建设、主体功能区建设、民生工程建设、水利工程建设、新能源工程建设、石油天然气管道建设等领域倾斜，适度扩大财政支出规模，支持地方经济发展，提高财政支出对地方经济发展以及发展方式的导向作用。

7.1.3　合理确定财政投资重点

根据美国西部开发历史可知，美国落后的西部和南部地区之所以能在近几十年中迅速崛起，与东北部和中北部地区的经济差距迅速缩小，得益于美国政府20世纪60年代制定的各类开发政策和财政政策，美国政府以法律的形式确保财政投资用于后进地区经济开发。1975年，美国政府投资

308.49亿元支持中西部发展，用于田纳西州的水利工程和水电工程建设。1984年，美国政府财政投资分配结构为：西南部地区占40.5%，东北部占21.6%，中北部占21.3%。财政资金的大量倾斜强有力支持了西部和南部地区发展。

中国西部民族地区与美国西南部地区不同，虽然同属于欠发达地区，但是中国西部民族地区受历史、地理、政治和社会原因的影响，发展的经济基础薄弱；虽然资源富集，但开发利用难度大；虽然人口众多，但是人力资源总量不足；虽然政府提供支持，但是地方财力有限。实现地方经济发展，需要大力加强基础设施建设，打破经济发展的瓶颈，加快硬件建设。一是中央和地方政府应加大生态建设投资，改善西部民族地区生态环境，提高西部乃至全国生态安全水平；二是加强西部民族地区基础设施投资，引导财政资金投向教育事业、卫生事业、交通运输事业、社会保障、社会就业、扶贫开发、科技进步、生态移民等领域，提高社会公共事业发展水平；三是中央和地方政府通过多种渠道，引导社会和民间资本投向西部铁路、高铁、民航、公路、水路等基础设施，完善西部地区经济发展的基础环境；四是中央财政加大财政转移支付力度，扩大财政支出规模，用于西部主体功能区建设，加强生态保护区建设、生态维护区建设，切实维护西部民族地区生态安全，遏制西部民族地区水土流失、土地沙化、沙尘暴、洪水泛滥等生态灾难，加强西部民族地区国土规划和整治，提高环境恢复治理能力；五是中央和地方政府联合增加财政支出支持地方科技研发，建立和完善产学研一体化机制，促进地方科技进步，提高科技发展水平，鼓励自主创新；六是积极探索新的财政投资体制，拓宽融资渠道，制定各种补贴引导政策，鼓励国内外企业和私人资本到西部民族地区投资建厂，参与基础设施建设；七是采取多元化的财政投资方式，充分运用中央和地方政府财政投资补助、投资优惠，开发贷款和政府保险等投资促进机制，引导社会资金和私人资本在西部投资开发，增加社会供给总量，扩大内需规模。

7.1.4 加强财政政策与其他政策配合

随着中国西部民族地区开发进程的不断深入，财政政策作用愈加突出，需要结合作为宏观经济政策工具之一的货币政策，实现对经济发展方式转变的共同促进。在西部开发的中早期，中央和地方通过制定扩张性的财政政策和扩张性的货币政策组合，对工业化中早期的不同阶段进行调节，以增加对西部民族地区的投资供给。一是支持中小担保公司经营，为中小企业提供贷款担保，保障中小微企业生产经营的资金需求。二是完善财政投融资政策，整合政府投资平台。通过中央和地方政府投资引导，国内外和民间私人资本大量涌入某个产业和项目，通过项目的资本聚集，把各种渠道的资金整合到统一规范投资平台，加强资金安全监管，降低资金使用风险，把计划、财政、金融的政策性投融资业务整合起来，形成有效的政府投资合力。三是实行投资补贴。加大财政补贴力度，支持西部民族地区企业扩大再生产、产品改造、技术改造和基础设施等。

7.1.5 财政总量政策的着力点

1. 继续发挥政府的开发主导作用

单一制的中央集权体制下，政府倡导财政管制模式、实施政府投资的“乘数效应”、引导民间资本进行基础设施投资等，是现时期民族地区发展的主要依靠力量。在国家“支西政策”的背景下，继续巩固十年来之不易的成果，持续推进西部开发进程，以共建“一带一路”为引领，加大美丽西部建设力度。

2. 切实加大对民族地区转移支付力度

提高民族地区公共服务水平，改善民族地区基本公共服务均等化状况，支持民族地区各项社会事业的发展，维护边疆地区稳定，均离不开中央财政的支持，需要国家继续加大对民族地区转移支付力度，扩大民族地区转移支付规模，积极发挥财政资金的引导作用，实现民族地区快速发展。

3. 强化民族地区生态屏障保护功能

对民族地区经济基础、地理状况、资源禀赋、气候条件和历史文化等因素进行综合分析，按照区域的区位优势、主体功能等进行地区发展战略定位，按照“有所为、有所不为”的原则，重点做好民族地区生态环境保护工作，实现我国中西部地区生态条件的根本好转，为国家战略的实施奠定坚实的基础，为经济高质量发展创造一个良好的自然环境和人文环境。

4. 合理运用积极的财政政策

具有投资拉动色彩的积极财政政策，也叫扩张性的财政政策，是凯恩斯对经济学的贡献，其对克服经济衰退和防止经济下滑能够起到一定的积极作用。然而，在后凯恩斯时代，人们把经济的内生发展简单地等同于诸多外在的经济管理政策和措施的成功运用；把经济的发展和进步简单地等同于经济的快速增长；把经济的健康持续发展简单地等同于GDP规模的膨胀性增长。在现有技术条件下，规范、健康、有序、长效的经济运行机制，无非是发端于经济体内部、自由自在的、内在本质的经济增长和发展以及其周而复始的过程。因此，从中华民族的伟大复兴角度来看，实现民族地区长远发展，就要务实地、理性地、恰当地利用各项政策和调控措施，包括积极的财政政策和货币政策等，以免出现“揠苗助长”的现象。

5. 加大西部开发力度

如何提高西部开发政策的系统性、有效性、针对性、整体性和政策性功效，是西部民族地区持续发展的动力所在。无论中央还是地方，无论短期还是长期，各级政府都要提高认识，统一思想，加强对支持西部开发政策的研究，对各项西部大开发政策进行优化和整合，实现“支西”政策的战略升级，使国家政策的能量得到最大程度的释放，以促进民族地区经济和社会的强劲发展。

6. 完善分税制的相关配套措施

一是稳步推进财政预算管理体制改革，在零预算的基础上，稳步推进政府综合预算改革，提高政府综合预算编制水平，提高预算科学化、规范化水平；二是改革和完善部门预算制度，严格按照“两上两下”的预算编制程序，切实提高部门预算编制的科学性，严格预算约束；三是推行财政绩效管理制度改革，结合财政业务实际，针对民族地区财政管理的特点，制定出一套科学、合理、规范、行之有效的财政绩效管理制度，并付诸实施；四是严格规范“收支两条线”管理，结合行政事业单位国有资产管理的经验，严格收支划分，规范税费缴库制度，严厉打击挤占、挪用收入的行为，把好行政事业单位资产的“出口关”和“入口关”；五是积极推进非税收入制度改革，加强非税收入管理，切实处理好税收收入与非税收入的均衡关系，规范非税收入管理，优化非税收入结构，提高民族地区可用财力水平；六是调整和优化民族地区财政收支结构，提高财政自给水平，保持适度的财政收入规模，提高财政收入质量，处理好税收收入与非税收入结构关系，逐步提高税收收入在财政收入中的比重，优化财政支出结构，有保有压，发挥好财政资金的

“乘数效应”和“四两拨千斤”的作用，以带动民族地区经济社会发展，处理好财政收支关系，保持财政收支平衡。

7.2　促进西部民族地区经济发展的财政支出结构政策

调整和优化西部民族地区经济结构，推进地区产业结构高级化发展，提高地区经济增长效益是实现西部民族地区经济发展方式转变的根本措施。西部民族地区的发展关系国家的根本利益和长远发展，西部民族地区经济持续健康稳定发展，是实现全国各族人民共同进步、共同发展、共同繁荣的需要，是地区均衡发展、实施区域一体化战略的重要载体。

7.2.1　推进地区产业结构优化升级

随着西部民族地区工业化和城镇化进程深入推进，西部民族地区产业结构高级化趋势明显。一是西部地区农业经济发展稳定，粮食产量、油料作物、蔬菜水果、蛋奶肉禽以及特色农产品生产及加工业发展较快，有机农业、观光农业初具规模；二是煤炭、石油、电力、钢铁、天然气、建材、水泥等资源和能源产业发展迅速；三是精密仪器、装备制造、大型计算机、核心元器件、重大装备制造等产业发展较快；四是新材料、新能源、生物工程、航空航天、人工智能、云计算电子信息等高新技术产业加快发展；五是信息服务、商贸流通、金融保险、物流服务、教育培训等现代服务业发展迅速；六是民族旅游业成为西部民族地区重要的经济支柱和富民产业。西部民族地区产业发展表明，调整和优化产业结构，发展特色经济，促进资源优势向产业优势、经济优势转化，是增强地区内生动力、提高经济增长质量、促进经济发展方式转变、提高居民收入水平的长期选择。

深入实施西部大开发战略，大力推进经济发展方式转变，调整和优化经济结构和产业结构，大力发展特色优势产业，深入推进以市场为导向的优势资源转化战略，推进自主创新和科技进步，推动传统优势产业、战略性新兴产业和现代服务业协调发展。一是继续加大对农业的投入，加强农业基础设施建设，改善农业生产条件，提高农业产量和标准，加强农业中低产田改造和小流域治理，大力发展旱作农业，增加滴灌和喷灌的农田水利设施配套，发展节水农业，加强坡耕地水土流失综合治理工作，提高农业综合生产能力；二是加强产粮大县和粮食生产基地以及商品粮生产基地建设，提高粮食单产，切实保障粮食生产安全，积极推进棉花、马铃薯、水果、油料、烟叶、茶叶、花卉、蚕桑、畜产品、中药材等生产基地建设，建成一批农产品加工示范基地；三是支持农产品生产基地建设和农业产业化龙头企业发展，提高产业化水平，培育一批带动力强的产业化龙头企业，加强农业农村先进实用技术转化应用和科技服务；四是走新型工业化道路，发展新能源、新材料、航空航天、精密仪器、电子信息产业，巩固和扩大一批地方民族工业企业，提高企业以及企业集团的科技研发能力，走自主创新之路，提高工业对地区经济的贡献率；五是大力发展邮电、通信、物流、金融、保险等现代生产服务业，提高第三产业在地区经济中的比例，提高地区经济发展质量。

7.2.2 推动城镇化高质量发展

1. 支持城镇化发展

据统计，2018年西部民族地区城镇化率达到52.9%左右，西部民族地区城镇化进程发展较快，建成了一批以大中城市为核心，以中小城市为辐射带的城市圈，城镇化进程有力地促进了工业化发展进程。2010年，西部民族地区拥有地级以上城市85个，占全国地级以上城市总量的29.62%。其中，辖区人口400万人以上的城市3个，占全国总量的21.35%；辖区人口200万~400万人的城市5个，占全国总量的16.53%；辖区人口100万~200万人的城市24个，占全国总量的29.44%；辖区人口100万人以下的城市53个，占全国总量的32.68%。新时期，中央和地方财政应大力推进城镇化发展，支持西部民族地区建设城市圈和城市发展集群，通过城市经济的聚集、辐射作用，引领新的经济增长极和增长带，促进新型工业化快速发展，加速推进经济发展方式的转变。

2. 加强基础设施建设

加快推进西部大开发进程，深入实施西部大开发战略，首先要夯实经济发展的基础，进一步提升城市经济的发展保障能力。地方政府要切实调整财政支出结构，引导社会资金和私人资本向基础设施投资，加快基础设施建设，加强交通运输、水利等基础设施建设，优先发展光缆、移动通信、金融信用等软件基础设施建设和信息基础设施建设；大力构建安全高效、功能完备的现代化基础设施体系，加大国家对西部民族地区退耕还林还草、天然林保护、三北防护林建设等国家重点生态工程建设的支持力度，提供生态补偿标准；政府通过财政投资的引导作用，吸引社会资本参与基础设施建设，加快建成覆盖城乡、连通内外、功能一体的立体交通运输网络，加强水利建设、油气管道建设、城乡电网建设。

3. 促进城镇就业政策

第一，通过国家或地区就业引导政策，加大财政转移支付比重，增加失业人员再培训、农民工培训和岗前培训，提高就业能力。

第二，通过政府采购政策，在市场上采购投资性和消费性产品，以此影响市场供给结构，增加消费需求，带动社会供给增加，间接增加就业规模。

4. 提高城镇设计规划质量

一方面，通过实施扩张性的财政政策，在建设投资拨款的基础上，加大财政用于城镇建设规划的投入，按照长预期、高标准、实用科学的原则，进行城镇建设规划；另一方面，增加财政投资规模，加强中小城镇基础设施建设，通过财政资金引导社会资本参与城镇建设投资。引导政府建设投资平台参与城镇基础设施建设，拓展多种融资渠道，加大政府建设投资比例，改善城镇基础设施状况。发行建设国债或记账国债，延长国债偿还年限，将国债资金投向城镇基础设施建设，加大投资规模，保障城镇基础设施建设质量和进程。

7.2.3 加强生态工程建设

1. 促进生态产业经济发展

一是中央和地方结合西部民族地区生态环境破坏的严峻现实，调整和优化财政支出结构，加大财政资金对地区生态建设的财力支持，提高对退耕还林还草、三北防护林、天然林保护、三江源治理等生态工程的补助补贴标准，改善地区经济生态。二是大力发展生态林建设。建立和完善森林生态效益补偿制度，加大财政补偿投入力度，鼓励各地区设置人工造林奖励补贴标准；加大财政补贴力度，支持和鼓励林区和国有林场进行林业产业化经营示范推广，提升林产品产出规模和质量，提高林产品的边际收益。三是大力发展生态旅游产业和生态农业。重视和支持发展地区民族、特色、生态、地理、人文旅游，开创旅游新产品，提高旅游产品的核心竞争力，建设地区旅游精品体系，打造旅游知名品牌，提升旅游产品优势。加大财政对旅游基础设施建设的支持力度，加大财政支出用于机场、公路、铁路、水路建设的投资比例，提高旅游基础设施保障水平。通过财政资金引导，支持农牧业产业化和林业产业化基地建设，提高观光农业、生态农业和休闲农业发展能力。四是制定和出台相关制度，加大财政投入比例，支持绿色经济、绿色农业、有机农业、太空农业的发展，鼓励和引导沙产业发展，支持沙产品加快转化应用，提高生态经济效益。

2. 推进农村生态安全工程

一是加强小流域治理，改善农业生态，提高农业综合生产能力；二是采取多元化的投资渠道，通过发行地方国债、税收优惠、投资补贴等形式加大生态治理的力度，加强大江大河、流域区域生态治理，提高农业防灾抗灾的能力；三是加大财政投入力度，综合采取税收、信贷、投融资、产业政策等，加快推进新农村建设，加强“农村土地整理、建设用地整理、农村宅基地”凭证治理，积极开展农村环境综合整治，清理农村垃圾场，改善农村居民生产生活环境；四是通过财政支出引导社会资金加强农村危房改造、农村基础设施、农村电网、农村天然气管网、农村网络建设，改善西部农村基本的生产生活面貌。积极融入“一带一路”建设，凭借独特的区位和农产品生产、手工制造等方面优势，与“一带一路”沿线国家和地区开展合作，发展出口加工、物流运输和国际商贸，拉动相关产业投资。

3. 加大水资源保护力度

西部民族地区工业化和城镇化的加速发展，一方面加速了环境污染的程度；另一方面也增加了水资源的消耗量，尤其是地表水和地下淡水资源。水资源是国民经济的物质基础，是可持续发展的重要保障。据统计，2000—2010年，中国供水量和用水量呈现出迅速增长的趋势，水资源耗费巨大，浪费也相当严重。从供水量来看，2000年中国用水总量为

5530.7亿立方米，到2010年增长为6022亿立方米，年均增长8.88%；从用水量来看，2000年中国用水总量为5497.6亿立方米，到2010年增长为6022亿立方米，年均增长9.54%。中国水资源消耗巨大，水资源安全问题突出。新时期，中央和地方应制定出台水资源使用和保护的相关制度，倡导合理消费，有效节约，避免浪费。通过税收制度、收费制度和财政补贴制度，引导和鼓励广大城乡居民科学、理性地节约用水，严格限制环境污染企业低门槛入驻，防止污染地表水和地下水。一是通过财政政策导向，继续加大财政资金投入，支持农村人畜饮用水工程，"母亲水窖"工程，保障城乡居民人畜饮用水安全；二是支持和引导水资源的理性消费，制定合理的水资源税收和收费制度，限制工业企业、房地产企业、高耗能企业、煤炭企业等过度抽取地下水，造成地下水水位下降，引导居民合理用水，防止用水浪费；三是增加财政投资，用于城市净水、污水两套用水管道建设，提高水资源的循环使用效率，降低和防止水资源过度浪费。

4. 加大公共基础环境投入力度

借助"一带一路"建设，更好发挥"一带一路"建设对西部大开发的引领作用，将"一带一路"建设融入西部大开发战略：一是调整财政支出结构，增加生态环境保护工程投入，重点发展生态环境建设，力促生态环境改善；二是加大中央地区转移支付力度，推进基本公共服务均等化，为西部民族地区的人力资源开发创造条件；三是加快基础设施建设，加大西部民族地区铁路、公路、机场、石油管道、天然气管道、水利基础设施、农村基础设施等建设投入；四是中央财政支持西部民族地区自我开发，引导建立投资来源多渠道、投资主体多元化的西部开发投资体制，采取贷款担保和财政贴息等方式，鼓励和引导国内外资本向西部开发流动。

7.2.4 支持民族地区新农村建设

1. 农村公共基础设施建设

自2000年开始的农村税费改革取消农业税、“三提五统”、农村义务工制度后，农村发展进入了一个全新时期，农民负担虽然减轻，但是农村基础设施面貌并没有明显改观。国家和地方政府要加大对农村公共基础设施投资比例，农村村内公共街道、路灯、围栏等公共投资需要政府通过加大财政支出比例、转移支付等办法来实现。新时期，要适时调整中央对省、省以下财政预算管理体制，增加支持农村基础设施建设投资预算科目，以规范、固定的形式，实现对农村公共基础设施建设的支持。

2. 农村公共饮用水、用电工程建设

（1）加大公共饮用水工程投入。国家财政、发改委等部门通过增加财政投资、转移支付、发行国债等方式，加大对农村公共饮用水工程的投入力度，解决农村饮用水问题。在条件允许的情况下，地方政府给予适当的地方配套，共同支持农村公共饮水工程建设。

（2）加大农电设施投入。加大农村电网改造力度，降低农村用电能耗，提高农村用电普及率。财政部门、发改委、农电部门要制定长期发展规划，逐步实施农电改造工程，加大财政投资规模，加强农电基础设施建设。

（3）改革电价管理制度。发改委等部门要制定动态的农电电价动态调整机制，公平呈现用电费用标准，制定统一的用电政策，降低农村、农业用电成本，加快农村公共事业和农村乡镇企业发展。

3. 农村棚户区改造、农村道路建设

（1）加大农村棚户区改造投入。加大财政支出比例，用于农村棚户区改造工程，国家、集体和居民个人按照一定比例共同出资用于危房改造，提高农村住房安全保障水平，改善农村居民住房环境和生活条件。西部民族地区绝大部分地区冬季取暖成本较高，取暖困难。中央和地方政府应该根据当地情况，综合考虑人均收入、地区均衡、消费水平等综合因素，适度提高农村冬季取暖补贴标准，降低农民生活成本。

（2）加大农村道路改造投入。在“乡乡通、村村通”公路建设的基础上，进一步扩大农村公路交通建设范围，支持农村自然村内道路建设，改善村内公共设施状况，降低农村居民生产生活和出行的成本，改善农村生活条件。

7.2.5 构建西部区域发展新格局

根据国家“十三五”规划、《西部大开发“十三五”规划》和《关于新时代推进西部大开发形成新格局的指导意见》的要求，西部民族地区在国家统一规划和部署下，以共建“一带一路”为引领，加快实施主体功能区战略，按照因地制宜、分类指导的原则，围绕新发展理念，在推动各地区依据主体功能定位发展的基础上，优化发展空间布局，着力打造一批主题特色鲜明的试验区和示范区，形成要素有序自由流动、主体功能约束有效、基本公共服务均等、资源环境可承载的区域协调协同发展新格局。

一是科学合理规划和划分生态保护区，遏制生态环境继续恶化；二是增加财政支出，引导西部民族地区根据自然地理和气候条件，在不适宜经济开发的地带，进行生态保护，防止人为破坏生态环境基础；三是适当加大国家转移支付力度，从横向和纵向角度，对西部民族地区进行主体功能划分，对那些不适宜进行经济开发的区域进行保护，防止生态污染和环境恶化；四是以绿色发展理念为指引，依据各地主体功能定位，合理确定空间开发强度，加强生态环境综合治理和国土综合整治，促进能源资源集约节约利用，把重点生态功能区、农产品主产区等建设成为全面建成小康社会的绿色发展引领区。优化创新资源富集区资源开发和利用模式，加强经济增长极等重点开发区域环境保护，实现经济高质量发展。

7.2.6　培育现代产业体系

2020年是“十三五”规划的收官之年，西部大开发建设也在这一年进入了一个新的十年，中共中央、国务院发布《关于新时代推进西部大开发形成新格局的指导意见》，进一步推进西部民族地区产业结构调整和优化，提高要素资源配置效率，改善要素组合对经济增长的贡献率，提升特色优势产业发展水平，塑造西部民族地区产业核心竞争力，构建资源优势突出、创新能力较强、产业链条齐备、生态承载合理的现代产业发展体系。

一是积极构建地区统一市场体系，完善市场结构和市场体制机制，提高公平竞争和等价交换意识；二是增强产业发展的要素支撑，深化金融体制改革，引导金融机构更好地服务实体经济，着力发展普惠金融，提升劳动力职业素质与技能水平，加强职业院校与实训基地建设，鼓励校企合作，定岗职业教育培训，积极推动大规模知识更新继续教育；三是减少行政管制，简化行政审批程序，培育和壮大中小微企业，综合运用产业政策、中小微企业政策、信贷政策等加强对中小微企业的扶持，促进战略性新兴产业突破发展，培育符合西部民族地区实际的新一代信息技术、高端装备、新材料、新能源、生物医药等战略性新兴产业，形成新的主导产业。

第8章 支持西部民族地区重点领域和产业发展的财政政策

财政政策是影响产业发展的重要因素，是促进经济发展方式转变的重要因素。在制定支持西部民族地区产业、行业发展的政策时，财政政策是最为重要的政策工具。因此，在制定支持西部民族地区经济发展的产业政策时，应加大财政政策、税收政策的支持力度，综合运用多种财政税收政策手段，并使之逐步规范化、法律化，促进和提升西部民族地区产业发展能力和质量。2010—2020年，西部民族地区产业进行新一轮的调整和优化，制定促进区域产业发展的财政投资、融资、税收优惠政策，吸引国内外资金和私人资本参与西部民族地区经济建设。制定和出台财税优惠措施，鼓励人才、资本、技术、土地、管理等要素资本向西部地区流动，促进西部地区的产业发展和结构升级。通过一系列的财政促进措施、收入分配措施、税收优惠措施、财政投资措施、转移支付措施、国债投资措施和企业促进措施，支持地方经济发展方式转变，提高地区经济发展的质量和效益。

8.1 支持新型工业化发展的财政政策

“二战”后，在以核能、计算机、新材料为标志的科技革命推动下，发达国家兴起工业化浪潮，以自然资源为基础、产业部门间分工为主导的国际分工体系，逐渐发展成为以产业部门内部分工和产品专业化生产为基础，以现代工艺和技术为特征的产业国际化分工生产体系，并加快从物质生产领域的分工向服务业领域的分工发展（周振华等，2010）。随着经济全球化和区域一体化趋势加强，资本、劳动力、技术、管理等要素资源流动速度加快，经济发展方式转型的进程也相应加快，为适应全球化发展需要，世界各国纷纷制定了新型工业化发展战略和政府促进措施。

西部大开发的十年也是西部民族地区工业化快速发展的十年。中央和地方政府采取多种措施，加大财政支持力度促进西部民族地区工业发展，协调重工业和轻工业发展比例，建立完备的国民经济工业体系，工业发展较快。“十二五”以来，西部民族地区进入工业化发展加速期，传统的工业发展模式由于发展方式粗放、物耗投入较高、成本收益率低，生产经营效益不高，在新的经济条件下必将被科技附加值高、物耗能耗少、经营效益高的新兴工业产业所替代，经济发展进入新型工业化时期。该时期，信息、技术在工业产品中的占比较大，资本产出率高，适宜地区经济发展环境，符合地区经济和行业长远发展的方向。未来时期，中央和地方政府应结合工业化发展的特点、阶段特征、发展规律，制定促进工业化转型、升级的产业政策、投融资政策、企业政策，积极改造传统工业企业，提升能源、资源工业发展能力，大力发展高新技术产业和新能源产业，降低物耗投入，加强环境保护，降低环境污染，维护生态平衡，提高产业经济效益。

2020年5月17日，中共中央、国务院发布《关于新时代推进西部大开发形成新格局的指导意见》（以下简称《意见》）。《意见》指出，要以共建“一带一路”为引领，加大西部开发力度。其中，在积极参与和融入“一带一路”建设方面，《意见》提出，支持新疆加快“丝绸之路经济带”核心区建设，形成西向交通枢纽和商贸物流、文化科教、医疗服务中心；支持重庆、四川、陕西发挥综合优势，打造内陆开放高地和开发开放枢纽；支持甘肃、陕西充分发掘历史文化优势，发挥“丝绸之路经济带”重要通道、节点作用；支持贵州、青海深化国内外生态合作，推动绿色“丝绸之路”建设；支持内蒙古深度参与“中蒙俄经济走廊”建设；提升云南与澜沧江—湄公河区域开放合作水平。

8.1.1 新型工业化的主要特征

1. 新型工业化具有较强的信息化特征

20世纪80年代以后，西方发达国家工业化开始转型，进入后工业化时期，也称作信息化时期。在信息化发展阶段，国民经济的各个行业发展均具有信息化的特征，工业生产从建厂、购买机械设备到加工、生产、销售等诸多环节均有信息技术的影子，电子信息技术在工业经济中的广泛应用使工业生产的效率和质量得到了较大程度的提高。伴随着新型工业化进程的加快，信息技术生产效率迅速提高，对一国或一地区经济的促进作用较为强劲。发展信息工业化，重视信息技术和科技的应用，对提升经济发展水平至关重要。在中国，特别是西部民族地区，根据工业化发展阶段，加快工业信息化，提高信息对工业化的改造作用，是提高企业效益和经济效益的重要途径。

2. 新型工业化具有较强的持续发展能力

在新型工业化发展过程中，信息技术的广泛应用不仅提高了企业的经济效益，而且提高了各种生产要素的生产效率，降低了物质消耗，信息成为新的生产要素资源，具有较强的替代作用。在信息技术的聚集和带动下，诸多生产要素的使用效率大大提高，生产中传统的物耗投入大大降低，对环境的污染减小，对资源和能源的耗费大幅度降低，传统工业也得到新的改造和升级。通过信息化，石油、天然气、钢铁、水泥、林木、煤炭等能源产业和资源产业的生产效率提升，生产耗费大幅下降，经济发展的持续性、低碳性、环保性特征明显。人类进入新型工业化发展阶段，物耗较以前重化工业化发展阶段明显降低，单位GDP的物耗投入和污染排放标准下降，资源、工业、环境、信息、产业进入协调发展阶段。因此，世界各国十分重视新型工业化的发展，采取多种措施支持和鼓励发展新型工业化，实现国民经济的高质量发展和经济发展方式的有效转型。新型工业化发展是实现经济发展方式由粗放型向集约型转变的重要途径。

3. 新型工业化具有较强的人力资本优势

信息技术的推广和创新是新型工业化的重要特征，信息技术应用的领域和部门比以前工业发展阶段广泛，信息成了人们的重要生产、生活方式，信息技术成了生产过程中的重要的技术条件。在新型工业化时期，衡量工业生产能力和竞争力强弱的重要标准就是信息技术水平高低和拥有信息技术的人力资本优势程度。而实际上，人力资本作为信息技术的使用载体和创新的主体，是经济生产的重要生产要素资源。中国西部民族地区工业化发展程度相对较低，传统工业在工业经济中所占比例较大，工业经济发展方式比较粗放，工业发展的信息化程度较低，能源耗费投入较大，人力资本优势发挥不充分，经济发展可持续性不强，劳动密集型和资源密集型特征明显。经过多年的发展，西部民族地区工业基础实力得到加强，工业增加值在国民经济总量所占份额较大，企业实现的工业产值绝对值规模较以前年度增加幅度大，但是产业结构调整和优化的进程较慢，信息化水平不高，经济发展对能源和资源的依赖性较强。因此，国家制定了一系列税收优惠政策支持和鼓励新兴产业、高新技术产业和新能源发展，大力促进西部民族地区新型工业化发展。

4. 新型工业化具有集约型经济特征

可持续性强、人力资本优势突出、物耗投入较低、经济发展质量效益较高等特点均是信息工业化的特点。该类型的工业化主要特征是投入产出比、资本产出率、全要素生产率较高，工业经济发展主要表现为资本密集型、技术密集型、管理密集型和人力资本密集型产业或产业集群的快速发展。资源、要素、能源、劳动力、土地等生产要素投入较少，产品质量、结构和企业生产效率较高，成本愈加节约，劳动生产率愈加提高，环境污染愈加降低。轻工业在工业经济乃至国民经济中的比例有较大提高，重化工业发展较为稳定，第三产业发展迅速。受资源有限性、环境安全性的制约，传统的经济发展模式难以为继，转变经济发展方式刻不容缓。未来十年，中央和地方政府通过制定税收优惠政策、财政投融资政策、产业支持政策和企业发展政策促进和支持西部民族地区经济进行转型，加快新型工业化的发展进程，逐步提高地区和企业的经济效益。

8.1.2　推进新型工业化应遵循的主要原则

1. 坚持工业化与产业结构高级化同步推进

经济发展历程表明，工业化、城镇化、信息化推进的过程，伴随着产业结构的变动和调整，而且产业结构由低级向高级阶段发展的速度不断提高，工业化发展加速，产业结构高级化趋势愈加明显。

2. 坚持工业化与城镇化同步推进

工业化主要表现为包含工业的第二产业在国民经济结构中的比例不断提高，第一产业的比例逐步下降，工业经济对国民经济贡献率逐步提高，工业对国民经济的拉动能力增强。伴随工业化的深入发展，劳动力、资本、技术等生产要素在区域内和区域之间进行流动，并不断聚集和组合，形成地区经济增长极和增长点，推动地区经济快速发展。一般而言，要素和资源聚集区域往往是城市发育较为充分、经济较发达的大中城市和城市群，城镇化的发展与工业化发展不能简单等同，只有把二者有机结合，才能实现对国民经济的拉动。西部民族地区经过多年的发展，培育和形成了一大批大中城市和城市集群，实现了工业化与城镇化的同步发展。未来一段时期，中央和地方政府根据西部“十四五”规划战略部署，加大财税优惠力度，支持城镇化与新型工业化同步发展。

3. 坚持工业化与农牧业产业化同步推进

工业化发展不是单刀突进，而是与第一产业、第三产业协同发展，因为作为国民经济基础的农业为其提供充足的原材料、劳动力、土地等基础要素，是组织工业生产的重要前提和物质基础。现代生产性服务业、物流业、金融业、保险业等能够为工业产品销售、工业原料购进等实现创造流通条件，而其中最为重要的前提是农牧业产业化的充分发展，工业化发展程度在一定程度上取决于农牧业发展充分程度的高低。

4. 坚持工业化与就业扩大化、环境改良化同步推进

衡量一个经济体发育程度和效益高低，一方面是经济体实现的三产增加值、经济总量规模的扩大和经济效益的有效提高；另一方面是经济发展创造的就业机会总量规模和社会失业率的降低幅度。中国西部民族地区在发展新型工业化的过程中，不能片面追求经济总量的扩大和数量的增加，要注重经济效益和质量的提高，注重经济发展成果的共享度的提高，通过经济发展促进社会就业规模扩大，推动经济达到充分就业状况。与此同时，中国西部民族地区在加快新型工业化发展过程中，不断增强经济发展的可持续性，节能减排，提高环境改善水平，降低环境污染，保持生态平衡。

8.1.3 支持新型工业化发展的财税措施

1. 做大做强特色优势工业的财政政策

（1）大力发展特色优势产业，构建和延伸产业链条。与中部、东部地区相比，西部民族地区优势不在于高尖端的信息产业技术、高精密的装备制造仪器、汽车制造产业等，而在于民族特色、西部特色、区位特色、稀有特色，西部民族地区走新型工业化的路子不能完全追求片面的信息化、城镇化，而是要立足西部民族地区实际，支持和发展具有比较优势的民族特色工业。

第一，实行积极的财政政策，增加财政支出规模，促进特色优势工业发展。中央和地方政府根据未来十年或更长一段时间经济发展规划，制定和出台财政投融资政策，增加政府投资支出规模，引导社会资金和私人资本投资西部民族地区的优势特色产业。比如，西部民族地区的风电水电、太阳能光伏产业、核电设备、煤化工、天然气化工、盐化工、汽车钢铁机械冶金、电子元件、光缆通信、数码数字、芯片物联、稀土产业、钼金矿、锂矿等一批优势特色产业及产业集群。

第二，适当扩大财政性资金投资民族特色优势产业的规模，通过政府性资金投入引导国内外资本流向这些产业，增加民族特色优势产业发展的资本积累规模，提高民族特色优势产业发展的能力。

第三，制定和出台更多的财政补贴政策，对达到产业发展规模、具备产业发展竞争力、符合产业发展标准，带动地区就业，对地区经济增长贡献率较大的产业和行业以及资本周转速度较慢但对国民经济全局具有重要影响的产业和行业给予财政补贴和补助，并适时提高补助和补贴标准，以解决产业发展初期资本积累规模小、人力资本优势不足、产品质量档次不高的瓶颈制约问题，增强民族特色优势产业长期发展的后劲。

第四，制定和出台更多的针对性较强的税收优惠政策。认真、仔细组织产业、行业、企业、市场调研，详细摸底产业发展的优势、劣势，分析比较产业发展的能力和潜力，适时出台税收优惠政策，延续2000年以来出台的一系列税收优惠政策，调减税基、降低税率、提高抵扣标准、减缓累计层级，更多采取免、抵、扣、返等措施，给予民族特色优势产业和行业更多的税收优惠支持，涵养税源，藏富于人民，藏富于企业，藏富于行业。

（2）加快以先进制造业为代表的特色工业发展。西部民族地区已有的工业基础多为新中国成立初期投资建设的老军工企业、机械制造企业、机械设备企业以及钢铁、煤炭加工企业。这些企业多为粗放型、耗能型的传统重工业，一些企业需要进行撤并、重组、改组、改制、转股等改造和升级，急需调整重工业生产力布局和产业布局。其中，西部民族地区的机械制造行业较其他产业具有独特的优势，主要为劳动密集型和技术密集型工业，对资源、能源耗费较其他产业小，但创造的产业增加值和经济效益以及带动社会就业能力在本区域内较高，需要鼓励和扶持。

第一，逐步增加财政补贴标准，加大对机械制造行业的支持力度。按照政企分开、还政于市场的原则，在不干预和影响市场运行的前提下，提升财政补贴标准，提高财政补贴额度，鼓励和支持西部民族地区机械制造产业结合市场供需特点，改进技术、购进国外先进仪器、改善企业管理，提高产品科技附加值和科技含量，提高产品的国际市场竞争力，提高企业生产经营效益。

第二，鼓励西部民族地区金融机构向机械制造行业倾斜。政府投资毕竟是有限的，依靠财政投资某些产业和行业的范围是相对固定和狭窄的，加之有些产业和行业涉及国家安全和行业稳定、行业准入，民间和私人资本进入门槛过高，短时间内融资压力较大，中央和地方政府要根据地方企业发展实际，对民族地区机械制造、装备制造产业和行业给予财政贷款贴息、贷款担保和贷款补贴。因地制宜，划分类别，对于资本融资能力较强、资本资产构成状况良好的企业给予适当的贷款补贴，对市场发展前景广阔、产品适销对路的企业给予贷款贴息，对企业资本积累不足但关系国民经济或地区经济发展全局的重要行业和领域的机械制造产业给予财政贷款担保，以支持其发展壮大。

2. 壮大装备制造工业的财政政策

（1）鼓励技术引进和自主创新。党的十八大以来，中央制定了创新发展战略和政策，为地方制定和出台政策提供了依据。但是由于地方财力规模和可用财力不足，西部民族地区地方政府在鼓励和支持科技发展的过程中，只能按照“撒胡椒面”的方式对一些科技研发主体进行支持和补助，效果并不佳。西部民族地区经济正面临着巨大的转型压力，科技因素将成为经济发展中最为强劲的推动力量。根据西部民族地区发展实际，中央和地方政府应该通过设立科技研发奖励基金、科技研发专项基金以及科技研发专项转移支付等形式，加大对科技研发的财政支持力度，提高对研发主体的补贴标准，调动民间研发的积极性，并通过财政购买等形式加速科技成果转化。

（2）扩大全方位开放。新时期，西部民族地区经济发展进入新兴工业化发展阶段，地区经济发展的开放程度提高，地区产品在国际市场上的竞争力提高，参与国际分工的程度加深，纳入国际市场的生产和销售环节，地区经济的外向依存度和自主发展度不同程度有所提高。未来阶段加快地区经济发展，不但要提高资本、技术、劳动力、管理等要素的贡献率、生产效率，还要提高地区经济主体和市场机制参与国家分工的能力。在一定程度上，经济开放程度与区位优势一样，也是经济运行的要素资源。因此，未来时期，中央和地方政府要制定西部区域发展战略，采取财政、金融、工商、外贸等优惠政策多元化促进西部民族地区外贸产业发展，提高经济发展水平。

3. 大力培育产业集群的财政政策

（1）延伸产业发展链条。综观西部民族地区产业发展现状，其主要制约因素之一是产业结构单一、行业发展关联度低，产业链条发展不长。根据经济增长极理论，实现经济长期稳定增长，需要有强劲、恒定的经济助推力支撑，而这些经济助推力的主要载体就是为数众多的企业及由企业组建的产业和产业集群。实现对经济增长的促进和拉动，需要对产业生产能力进行提升和增容，需要对产业规模进行辐射和扩大，产业规模扩大不是低水平重复建设，而是对产业上下游产品生产链条的延伸、拉长，进行更精细的产品生产分工，刺激和产生更多有效需求。新时期，中央和地方要通过制定产业发展战略，采取价格管理、财政补贴、投资奖励、产业化奖励、贷款贴息、税收减免等多元化措施，积极运用扩张性的财政政策，辅助实施适度宽松的货币政策，支持地方企业、行业和产业延长生产触角，健全产业发展体系，提高产业对经济增长的贡献率。

（2）构建和培育地区产业发展集群。延伸产业发展链条，构建和培育地区产业集群的空间布局，实际上也是一种构建产业集群的方式和模式选择。推动地区经济发展，维持地区宏观经济稳定，离不开民族支柱产业的发展、壮大。根据国家工业化发展的需要，适时调整生产力在西部民族地区的布局，通过制定和出台产业扶持政策，鼓励西部民族地区建设产业发展集群，培育新的经济圈、经济带、经济开发区和经济增长极。具体措施为：一是增加国家财政投资，帮助西部工业基础较好的省份，比如内蒙古、四川、重庆、新疆等搭建地区产业集群，大力促进高新产业链、工业园区、工业示范区建设。二是通过“三免两减半”和“零关税”、土地优惠、“三通一平”等优惠形式支持产业集群建设。

4. 发展特色农产品加工业的财政政策

（1）支持产业化龙头企业发展。制定和出台农牧业产业税收优惠政策，对符合国家产业发展扶持对象标准的农牧业龙头企业和基地给予大力支持，减免企业所得税、增值税、城建税、契税、车船使用税以及土地增值税、土地流转税等，减税让利，支持产业化龙头企业发展，促进农牧业产业化企业发展壮大，提高示范带动能力。例如，内蒙古自治区人民政府制定了一系列税收优惠政策支持伊利集团发展。

（2）加强农产品质量标准体系建设。提高农产品质量，增加农业生产产值，提高农产品市场竞争力，一方面需要加大科技投入力度，鼓励农牧业科技自主研发，提高农产品科技附加值；另一方面需要国家建立和完善农产品质量标准认定体系，规范农产品生产质量认证，推进农产品品牌建设，提高农产品品牌效应，构建农产品质量安全体系。因此，未来西部民族地区应立足地区特色农业、绿色农业、有机农业发展实际，制定科学、规范的农产品质量认定标准，严格农药、化肥、饲料等投入比例规定，提高农产品质量信誉度、安全度、认可度，提高农牧业企业生产经营效益。

（3）加快推进农业现代化进程。一是国家制定和出台农业综合生产能力促进办法，加大财政投入力度，支持和鼓励农业基础设施建设，改善农业生产条件，加大对农村电网改造、农业灌溉设施改造的投入力度，提高农业生产能力；二是通过专项转移支付和农业专项拨款加大对农业中低产田改造、小流域治理、大江大河治理、水利设施维修等投入力度，改善农业生产条件；三是加大国家财政补贴标准，扩大农机购置补贴、大型农业机械购置补贴、农业机械设备以旧换新，良种购置补贴、种粮补贴、商品粮生产基地补贴标准和范围，支持农业扩大再生产，提高农业综合生产能力。

8.2 支持新能源产业发展的财政政策

8.2.1 支持太阳能光伏发电产业发展的财政政策

1. 实行增值税优惠，提高固定资产购置优惠比例

未来一段时期，西部民族地区的太阳能光伏发电产业随着能源、资源开发进程的加快，将会形成长足发展态势。太阳能光伏发电产业虽然面临着投入资本巨大、核心技术外购、发电上网困难等问题，但是其符合国家和地方政府支持标准、符合经济发展方式转变的要求，也符合可再生资源利用的产业规定，其发展潜力巨大。从长远来看，国家应制定、出台税收优惠政策，支持太阳能光伏发电产业发展。其中，最重要的措施是制定了增值税税收优惠政策，给予西部民族地区企业固定资产购置环节的增值税进项税抵扣优惠和销售环节销项税抵扣优惠，鼓励企业增加生产投入，加大再生产投入比例，提高生产能力。

2. 实行所得税优惠，鼓励企业提高生产能力

通过制定和出台“三免两减半”和“加速折旧”等办法，实施企业所得税税收优惠，鼓励企业增加税后留利，允许税前计提成本，加速机械设备折旧，引导企业将利润所得更多投向再生产，降低企业消费性投资比例，增加生产性投资比例，培育和壮大企业发展根基。

3. 增加财政补贴，支持产业行业发展壮大

2008年以来，财政部、发改委联合出台了关于支持太阳能光伏发电企

业的优惠政策。国家支持西部民族地区新能源发展战略，其中包括太阳能光伏发电产业。综合国家能源安全、经济安全和发展战略等因素，中央应通过加大专项转移支付比重，提高财政补贴标准，增加财政支出比例等办法，促进该产业发展。

8.2.2 支持风能产业发展的财政政策

1. 支持风能利用的财政投融资政策

中国西部民族地区区域面积辽阔，地广人稀，高山峡谷、沙漠戈壁、丘陵高原的地形地貌特征，使其具备了发展风能的先天优势和绝对优势。西部地区土地资源和风能资源富集，风能开发利用条件良好，与东部、中部地区相比，具有显著的比较优势。未来较长一段时期，新能源工业符合经济发展规律，有利于提高资源综合利用水平、改善环境、节能降耗、提高资本产出比例。根据现阶段风能开发利用的现状，中央和地方应该加大风能产业投资比重，通过增加财政投资支出比重、政府投资贷款、企业融资担保、政府直接投资后间接入股、政府和民营企业合作等形式，支持风能产业发展，对风能发电企业、风能设备制造企业以及风电销售企业给予投资倾斜和融资扶持以及税收优惠。提高财政对风能发电企业的补贴标准，在风能发电企业建立运行的前三年，对于风能发电规模按一定的标准给予企业补助。建立协调配合机制，政府管理机构协调财政部门、发改委、市场监督管理局、税务局、自然资源局等部门，帮助风能发电企业发电上网、全国销售，鼓励和引导社会居民和用电大户使用风电，并给予一定的消费税税收优惠。

2. 支持风能利用的税收优惠政策

（1）实施增值税优惠政策。对于风电设备生产企业、购进企业，批零贸易企业的增值税的进项税、销项税额按照一定比例进行折算或者抵扣，对风能发电企业的固定资产、厂房、原材料等进行免税，对风电销售所得免征增值税。集生产、销售、商贸于一身的企业，可以同时享受多项税收优惠，并可以同时享受国家财政补贴和税收返还待遇。另外，对于西部民族地区风能发电企业，可以参照东北老工业基地增值税改革办法，进行增值税优惠申请，通过国家或地方行政审批，可获得最大限度的政策扶持。

（2）建安税税收优惠。风能发电企业在进行期初建筑安装时，地方政府可以给予基础设施、安装调试、场地平整、入网准入等政策优惠，减征或免征土地增值税、城市教育费附加、契税等多项税收。同时符合国家和地方税收优惠的企业，可同时享受多项政策。按照最大限度扶持的原则，税务、市场监督管理局等部门要尽量减少行政审批环节，最大限度提供便利服务。对增加生产线、提高生产能力的风能发电企业，可递延减免未来会计年度的所得税。

（3）所得税税收优惠。除享受国家关于西部大开发企业的企业所得税“三免两减半”政策待遇外，还可以享受地方政府出台的相关地方税收优惠待遇，涉及设备进口的可以免征进口环节的增值税和关税。对于生产经营满五年的企业，根据具体的生产经营状况，结合企业纳税优惠申请给予相应的所得税及其他税收优惠支持。允许计提加速折旧、按递减办法分摊成本，允许税前扣除一定比例的成本费用。

3. 支持风能利用的价格管理政策

财政部门及国家价格管理部门，制定和出台相对宽松的价格管理政策，在市场调节价格的基础上，对个别年度、个别阶段出现的风电价格波动等情况进行逆向调节，最大限度保护风能发电企业和风电使用者的利益，培育和壮大风电企业生产能力。

8.2.3 支持水能综合利用的财政政策

1. 推行水资源节约的价格政策

提高财政补贴标准，鼓励农业灌溉用水、城乡居民用水、人畜饮用水等用水节约。相对于中部、东部地区，西部地区虽然水资源富集，长江、黄河、澜沧江等大江大河发源地及流经区域分布在西部民族地区，但是由于西部地形地势和气候条件的限制，一些水系的水资源难以利用，一些地区甚至出现人畜饮水困难的现象。如内蒙古中西部地区、甘肃中北部地区、宁夏西部地区，缺水严重。水资源布局不合理、分布不均，局部地区水资源匮乏现象严重，制约了地区经济发展。国家和西部民族地区应根据水资源分布现状，一方面鼓励节约水资源，加大财政支出用于缺水地区汲水政策补助；另一方面鼓励使用节水设备，加大公共饮水工程建设投入，建设一批关涉饮用水安全的“母亲水窖工程”以及引黄入渠道工程，改善西部民族地区人畜饮用水状况。对于生产和使用节水设备的企业或个人给予相应的设备购置补贴，加大财政资金用于基本农田水利工程投入。

2. 支持兴建水利设施

（1）财政加大投资用于大江大河治理。新时期，西部民族地区要制定和出台财政投资政策，逐年加大财政投资规模，用于地区或区域性的大江大河治理工程，提高防洪抗旱能力。财政投资方式可以采取发行建设国债、债转贷、财政基础设施投资、专项转移支付资金等形式，加大对大江大河治理力度。

（2）支持兴建水利工程。通过政府投资、发行国债、推行积极财政政策加大财政直接投资比例、吸引民间资本等形式，鼓励和支持私人资本、民间投资参与水库、航运河道、港口码头等建设。同时，可以通过税收减免等形式对从事江河湖泊综合治理、防洪除涝、灌溉、供水、水资源保护、水力发电、水土保持、河道疏浚、河海堤防建设等开发水利、防治水害的水利企业给予优惠支持。

（3）财政增加补贴支持水利企业发展。对从事水利公共事业的企业和部门，财政通过增加补贴标准和扩大补贴范围等形式，加大对水利企业扶持力度。

3. 设立水资源发展基金

在现有的政府性水利基金设置的基础上，政府通过划拨一定的财政资金，以参股等方式引导资本参与水利发展基金建设，通过水利发展基金解决公共水利事业融资困难的问题。采取多元化的投融资渠道，支持新办从事防洪除涝、灌溉、供水、水资源保护、水力发电、江河湖泊综合治理、水土保持、河海堤防建设等防治水害、开发水利企业发展。完善水利发展基金组织、机构、运营模式，加强监管，提高基金保值增值，增强基金的投资和融资功效，为专项解决水利事业和公共水利发展问题的企业提供资金保障。

8.2.4 提高能源综合利用效率的财政政策

实施西部大开发战略以来，西部民族地区基础设施建设取得显著成绩，一些大型重点工程基本建成。西气东输工程、西电东送工程等重点能源补给工程陆续建成；稀土、钢、铜、锂、镍、铅锌等有色金属矿开发进程加快。

新时期，中央和地方以“一带一路”建设为引领，制定和出台相关能源和资源开发政策，通过财政支出导向，支持地方政府合理、有序、高效进行矿产资源开发，加大采煤沉陷区生态治理力度，防止过度开发，通过开征能源税、资源税、生态税等新税种，调节资源开采、资源保护和地方财政平衡的矛盾问题，提高矿产资源的开发使用效率。一是通过财政政策引导，大力发展太阳能、风能、热能、煤液化油等产业发展，提高新能源对经济增长的贡献率；二是加大废渣、废气、废水“三废”的处理和回收，通过财政补贴和生态税收促进水资源回收利用；三是通过财政补贴政策，引导油电混合汽车、节能汽车等新能源汽车的使用，鼓励和支持生物质能产业和行业的发展；四是继续加快西电东送、南水北调、西气东输工程建设进度，加强境外能源补给，提高国内能源安全保障；五是加快财政补贴力度，支持和引导对牧草资源、林木资源、水资源、光电资源建设投资，鼓励使用可再生资源，限制化石类资源的使用，切实改善生态环境，降低经济运行成本。

8.3 促进绿色经济发展的财政政策

8.3.1 绿色发展的模式

1. 绿色经济产生背景

2012 年在巴西里约热内卢召开的联合国可持续发展大会（“里约+20”峰会）首次探讨了“绿色经济”的概念，强调以可持续发展为核心的绿色经济应该能够实现生态系统建设、提升社会包容性以及经济增长协同发展。绿色经济在传统经济的基础上纳入环境、社会福利等因素，从而更能反映一国或一个地区真实的经济状况，在经济社会发展史上具有标志性意义。此后，国际社会开始广泛关注“绿色经济”，并且各个国家根据自身的实际情况推出“绿色新政”，探索绿色经济增长模式。但是国际上对绿色经济增长内涵以及测量指标尚未形成统一认识。

2.“绿色经济”概念的界定

世界经合组织（2011）强调在促进经济增长与发展的同时，确保自然资产能够不断提供人类福祉不可或缺的资源以及保持良好的生态环境。联合国可持续发展委员会（2012）强调加强自然资源的管理，促进经济增长的同时，提高资源使用效率，降低污染排放。联合国环境规划署（2011）强调最大限度降低对生态环境系统的破坏，不断提高人类福祉和社会公平的经济。世界经济合作与发展组织（2011）、联合国可持续发展委员会（2012）都强调绿色经济增长应该包括资源可持续利用、环境保护以及经济增长三方面。因此，这三方面也是衡量绿色经济的主要指标。联合国环境规划署（2011，2012）强调绿色经济增长不但包括环境、能源以及经济三个方面，还应加入社会公正和人民幸福感等方面的内容，其内涵更丰富。国内很多学者对绿色经济增长有着不同的看法。彭红斌（2012）将绿色经济增长定义为：能够实现环境、社会与经济协调发展的一种健康、科学的经济增长方式。张旭等（2016）将绿色经济增长定义为：旨在通过制度安排及技术创新实现消费与生产模式变革，进而实现环境友好、资源节约及社会包容与和谐的经济增长。高明等（2018）将绿色经济增长定义为：存在于生态环境容量及资源承载力以内的约束性经济增长方式。卢阳（2019）将绿色经济增长定义为：在保持经济平稳发展的基础上，积极开展节能减排战略规划及实施资源节约、产业转型等，全力打造环境友好型生产消费模式，推动可持续发展。

本书在中外学者研究的基础上，将绿色经济增长界定为：是以生态环境容量和资源承载力为基础，在经济发展过程中提高资源使用效率，降低污染排放，提高经济产出率，实现经济与环境协调发展的一种经济增长方式。其本质上就是提高绿色全要素生产率。①

① 孙玉阳. 环境规制对“绿色经济”增长影响研究[D]. 沈阳：辽宁大学，2020. 18.

8.3.2　绿色经济发展的测度指标

绿色经济作为一种同时实现经济增长、资源节约、环境保护三重均衡的经济形态，通过3个对应的一级指标（经济增长指标、资源节约指标、环境保护指标）以及6个二级指标测度一国或一地区的绿色经济发展水平。

二级指标的设定应坚持两个标准：一是使用存量而非流量或速度指标，即某个特定考察期对应的时点上的存量状态；二是尽量用平均而非总量指标，以便尽可能消除各地区自然外生因素对绿色经济发展水平的影响。具体而言，用二级指标人均GDP表示经济增长指标；用二级指标单位GDP能耗（万元GDP能耗）表示资源节约指标；环境保护指标用人均废水、废气排放量表示，包括 4 个二级指标，分别为人均废水排放量、人均二氧化硫排放量、人均氮氧化物排放量、人均烟（粉）尘排放量。为简化分析，可把“环境保护指标”所包含的 4 个二级指标合并为一个概念范畴更大的二级指标“人均废水废气排放量”。①

8.3.3　支持绿色经济发展的财政政策

1. 支持绿色经济企业的财税政策

（1）加大财政投入力度。国家或地方应加大财政补贴力度，支持企业采用绿色、低碳、环保材料和可再生资源进行生产，支持企业进行绿色的产品设计、销售以及推广，鼓励企业进行清洁生产，拒绝采用高投入、高耗能、高污染的生产模式，促进企业生产与环境保护、节约成本相结合。

（2）加大税收优惠倾斜。国家或政府制定和出台税收优惠政策，对企

① 刘西明.“绿色经济”测度指标及发展对策[J]. 宏观经济研究，2013（2）：39.

业购进原材料、存货、固定资产、销售产品等行为给予增值税减免优惠，并对企业给予所得税优惠支持。

2. 支持绿色经济产业园区的财税政策

（1）实施园区税收优惠。财政支持绿色经济产业园区建设，采取建安税、土地增值税、城建税附加等减免形式，鼓励企业入驻产业园区，享受入园税收优惠，入园后可同时享受单独企业园外优惠政策，并适时提高财政补贴标准，支持具有示范带动作用绿色经济企业快速发展。

（2）地方性政策优惠。对产业园区工业用地、用电、用水等给予地方性政策优惠，适当给予税收返还。

3. 引导绿色消费的财税政策

（1）实施税收减免政策。国家通过调整税收优惠幅度和税率、税基扩展等形式扩大和引导社会消费，对汽车、家电、建筑、交通等领域采用绿色环保材料的给予税收减免，对使用绿色环保经济产品的给予降低税率、提高抵扣标准的优惠支持。

（2）增加财政补贴。通过财政补贴的形式，支持和鼓励绿色消费，继续免征新能源汽车购置税，对家电下乡产品给予财政补贴。

8.4 促进民族特色旅游业发展的财政政策

8.4.1 鼓励民族特色旅游业发展的财政政策

1. 加大财政投入

由政府组织牵头，民间资本参与，加大地方财政投入力度，加强民族特色旅游基础设施建设，努力打造西部民族地区民族特色旅游。其中，财政支持开放蒙古族文化、藏族文化、维吾尔族文化、西夏文化、突厥文化等民族特色旅游产品，并积极打造成旅游精品，进而发展成为旅游产业集群。通过打造民族特色旅游精品、产业集群形成优势明显的地区主导产业，提高对地区经济增长的贡献率和拉动作用。

2. 加强政府主导

地方政府规划设计和开发民族特色旅游。在旅游产品开发初期，政府发挥主导作用，加大财政投入，开发民族特色旅游，形成民族特色旅游体系，并发挥辐射、示范、带动作用，提高地区旅游产业产值在GDP中的比例，提高经济发展的效益。

8.4.2 支持人文旅游发展的财政政策

1. 增加旅游技术设施投入

加大旅游基础设施建设的投资规模，改善旅游产业发展状况。通过财政投资引导，在西部民族地区构建黄河文化、丝路文化、昆仑文化、巴蜀文化、东巴文化、青铜文化、南诏文化、岩窟文化等文化旅游产业体系，开发多系列的旅游产品体系，形成规模效应和品牌效应。

2. 扩大国债投资

发行地方建设国债，明确国债建设用途，主要用于公路、民航、铁路、高铁、水路等旅游开发的基础设施建设，改善交通状况，提高地区要素资源流动速度，改善西部民族地区投资环境。

8.4.3 促进生态旅游发展的财政政策

1. 增加财政投资规模

实施积极的财政政策，加大财政投资，鼓励政府开发生态旅游产品，主要包括赛马、观鸟、滑沙、森林、冰川、高山、峡谷、戈壁、沙漠等自然景观旅游产品，构建旅游产品体系，加强基础设施建设投入。

2. 加大转移支付投入

通过财政转移支付资金，加强生态旅游基地建设，开发包括江河源探险、沙漠探险、高原探险、丝路探险、黄河漂流等旅游景观的生态旅游基地，采取多渠道的投融资方式，加大生态旅游产品开发力度。

8.4.4 促进产品—基地—网络一体化旅游发展的财税政策

1. 支持主体功能区建设

国家加大财政投资力度，通过转移支付和财政拨款等形式，推进主体功能区建设，把西部生态保护放在优先发展的位置，通过财力均衡，实现对生态保护区建设的推动和引导，在主体功能区划分的基础上，建设一批生态环境和条件较好的生态保护区、生态恢复治理区，提高西部民族地区环境发展水平。

2. 支持旅游基地建设

加大国家财政投入，支持旅游基地建设。一方面，通过地区政府加大财政投入，建设具有本区域特色的人文景观旅游基地、民族特色旅游基地、自然生态旅游基地。旅游开发耗资巨大，需要国家支持、地方努力和民间资本参与等协调配合，多渠道融通资金，解决旅游产业基础设施建设资金问题。另一方面，国家牵头，分别与地方政府签署合作协议，通过财政注资进行旅游产品开发。

3. 打造地区旅游精品

通过横向转移支付和纵向转移支付的形式，推进西部12个省（自治区、直辖市）旅游产业一体化建设，集中优势资源、统一规划，制定旅游一体化发展战略，集中打造品牌带动、产业互动、一体化发展的西部民族地区旅游产业精品。

8.5 促进外贸产业发展的财政政策

改革开放以来，我国西部民族地区外贸取得了显著成就，但也存在诸多问题。外贸发展多表现为数量扩张，质量效益不高。企业加工制造能力强，但自主创新和市场营销能力弱，出口产品的质量、附加值、结构与贸易强国还有很大差距。新时期，西部民族地区以“一带一路”建设为契机，进入加快转型、调整结构、跨越发展的关键阶段，进一步加快外贸产业发展，扩大外需推动地区经济增长。中国西部民族地区加快外贸产业发展，需要提高企业国际竞争能力，更加注重从国际分工的低端向中高端转变；提高出口商品国际竞争能力，更加注重从量的扩张向质的提升转变；提高参与国际贸易规则制定能力，更加注重从接受既定规则向主动参与制定规则转变；提高国际定价和议价能力，更加注重从价格接受者向价格制定者转变。进一步优化产品结构，稳定传统优势产品，培育新兴战略性产品；优化市场结构，巩固传统市场，开拓新兴市场，培育周边市场。[①]

8.5.1 提高外贸出口产品质量的财政政策

现阶段，促进西部民族地区外贸发展由注重数量扩张向规模与质量效益发展转变，提高出口企业自主创新和市场竞争力，需要地方政府的支持和引导。在西部民族地区外贸产业振兴战略中，地方政府应制定和出台对

① 刘宇飞. 当代西方财政学[M]. 北京：北京大学出版社，2000.

外贸易长远发展规划，通过出口退税、税收饶让、协定关税、关税减免等多种渠道，支持和鼓励本地民族企业发展，在推行新型工业化、城镇化、信息化的同时实施外贸导向战略，提高经济对外开放度，加快推进经济发展方式转型。

1. 提高传统优势特色产品附加值

鼓励企业自主创新，稳定优势商品出口扶持政策，提高传统优势产品的科技附加值，培育一批传统产品出口品牌。增强品牌和产权保护意识，提高传统商品的品牌竞争力，加强富于民族特色、地区特色、时代特色出口商品开发。

2. 提高高新技术商品自主创新能力

加大财政投入力度，支持自主品牌和自主知识产权出口商品研发，鼓励境外商标注册，不断提高本地企业自主知识产权、自主品牌产品的出口比重，提高产品国际市场竞争力。

3. 加快加工贸易转型升级

推动加工贸易向产品设计、技术研发、器件制造等中高端方向升级，从劳动密集型、资源密集型向技术密集型、资源节约型转变。延长加工贸易的产业链条，扩大加工贸易产业的本地化生产能力，提高加工贸易产值。

4. 大力发展现代服务贸易

当前，服务贸易已成为各国竞争的焦点和重点，发展服务贸易是推动地区经济发展方式转变的主要推动因素。大力开发旅游、建筑、运输等传统优势服务贸易潜能，提高服务贸易的出口效益，通过制定财税优惠政策，促进金融、保险、通信、商贸、物流和信息服务等新型服务产业出口发展，充分发挥人力资源优势，积极承接国际服务业，大力发展服务外包，培育优势领域国际劳务品牌。

8.5.2 加快外贸产业转型的财政政策

1. 加快培育出口产业集群

坚持区域特色、出口导向的原则，大力推进重点产品出口基地建设，形成一批外贸出口产业基地。加快优势产品出口基地建设，培育一批自主创新能力强、品牌产品竞争力强的基地企业。

2. 加快民营企业发展

通过产业、市场和技术合作，提升民营企业竞争力，鼓励融入跨国公司产业链。加大财政对民营企业资金扶持，鼓励有条件的民营企业境外建立营销网络，发展境外直销模式，掌握营销主动权。

3. 改造提升传统产业

引导企业向优质化、集约化、规模化发展，提高行业和企业集中度，推动行业内部资源整合，鼓励企业优势重组，发展一批具有自主品牌、自主创新能力、大而强的行业龙头企业。

4. 优化企业发展结构

提高服务外贸企业的经营管理水平和意识，促进外贸企业出口，推动大小企业联合发展，发挥大小企业的出口联动作用，积极开拓国际市场。加大财政对中小外贸企业的扶持力度，鼓励企业做大做强。

8.5.3 提高出口产品市场竞争力的财政政策

1. 制定市场拓展战略

根据国际市场特点，制定出口促进政策和反倾销政策，加大出口退税力度，调整和优化出口退税结构，不断扩大鞋帽、纺织、服装、箱包等传统商品的出口，提高市场认同度，巩固市场份额。扩大工程机械、电子信息、家电设备等高新技术产品的出口，提升传统产品质量。

2. 推进电子商务平台建设

国家制定出台产业扶持政策，加大中央财力投入，建设电子商务平台，加快推进国际电子商务平台功能拓展建设进程，打造成全流程的电子商务平台，降低外贸进出口企业贸易成本，促进贸易便利化。

第9章　提高西部民族地区要素资源配置效率的财政政策

9.1　完善西部民族地区资本积累的财政政策

资金短缺是世界各个发展中国家和欠发达地区经济发展面临的共同问题，有效资本不足、资本积累率低、资本形成难的问题影响和制约着中国西部民族地区经济发展。西部民族地区生产力布局结构不合理，资金使用效益低，低收入群体和贫困人口较多，资金配置效率不高，资金短缺问题十分突出。2000年以来，国家为支持西部大开发投入了巨大的资金，[①]对西部民族地区经济增长起到了积极的促进作用，但政府财力投入有限，无法满足地区经济增长对资本积累的需求。新时期增加西部民族地区资本积累，促进经济增长，需进行一系列的改革和完善。

9.1.1　构建完备的金融市场体系

1. 实施差别化的货币政策

国家在西部民族地区应实施差别化的货币政策，对西部民族地区进行政策倾斜，以积极配合财政政策的实施，巩固扩张性财政政策效果。一是实行灵活的利率政策。西部民族地区的利率政策应该区别于中部、东部地

① 陈新. 促进西部地区高新技术产业发展的税收政策导向[J]. 学术探索，2004（4）：42-44.

区，各地区经济市场结构、地区居民收入、经济现代化水平均不相同，经济释放的资本动力和需求水平也不一样，需要对西部民族地区实施差别化的倾斜利率政策。二是实行差别性存款预备金政策，改善西部资金东流和现金漏损率高的状况，以调节东西部地区资金不平衡。三是放宽民间贷款管制。西部民族地区经济发展水平低，产业发展基础薄弱，企业融资渠道有限，金融市场开放程度较低，需要根据地区情况放宽私人贷款限制，在风险可控范围内，适当提高放宽额度。四是加大信贷政策支持力度。国家引导中东部地区商业银行业务流向，促进资金向西部地区流动。允许中小微型企业在政策范围内，减少审批手续，短时间获得企业生产经营的贷款。

2. 健全地区金融管理体制

新时期，加快深化西部民族地区金融体制改革，不断完善金融机构治理机制。一是健全金融监管机制，加强对金融机构的风险监管，保证金融的稳健运行；二是完善法人治理结构，推进金融管理体制改革，完善内部责任制度、内部审计制度、风险控制制度和其他各项治理制度；三是提高金融机构经营治理水平，健全金融治理机制与风险控制体系，完善银行支付结算制度。中央银行应加强对西部民族地区产业金融政策进行风险预判和有效监管，以保证产业金融政策的实施。

3. 建立完善的金融市场机制

建立健全西部民族地区金融市场组织体系，鼓励西部金融组织创新，建立多元化金融组织体系。一是积极引进国有商业银行、股份制商业银行及外资银行入驻西部，或在西部民族地区增设分支机构；二是实行差别化的金融机构设置政策，降低西部民族地区金融机构和组织入驻条件限制，降低区域性商业银行、非银行金融机构入驻标准，大力促进西部各类金融机构的发展；三是设立高新技术产业投资基金、西部开发投资基金、西部企业创新基金等，支持和引导私人资本、民间资本更多投向西部民族地区，促使地区经济发展和中小企业发展壮大；四是适时组建西部开发银行、西部投资银行等政策性金融机构，增加西部民族地区开发贷款规模；五是强化对西部民族地区中小金融机构的规范治理，加强中小金融机构对西部经济发展的支持与服务。

9.1.2 盘活有效资本存量

1. 盘活国有资本存量

经过多年的发展，我国西部民族地区建立了完备的工业发展体系，形成了巨大的资本积累，扩大了地区经济增长的规模，形成一批实力雄厚、发展基础较好、效益较高的大中型国有企业。据统计，2018年，西部12个省（自治区、直辖市）共建成8310家大中型工业企业（见表9-1），企业资产总计158991亿元，比2008年分别增长了0.53倍和1.93倍，并辐射形成了一大批专业化程度高、辐射能力强的企业发展集群和重要增长极。大中型工业企业蓄积了巨大的资本存量，成为西部民族地区资金来源的蓄水池。当前，西部民族地区国有企业改革进展缓慢，适应市场竞争的能力较差。因此，应在西部民族地区推行现代企业制度，支持和鼓励企业进行组织结构转换和调整，让大中型工业企业成为市场交易主体。同时，加强对中小微企业的监督管理，提高中小企业的资本周转速度，提高社会企业整体的资本规模。

2. 盘活新兴企业资本存量

据统计，2008—2018年，西部民族地区培育和形成了一大批实力雄厚、发展强劲的新兴企业，这些企业已成为西部开发的资本“蓄水池”。在

表 9–1　2008 年、2018 年我国西部民族地区大中型企业主要经济指标

地区	大中型工业企业单位数（家）		大中型工业企业流动资产合计（亿元）		大中型工业企业存货（亿元）		大中型工业企业产成品（亿元）		大中型工业企业资产总计（亿元）		大中型工业企业利润总额（亿元）	
	2008年	2018年	2008年	2018年	2008年	2018年	2008年	2018年	2008年	2018年	2008年	2018年
西部	5425	8310	21100.43	61958.5	6161.74	13386.7	1904.83	4235.2	54296.1	158991	3585.72	8454
内蒙古	521	573	2380.81	7617.5	615.94	1217.4	208.92	450.1	6610.79	21963	537.4	1165.8
广西	606	1418	1589.18	5771.2	537.61	1353.5	221.94	548.3	3766.82	11943.3	142.69	821.8
重庆	633	1282	1834.3	6252.1	497.3	1215	186.88	480.6	4027.33	12825.4	206.05	656.8
四川	1423	2090	4556.76	13099.3	1364.43	2613.3	372.08	879.4	10881.79	28596.4	483.25	1757.1
贵州	356	546	1269.65	4564.6	382.71	981	121.91	184.6	3674.22	10183.4	146.13	679
云南	551	578	2199.15	4819	737.65	1813.6	158.84	296.8	5390.38	13851.9	230.8	613.9
西藏	10	15	31.45	205.5	3.45	13.5	0.99	3.5	135.4	922.7	1.08	–1.1
陕西	560	872	3308.6	8804.9	826.92	1621	286.98	634.4	8219.94	24575.9	857.11	1811.9
甘肃	283	251	1463.41	3062.1	554.05	993.8	141.83	315.2	3653.27	8571.5	73.59	225.1
青海	78	110	478.65	1319.1	110.65	245.7	17.96	74.6	1721.68	4601.8	148.47	28.6
宁夏	131	167	556.18	2084.5	173.05	482.9	77.71	121	1618.42	6652.2	28.12	102.1
新疆	273	408	1432.29	4358.7	357.98	836	108.79	246.7	4596.06	14303.5	731.03	593

资料来源：《中国统计年鉴（2019年）》。

“一带一路”建设规划的推动下，西部民族地区作为丝绸之路经济带、长江经济带建设交会点，四川以及周边西部省份经济不断发展，上市公司数量不断增多、质量不断提高。截至2019年，西部12个省（自治区、直辖市）的上市公司总数达到470家。其中，四川最多，深沪总计120家，其次依次为新疆54家、重庆49家、陕西47家、广西37家、云南33家、甘肃33家、贵州29家、内蒙古26家、西藏17家、宁夏13家、青海12家。

3. 优化企业营商环境

在《西部大开发“十三五”规划》中，国家发改委支持西部民族地区以优化营商环境为抓手，加快地区经济社会发展。为深入了解西部民族地区营商环境现状，在两批营商环境试评价工作中，选取了成都、兰州、贵阳、延安等西部民族地区城市参评，根据相关试评价结果，查找西部民族地区企业办事创业的难点堵点，推动出台更有针对性的营商环境改革举措。当前，一些大型跨国公司在西部实施长期性战略投资，从事西部重化工原料开发；结合营商环境评价工作，积极推动西部地区着力解决优化营商环境面临的困难和问题，加大西部民族地区普惠金融力度，对信用体系建设、降低物流成本、优化政务服务等相关工作推进给予必要支持，推动西部民族地区经济快速发展。

9.1.3 积极培育西部资本市场

1. 支持西部产业科技创新协同发展

新时期，积极推进西部民族地区融入“一带一路”建设，坚定不移走科技创新和绿色发展之路，坚定不移走协同创新和共同发展之路。继续深入推进西部大开发战略，制定有利于西部开发的产业政策，促进地区经济发展。这些产业金融政策包括：一是大力支持资源开发项目。由于资源开发需大量投资，对于外资进入可适当给予优惠，刺激其进入西部。二是优先支持基础设施建设。通过采用多元化的投资方式招商引资，加快西部民族地区基础设施建设。三是大力发展高新技术产业。根据西部民族地区产业发展规划，重点发展高新技术产业，引导西部经济可持续发展。四是加快西部民族地区经济发展方式转变，积极进行调整和优化，立足于自身资源、区域、要素、技术优势，建立具有发展前景的优势企业，加强能源、交通、环保、通信、水利建设，切实改善西部民族地区生态环境。

2. 营造西部产业发展营商环境

一是建立和完善西部民族地区金融、保险、物流等生产性服务体系，为区外资本流入营造良好的投资环境；二是简化行政审批程序，建设服务型政府，定期为企业做咨询和服务；三是改善金融机构的服务水平，提升金融服务形象，从根本上提升现代服务水平；四是规范金融机构和金融市场运行，建立健康、公正、高效的社会信用体系；五是改革和完善地方市场体制机制，完善市场结构，理顺市场机制、竞争机制和价格机制。

3. 构建完善的资本市场

西部资本市场的培育与完善决定了西部投融资的发展。多层次、开放性的金融市场是西部资本市场发展的必然趋向。一是大力发展直接融资。在符合上市条件下，优先支持西部企业上市融资，加大西部地区资本市场筹资规模，提高西部上市公司数量在全国上市公司总数中的比重。二是完善市场。在经济金融基础较好的城市建立上海证券交易所与深圳证券交易所异地交易中心，建立规范的场外交易市场，在西部一些中心城市设立创业板市场，支持西部高新技术产业的发展，推动西部产业转型升级。三是成立西部投资银行，推动资本市场发展。发展西部资本市场，注重培育西部券商通过兼并重组等方式扩大券商规模。[①] 四是设立西部开发基金。为保证开发基金运作效率，采取契约形式，由政府出资或牵头组织民间金融机构共同出资建立基金治理公司，进行专项治理。

9.1.4 提高储蓄—投资转化率

一是采取多种措施，增加西部民族地区农牧民收入，增加农牧民年人均可支配收入，提高农牧民生活水平；二是增加预期管理，通过扩大内需、调整工资、项目管理等形式，提高社会居民对经济增长的乐观预期，降低居民的边际储蓄倾向，提高居民的投资倾向；三是提高财政支出规模，加大财政对中小微企业的支持，通过财政补贴、财政贴息贷款、信用担保等形式支持中小微企业发展。

9.2 优化西部民族地区需求结构的财政政策

9.2.1 扩大西部民族地区内部需求的财政政策

1. 提高农民收入补贴标准

（1）增加财政补贴投入。国家和地方政府制定出台农牧民收入促进计划，通过提高退耕还林还草补贴、农机具购置补贴、种粮补贴等农业补贴标准，提高农村低保补助标准、农村优抚标准、产量大县补贴，加大农村扶贫开发力度，提高农村合作医疗报销比例，提高生态林和公益林补贴标准等，提高农民可支配收入。

---

① 王迎春. 西部少数民族地区经济快速发展的财税政策选择[J]. 税务与经济，2004（2）：41-42.

（2）保障低收入群体收入水平。严格规定最低工资标准和小时最低工资标准，切实保护农民工合法权益，完善农民工工资收入保障机制，提高农民工的非农收入水平。

2. 提高城镇居民可支配收入

（1）完善收入分配制度。建立和完善行政事业单位工资动态增长机制，使工资增长与国民经济增长同步，提高和改进城市居民收入水平。

（2）规范津贴补贴制度。加快收入分配体制改革，推进规范津贴补贴制度、事业单位工资改革、绩效工资制度、稿酬薪酬改革制度进程，提高工薪阶层收入水平。

（3）完善所得税制度。巩固和调整新个人所得税法，坚持调节过高收入、巩固扩大中等收入、提高低等收入的原则，合理设计和调整个人所得税分类综合计征办法和标准、公平收入分配标准，建立健康、公平、合理的收入分配新格局，加强城镇居民消费预期管理。

3. 促进城乡消费的财政政策

（1）培育农村消费热点。巩固家电下乡、汽车下乡优惠补偿机制，增加家电、企业、摩托车等产业农村销售规模。培育和扩大农村市场机制，推进农村“万村千乡工程”，加快农村市场发育进程。提高农副产品、有机农产品、特色农产品质量，促进农产品对内、对外销售规模，提高农民收益。

（2）引导合理消费。培育城镇消费热点，支持城镇居民信用贷款，鼓励汽车、家电等信贷消费，扩大信贷消费规模。增加城镇行政事业单位职工、企业职工消费预期，提高消费层级，改进消费观念，调整城镇消费结构，加强消费对经济增长的促进作用。

9.2.2 调整优化消费结构的财政政策

1. 鼓励和支持文化消费

现阶段，工业化、城镇化、信息化进程加快，社会消费规模逐年扩大，以内需促增长的模式催生了消费规模的不断攀升，但是居民消费理念和消费结构有待改进。一是传统消费规模中居民的食品消费比例过高，非食品消费比例较低。降低居民消费的恩格尔系数，改变传统的消费结构，有利于培育新的消费热点，提高消费质量，提升消费层级。二是鼓励和引导文化消费，扩大文化消费在消费总量中的比例，通过文化消费促进文化产业发展，提高文化产值在国民经济中的比例，推动经济发展方式加快转型。

2. 调节非再生资源品消费

（1）加强政策引导。受社会历史阶段、消费理念等因素的影响，国家和地方政府应进行消费理念引导，加大宣传力度，鼓励和引导绿色消费，降低高碳产品消费比例，拒绝生产和使用一次性卫生筷、塑料袋、餐盒等耗费资源和污染环境的产品，引导社会居民文明消费、绿色消费，提高消费的可持续性，从消费角度最大限度降低能源资源消耗、环境污染和对生态的破坏程度，改变全社会消费理念和消费结构。

（2）完善消费税收政策。国家和地方政府制定和出台针对性较强的消费税收政策，限制和禁止对不可再生资源及稀缺、珍贵资源的粗放消费，对从事生产和使用能耗较高的不可再生资源品从重、从高征收资源税和消费调节税，发挥税收的逆向调节作用。鼓励对可再生资源、绿色经济产品的使用，对某些绿色比例较大的大宗商品减征或免征消费税，引导社会消费结构调整。

3. 引导和规范消费行为

国家和地方政府制定餐饮业消费管理办法，通过征收资源浪费调节税等办法，对餐饮消费过程中出现的消费浪费、非理性浪费行为征收重税，最大限度规避浪费和降低资源浪费规模。规范消费行为，引导社会摒弃盲目攀比等非理性的消费理念和行为，对浪费行为从重征收调节税，逆向调节社会生产和供给，加快推进经济发展方式转变的进程。

9.2.3 提高经济开放度的财政政策

依托"一带一路"建设，进一步发挥劳动力资源、土地资源、特色矿产资源的比较优势，更好地参与对内、对外开放，以扩大开放促进西部民族地区实现又好又快发展，提高西部民族地区参与国际国内市场竞争的能力。

1. 促进东中西区域协调互动

建立横向的财政转移支付制度，建立完善中部、东部地区对口支援西部地区机制，创新对口帮扶机制，提升对口帮扶的质量、层次和深度，加强对西部民族地区、老少边穷地区、革命老区、偏远边疆地区、贫困地区的帮扶，完善财力补充机制。以市场为导向，引导中东部地区生产要素向西部民族地区流动，以多种方式参与西部民族地区优势产业发展、国有企业改组改制和特色优势产业基地建设。优化和调整劳动力、生产力布局结构，解决劳动力和就业岗位之间存在的严重不对称状况，提高市场对劳动力资源配置的效率，促进区域经济协调发展。调整国家产业布局战略，着重调整和优化工业生产能力、产业集群在中、东、西部地区之间的布局结构，均衡就业机会在地区间的分配比例，推进工业化和城市化进程，实现就业岗位与劳动力分布的协调和匹配，促进经济发展与资源、环境承载能力相适应，促进人与自然和谐发展。出台财税优惠政策鼓励沿海地区加快产业升级西向转移，鼓励企业到中西部地区投资和参与基础设施建设，给予企业更多投资优惠。如土地出让金即征即退、增加财政贴息、加大税收调节力度等，积极引导沿海地区产业西移。鼓励西部民族地区改善投资发展环境和招商引资环境，承接东部地区产业转移，引导东部地区企业到西部投资兴业，形成区域均衡、共同发展的格局。

2. 构筑国际区域经济合作平台

区域间的横向联合，其根本动因在于区域间生产要素的差异以及比较优势的存在。区域经济的横向联合，有利于突破生产力要素流动障碍。在条块分割的体制下，区域内企业难以突破区域资金、技术、劳动力等因素制约，导致区际生产要素优化组合程度低。因此，国家和地方政府制定和出台价格疏导政策，打破地区垄断、行业垄断和行政垄断等限制，引导要素资源在市场机制下进行资源最优配置。西部民族地区各地政府应鼓励和支持区域内外地企业按市场原则进行产业并购，提高产业资源优化效率，提高产业生产竞争力。打破市场分割、地区封锁，综合运用财政、税收、信贷、价格、计划、物资、外贸等多种措施，促进产业、企业横向经济联合。鼓励和支持东部发达地区通过技术转让、产业转移、联合联营、合作参股等形式，定点帮扶和带动西部民族地区经济发展，实现资源要素优势互补。

3. 提高承接产业转移的能力

新时期，发挥西部民族地区产业、资源、劳动力等比较优势，提高地区承接国际国内产业转移能力。大力引进国外技术、资金和人才，鼓励和支持外商参与基础设施建设和生态环境保护，重点发展西部民族地区金融、旅游、物流、商贸等现代服务产业和高新技术产业，提高资源节约和综合利用水平，加快环保产业、特色农业发展，鼓励跨国公司在有条件的城市设立地区总部、分支机构、研发中心、培训中心、采购中心。同步推进优化产业结构、提升技术水平和扩大对外贸易，扶持区域企业参与东南亚、东亚、中亚、东北亚地区的双边、多边贸易合作，探索边境地区开发和对外开放的新模式。支持西部民族地区参与上海合作组织、中国—东盟自由贸易区、东盟—湄公河流域开发等区域合作，深度参与泛北部湾经济合作，加快“西南大通道”“亚欧大陆桥”建设，以重点边境口岸为契机，推进跨境基础设施和物流体系建设。[①]

9.3　完善西部民族地区人力资本积累的财政政策

9.3.1　增加人力资本积累的财政政策

1. 加大农村人力资本投入

国家和地方政府通过制定财税优惠措施，加大财政转移支付力度，尤其是向西部民族地区、贫困地区进行财力倾斜，帮助西部民族地区提高农村医疗保障制度质量。通过增加转移支付的办法，适当提高西部农村最低生活补助标准，提高困难群体生活水平。巩固财政教育投入占财政支出比例，逐年增加中央财政对西部农村义务教育的投入，完善寄宿制和“两免一补”政策，增加财政对西部民族地区公共教育转移支付规模。通过中央和地方共同协作，增加财政支出用于农村公共事业投入比重，加快推进西部民族地区农村公共事业建设进程，在西部农村地区建设一批文体中心和图书馆。

①《国务院关于中西部地区承接产业转移的指导意见》（国发〔2010〕28号）。

2. 增加城镇人力资本投入

要着力解决西部民族地区城镇失业率较高的问题。政府通过增加失业救济补助，提高对就业困难群体的保障水平。加大财政补贴标准，提高城镇最低生活保障群体收入，保障城镇低收入群体生活水平。加大财政投入力度，通过调整和增加财政预算的形式，解决城市低收入群体住房困难问题，扩大保障性住房规模，增加城镇低收入群体住房保障供给。加大财政补助标准，深化城镇医疗卫生保障水平，推进医药分离，管办分离，提高城镇居民基本医疗保障水平。

9.3.2 优化人力资本结构的财政政策

1. 大力加强职业培训，培养创新精神和创业素质

现阶段，人力资本构成状况与经济发展阶段不相适应，导致结构性失业规模较大。增加就业，减少失业，提高人力资本利用率，是摆在当前的重要问题，既关涉国家长治久安和社会稳定，也影响中西部地区的持续、健康发展。近年来，国家制定和出台了一系列促进就业的措施，其中重要的一条是加大职业培训力度，提高劳动者职业技能、职业素质和就业能力。未来十年或更长一段时间，中央和地方政府继续在西部民族地区实施就业扩大政策。增加财政支出用于在岗培训、下岗再就业人员培训、复转退伍军人培训、失业人员培训以及大学生岗前培训等，提高劳动者就业本领，提高就业技能，鼓励创新创业。地方政府通过出台相关税收优惠，鼓励中小企业和用人单位吸收下岗人员、残疾人、低收入群体就业，增加社会弱势群体就业规模，给予用人单位所得税、营业税等方面的减免。

2. 留住和引进高素质人才，发挥企业家创新精神

人才是企业创新发展的关键。为了提高技术创新能力，高素质人才的

培养和吸引必不可少。要充分发挥高素质人才的聪明才智，激发其工作热情，提高其创新能力。一是形成较为完善的人才引进、培养和激励机制；二是营造尊重知识、尊重人才的企业氛围；三是要建立有利于技术优化的机制，提高技术创新人才的智力回报。西部民族地区各级政府部门应当利用当前高校就业难的时机，加大人才引进力度。

企业家是企业技术的主要承担者，是企业创新的重要动力。西部民族地区企业处于经济高质量发展转型的历史关键时期，企业家技术创新活力的能动性作用将日趋凸显。

目前，中国西部民族地区经济发展和人才供给现状、西部民族地区人力资本仍相对匮乏，人力资本的科技含量、实用技能较低，满足不了经济高质量发展的需求。国家和地方财政应通过制定和出台一系列的财税政策，通过扩大财政教育投资规模，使财政教育支出增长幅度高于一般性经常收入增长幅度，加大对人才培养的支持力度。

9.3.3 优化人才结构的财政政策

1. 优化人才开发环境

加大财政转移支付力度，支持培育西部民族地区人才市场建设，提高科研院所、高等院校、企业研发中心、科技园区、重大科技攻关项目、科技孵化器的人才集聚能力，推进人才创业平台建设，重点加强对中小企业各类人才的培养，建设一批有竞争实力的人才服务机构。完善艰苦边远地区津贴制度，提高西部民族地区人才的工资待遇，大力解决科研经费和住房问题。

2. 加大人才开发力度

依托科研院所、高等院校、研发单位和大型企业，以重大科研项目为载体，建立一批人才开发和培养基地，积极培养本地区的优秀企业家、管理者和高等级技能人才。适应市场需要，推动国家高技能人才基地建设，培育和壮大高等级技能人才队伍。

3. 加强基层人才队伍建设

加大财政投入，支持人才开发项目建设。增加财政投入和提高财政补贴标准，通过转移支付等多种形式，加快新型农民创业培训工程、人才对口扶贫计划、农村劳动力转移培训阳光工程和农村实用人才培训工程建设，提高农村劳动力转移培训在各类培训中的比重，提高劳动力职业技能。加快西部民族地区教育、文化、科技、卫生公共事业建设和城乡基层社区组织建设，推动专业化人才和社会工作人才队伍建设。

4. 鼓励人才流动

设立西部民族地区人才交流基金，营造良好的人才就业服务环境，筑巢引凤，加大财政投入鼓励东西部优秀人才互动交流。通过加大投入和转移支付等方式，支持人才交流信息平台建设，人才供需双方免费发布人才市场供求信息，通过政策和财力引导，加速人才的西向流动，鼓励各类人才向贫困地区、艰苦边远地区流动。

9.4 促进西部民族地区技术进步和自主创新的财政政策

经济发展、社会进步离不开科技进步，科技进步在社会经济生产中起着关键作用，它是推动经济发展、社会进步、环境改善的重要动力源。

9.4.1 加强区域自主创新能力建设

全面提高区域科技发展能力，坚持注重特色、发挥优势、分类指导、综合协调的原则，促进中央与地方联合开展科技攻关，加强区域科技合作互动，促进区域内科技资源合理配置，提高科技资源利用效率，推进具有地区特色和比较优势的区域创新体系建设。促进跨区域科技创新合作，发挥高等院校、科研机构和国家高新技术产业开发区的科技优势，辐射带动区域科技创新发展，强化区域中心城市对区域创新活动的带动作用。加大财政科技投入力度，整合中央和地方科技资源和科技人才积累，通过中央和地方联动，加强科技成果转化和科技产业化建设，推广先进适用技术，促进地方特色产业、优势行业发展。

9.4.2　培育企业创新主体

鼓励企业和民间资本参与重大科技研发项目建设，支持有条件的企业、企业集团、企业联盟以及高等院校、科研院所增加科技研发投入，对重大专项和极富产业化前景的科技项目给予财政专项支持。建立政企社费用均担、利益共享的联合攻关机制，整合科技资源，鼓励技术创新，激励和引导企业真正成为市场研发主体、技术创新主体和成果应用主体。加大国家财政对科技计划企业从事技术创新的支持，调整和优化国家科技计划攻关机制。建立适应中小型企业创新需要的投融资机制，加大对科技型中小企业的财政扶持力度，推进中小企业技术创新的技术交易、信息供给、产业化服务平台建设。

9.4.3　完善科技中介服务体系

加大财政转移支付和财政补贴力度，支持科技中介机构发展，鼓励和支持各类投资主体参与科技中介服务建设。通过委托、代理等多种方式，促进骨干科技中介机构建设，放大行业协会在推动技术创新中引领功能，发挥企业协会的组织创新作用。充分发挥科研机构、高等院校和各类研发机构的中介服务功能，转变政府职能，加快中介机构发展。

9.4.4 强化科技投入保障机制

中央应加大对西部民族地区科技转移支付力度，通过政策引导、资金支持、项目示范等方式，促进西部民族地区科技进步。优化财政科技投入结构，加强对重点核心技术研发的支持，逐年加大科技经费投入比例，使科技经费增速超过财政一般预算增速。引导地方和行业部门加大科技投入，加强科技基础建设，重点解决关涉西部民族地区经济社会发展的重大科技问题，组织科技联合攻关。建立和完善多元化、多渠道的科技投入机制，创新财政科技投入，综合运用财政拨款、基金、财政贴息、贷款担保等多种方式吸引中东部地区民间资本西向流入，推动资本市场、风投、基金、自主创新体系建设，加大对高新技术产业的投入力度。

9.5 促进西部民族地区基础设施建设的财政政策

2000年实施西部大开发以来，西气东输、西电东送、南水北调、青藏铁路、退耕还林还草、欧亚大陆桥通道建设等一大批重大工程项目落户西部民族地区，大大改善了地区基础设施状况，为地区经济起飞创造了基础条件。在一定程度上说，基础设施条件和投资环境也是一种要素资源，对经济发展起促进作用。

9.5.1 完善综合交通运输网络

构建纵贯南北、联通东西、城乡互达的城乡交通网络体系。加快推进“村村通”和“乡乡通”公路建设工程，建成通达全国的公路干线。继续扩大高速铁路路网覆盖面，推进西北与西南地区通道和边境国际运输通道建设等。调整和优化民用机场布局，新建和扩建一批机场，提高机场密度，促进旅游资源开发，改善边远地区交通和加强国防交通。加强油气干线管网和配套设施规划建设，建成西油东送成品油管道和陆路进口油气管道。

9.5.2　加强城市排污设施建设

以大中城市为中心，加强供热、供水、供气、供电、排污、大气污染防治、垃圾处理建设，加大财政经济建设资金投入比例，支持城市供热、供排水和燃气等市政公用设施地下管网改造工程；加快内蒙古、重庆、成都、西安等城市快速轨道交通、城市道路和公共交通体系建设；加快重点地区供排水、优势能源、矿产资源开采加工、对外通道、环保建设，优先发展城市公共交通。

9.5.3　加快信息基础设施建设

积极推进电子商务、电子政务、远程医疗、远程教育等互联网信息综合应用。加强重点城市数字电视网、5G建设，提高西部农村、边远地区网络覆盖率，建设西部民族地区农村中小学现代远程教育系统。实施“金农”工程，改善边远地区邮政网络设施，建设农业综合信息服务平台，推动城乡市场信息服务体系向基层地区延伸。

9.5.4　改善农村生产生活条件

加大财政补贴力度，鼓励和支持农村沼气、风能、太阳能等清洁能源建设。通过转移支付，加大西部民族地区农村电网改造力度，扩大地区电力覆盖范围。通过设立水利建设基金、水利发展基金等，提高严重缺水地区供水保障水平，优先解决重点地区人畜饮水安全问题。深化预算体制改革，增设新农村建设预算科目，逐年提高新农村建设资金占财政支出比例，加强大中型集体村庄建设。改善住房保障条件。完善分类分级补助标准，加大对农村危房改造补助资金倾斜支持力度。鼓励通过闲置农房置换或长期租赁等方式，解决农村特困群体基本住房安全问题。落实易地扶贫搬迁政策，完善安置区配套基础设施和公共服务设施。

参考文献

[1] 郑长德，罗布江村．中国少数民族地区经济发展方式转变研究[M]. 北京：民族出版社，2010：32-36.

[2] 林跃勤．“增长速度与增长转型：孰轻孰重？”[J]. 江苏社会科学，2006（10）：16-19.

[3] [英]约翰·梅纳德·凯恩斯．就业利息和货币通论[M]. 北京：中国社会科学出版社，2009.

[4] 邓春玲．经济学说史[M]. 第2版．北京：中国人民大学出版社，2017.

[5] 俞可兴，鲁桐．西方国家治理经济滞胀的对策[J]. 世界经济与政策，1994，34（9）：51-53.

[6] 熊彼特．经济发展理论[M]. 北京：商务印书馆，1991.

[7] 中国西部经济发展报告（2011）[M]. 北京：社会科学文献出版社，2011.

[8] 陈安．1994年税制改革以及对中国农村财政结构的影响[J]. 中国乡村研究，2010（1）：119-152.

[9] 符太增．中国西部大开发的财税政策研究[D]. 大连：东北财经大学，2006.

[10] 洪银兴．发展经济学与中国经济发展[M]. 第2版．北京：高等教育出版社，2005.

[11] 马拴友，于红霞．地方税与区域经济增长的实证分析：论西部大开发的税收政策取向[J]. 管理世界，2003（5）：36-43.

[12] 阿斯哈尔·吐尔逊. 对我国少数民族地区财政转移支付制度的再思考[J]. 商场现代化，2006（6X）：187–188.

[13] 安静赜. 西部欠发达地区经济发展方式转变的战略思考：以内蒙古为例[J]. 理论研究，2011（1）：2–5.

[14] 蔡晓明. 市域经济发展的“六个环节”：欠发达地区加快转变经济发展方式的思考[J]. 人民论坛，2010（20）：65–66.

[15] 陈增帅. 以创新推进经济增长方式的转变[J]. 发展，2007（3）：40–41.

[16] 陈云达，郑长德. 中国少数民族地区的经济发展：实证分析与对策研究[M]. 北京：民族出版社，2006.

[17] 胡德期. “十二五”时期支持广西经济发展方式转变的财政政策研究[J]. 经济研究参考，2011（29）：34–40.

[18] 胡正梁，王均文. 加快转变经济发展方式有关问题综述[J]. 山东经济战略研究，2010（3）：9–16.

[19] 靳文志. 加快转变经济发展方式必须解决的三个关键问题[J]. 天津行政学院学报，2009（5）：76–80.

[20] 李抒望. 努力提高转变经济发展方式的能力：学习十七届五中全会《建议》[J]. 江南论坛，2010（11）：4–6.

[21] 方竹正. 转变经济发展方式规律初探[J]. 理论前沿，2009（8）：26–27.

[22] 郭广迪. 少数民族经济发展的两层含义及其相互关系[J]. 中南民族大学学报（人文社会科学版），2007（1）：47–51.

[23] 黄晓虹. 关于金融危机背景下经济增长方式调整转变的若干思考[J]. 经济研究参考，2009（71）：56–57.

[24] 郭代模. 论科学的财政发展观[J]. 中国财政，2005（2）：45–46.

[25] 白兆瑞，朱志钢. 关于完善西部大开发税收政策的几点思考[J]. 财会研

究，2010（8）：26–27.

[26] 白雪飞. 我国经济发展方式转变阶段测试研究[D]. 沈阳：辽宁大学，2011.

[27] 蔡秀云. 西部大开发财税政策的实施成效及完善建议[J]. 税务研究，2010（2）：17–20.

[28] 陈新平. 人民币升值压力下的财政税收对策研究[J]. 经济与管理研究，2006（2）：39–43.

[29] 陈秉谱，马中亚. 税收政策对西部经济发展影响的探析[J]. 全国商情（经济理论研究），2008（B4）：75，92–93.

[30] 陈迪. 新形势下对我国民族地区税收优惠政策的思考[J]. 满族研究，2005（4）：13–18.

[31] 陈新. 促进西部地区高新技术产业发展的税收政策导向[J]. 学术探索，2004（4）：28–31.

[32] 陈东琪，宋立，王元. 稳健财政政策下的税收政策取向与建议[J]. 中国财政，2005（4）：36–37.

[33] 田孟清. 少数民族地区经济发展方式转变浅论[J]. 西北民族学院学报，1997（3）：6–13.

[34] 陈栋生，魏后凯，陈耀. 西部经济崛起之路[M]. 上海：上海远东出版社，1996.

[35] 丁青. 扩大消费需求：转变经济发展方式的重要手段[J]. 江南论坛，2010（1）：14–16.

[36] 郭璐瑶. 浅析促进产业结构优化的财政政策调整[J]. 科技信息（学术研究），2008（28）：16–18.

[37] 龚征旗，龙苗. 我国促进科技创新的财政政策研究[J]. 商业时代，2008

（15）：55-56.

[38] 高培勇．财税形势 财税政策 财税改革（上）：面向“十一五”的若干重大财税问题盘点[J]. 财贸经济，2006（1）：34-40.

[39] 高萍．征收环境保护税是实现可持续发展的需要[J]. 税务研究，2004（5）：46-47.

[40] 桂林．财政规模是经济波动的稳定器吗——基于中国省级面板数据的实证分析[D]. 上海：复旦大学，2009.

[41] 关慧．中国农村公共物品供给不足的财政政策研究[D]. 沈阳：辽宁大学，2009.

[42] 江世银．继续推进西部大开发战略的财政投资政策[J]. 青海社会科学，2006（3）：44-48.

[43] 江孝感，蒋尚华．改革和完善我国现行的政府间财政转移支付制度[J]. 东南大学学报（哲学社会科学版），2000（3）：57-62.

[44] 蒋志华，李庆子，李瑞娟．转变经济发展方式的内涵及相关范畴研究[J]. 经济研究导刊，2010（6）：11-12.

[45] 贾康．财政政策：积极促进发展方式转变[J]. 中国电力企业管理，2011（4）：29-30.

[46] 寇铁军，安忠志．促进经济发展方式转变财税政策作用探析[J]. 地方财政研究，2010（1）：35-39.

[47] 魏后凯．走向可持续协调发展[M]. 广州：广东经济出版社，2001.

[48] 魏后凯，刘楷，等．中国地区发展：经济增长、制度变迁与地区差异[M]. 北京：经济管理出版社，1998.

[49] 宋光辉．不同文化程度人口对我国经济增长的贡献：我国经济增长与教育关系的一种实证分析（1981—2000年）[J]. 财经科学，2003（1）：

75–81.

[50] 师政清 . 经济增长方式转变过程存在的问题及对策研究[J]. 发展，2010（1）：89–90.

[51] 宋才发 . 民族自治地方财政管理自治权再探讨[J]. 学术论坛，2005（1）：64–69.

[52] 申广斯 . 我国转变经济发展方式的制约因素与对策[J]. 统计与决策，2009（22）：106–108.

[53] 孙早，张振 . 政府行为规范、政策供给水平与私营企业发展：来自中国省级面板数据的证据[J]. 财经研究，2007（8）：84–96.

[54] 孙晴 . 领会经济发展方式转变内涵　调整财政工作思维　促企业转型的探讨[J] . 中国城市经济，2010（10）：82–83.

[55] 魏后凯 . 区域经济发展的新格局[M]. 昆明：云南人民出版社，1995.

[56] 孔志峰，高小萍 . 我国环境保护的财政政策改革[J]. 学海，2010（2）：154–158.

[57] 李琦 . 转变发展方式　推动跨越提升[J]. 群众，2010（10）：46–47.

[58] 炼东琪 . 稳健财政政策下的税收政策取向与建议[J]. 中国财政，2005（4）：36–37.

[59] 刘伦武 . 农业基础设施发展与农村经济增长的动态关系[J]. 财经科学，2006（10）：91–98.

[60] 刘晓东 . 西部财政性投资的问题与对策[J]. 理论前沿，2006（21）：39–40.

[61] 刘刚，肖军勇，蒋家杰 . 西部大开发中财政转移支付的公共政策分析[J]. 时代经贸（中旬刊），2007（SB）.

[62] 刘明 . 西部大开发中的税收政策：借鉴与创新[J]. 税务研究，2000（8）：23–27.

[63] 李香菊. 西部大开发10年来税收政策分析与前瞻[J]. 税务研究，2010（2）：21–25 .

[64] 李建华. 西部大开发中的财政投资政策研究[J]. 经济纵横，2001（8）：12–15.

[65] 李燕. 关于西部大开发财税政策问题的思考[J]. 中央财经大学学报，2000（5）：26–29.

[66] 魏后凯，袁晓勐. 我国西部大开发税收政策评价及调整方向[J]. 税务研究，2010（2）：3–8.

[67] 魏后凯，蔡翼飞. 西部大开发的成效与展望[J]. 中国发展观察，2009（10）：32–34.

[68] 魏后凯. 中西部工业与城市发展[M]. 北京：经济管理出版社，2000.

[69] 温来成. 深化西部大开发税收政策改革的思考[J]. 税务研究，2010（2）：9–12.

[70] 谢迅. 促进我国民族经济发展的税收优惠政策研究[D]. 武汉：华中师范大学，2008.

[71] 许文. 西部大开发的税收优惠政策问题研究[J]. 税务研究，2010（2）：31–34.

[72] 闫龙飞，张天舒. 西部大开发税收优惠政策实施效果的实证分析[J]. 税务研究，2010（2）：38–41.

[73] 闫泽滢. 未来10年西部大开发税收政策取向[J]. 税务研究，2010（2）：42–43.

[74] 杨京钟. 论我国西部大开发的税收激励及政策取向[J]. 沈阳农业大学学报（社会科学版），2010（1）：36–39.

[75] 程谦. 加快西部基础设施建设的政策选择[J]. 财经科学，2001（S1）：

53–55.

[76] 戴明明. 促进西部开发税收政策的思考[J]. 法制与社会，2007（3）：13–15.

[77] 马蔡琛. 促进西部开发财税政策的效应评价与路径选择[J]. 税务研究，2010（2）：13–17.

[78] 周靖. 我国西部开发中政府财政投资政策的思考[J]. 长沙理工大学学报（社会科学版），2004（12）：58–60.

[79] 周振华，等. 经济复苏与战略调整：中国经济分析2009—2010[M]. 上海：格致出版社，上海人民出版社，2012.

[80] 钟晓敏，冯健. 经济发展方式转变的财税对策：浙江的经验[J]. 上海金融学院学报，2010（5）：69–73.

[81] “转变经济增长方式的财政政策研究”课题组. 转变经济增长方式的财政政策研究[J]. 经济研究参考，2006（58）：2–23.

[82] 邹文博. 我国财政政策与区域经济发展非均衡的关系研究[D]. 长春：东北师范大学，2010.

[83] 赵广君. 上海公共支出促进区域经济增长研究[D]. 上海：同济大学，2007.

[84] 祝国华. 推进经济发展方式转变[J]. 江淮，2007（7）：23–26.

[85] 刘敬孝. 山东省经济发展方式转变中的人力资本作用研究[D]. 青岛：中国海洋大学，2009.

[86] 王朝才，王继洲. 在建立规范的财政转移支付制度中扶持民族地方发展的措施研究[J]. 经济研究参考，2004（12）：18–23.

[87] 刘金红. 美国新经济增长与克林顿政府的财政政策研究[D]. 长春：吉林大学，2009.

[88] 刘秀兰，王珏，付强. 西部民族地区产业结构的问题与对策[J]. 财经科学，2010（5）：101–109.

[89] 刘宇飞. 当代西方财政学[M]. 北京：北京大学出版社，2003.

[90] 吕炜，单双. 政府规模与公共服务水平关系研究：基于中国省际面板数据的分析[J]. 财经科学，2009（3）：106–115.

[91] 李大雨，薛敏. 坚持财政扩大内需政策 促进经济社会和谐发展[J]. 财政研究，2007（1）：19–21.

[92] 李宝奇，刘建华. 财政转移支付制度在民族自治地方的理论与实践[J]. 延边大学学报（社会科学版），2004（1）：49–52.

[93] 李敏. 税收促进我国区域经济平衡发展的思考[J]. 工业技术经济，2003（2）：37–38.

[94] 李军，冉志 . 以经济转型为背景的贫富差距成因解析及其调适[J]. 探索，2004（2）：84–87.

[95] 李颖. 基于我国内需结构失衡的财政货币政策协调配合研究[D]. 天津：天津财经大学，2009.

[96] 林元旦，杨莲秀，王立荣. 政府投入——落后地区开发的驱动器——国外开发落后地区政府投入机制剖析[J]. 烟台师范学院学报（哲学社会科学版），2003，20（3）：103–107.

[97] 骆祖春. 促进循环经济发展的税收制度构建[J]. 税务研究，2005（9）：15–17.

[98] 马海涛. 完善财政政策加强宏观调控为经济“又好又快”发展保驾护航[J]. 吉林工商学院学报，2008（2）：24–28.

[99] 马海涛，秦强. 公共财政应有人文关怀精神[J]. 中国政府采购，2008（5）：46–48.

[100] 马海涛. 一部研究中国税制优化理论并对中国税制基本性质进行评价的学术精品：评《多元目标约束下的中国税制优化研究——理论与实证》[J]. 内蒙古财经学院学报，2008(2)：109-110.

[101] 马应超，马海涛. 从民族地区财政体制的历史性变迁看我国公共财政体制改革的路径选择[J]. 财会研究，2008（11）：6-11.

[102] 马海涛，曾康华. 长期影响税收增长因素的动态分析[J]. 当代财经，2008（5）：31-33，42.

[103] 马海涛. 公共财政框架与制度创新[J]. 财政监督，2008（21）：16-18.

[104] 马海涛，曾康华. 我国财政发展预测与政策选择研究[J]. 财政研究，2007（7）：42-44.

[105] 马海涛，肖鹏. 中国财税体制改革30年经验回顾与展望[J]. 中央财经大学学报，2008（2）：1-6.

[106] 倪红日. 短期财政政策与中国中长期经济发展的协调[J]. 涉外税务，2009（3）：12-16.

[107] 潘爱建. 我国教育财政支出分析及政策建议[J]. 产业与科技论坛，2009（10）：23-27.

[108] 铁卫. 促进我国区域经济平衡发展的财税政策[J]. 财政研究，2000（3）：9-12.

[109] 曲顺兰，陆春城. 循环经济与税收[J]. 税务研究，2005（9）：7-10.

[110] 乔宝云，王道树. 中国税收收入区域差异的实证分析[J]. 涉外税务，2004（12）：21-24.

[111] 齐守印. 积极正确发挥财政职能作用　促进经济发展方式加快转变[J]. 中国财政，2010（22）：23-24.

[112] 孙荣. 浅谈地方财政风险的防范[J]. 时代金融，2006（12X）：138-139.

[113] 苏明. 构建环境保护财政制度体系的政策建议[J]. 经济研究参考，2009（36）：12.

[114] 唐海燕. 金融危机后加快对外经济发展方式转变的战略思考[J]. 国际贸易，2010（10）：4-8.

[115] 田志龙，秦惠敏. 日本教育财政政策对我国的启示[J]. 吉林教育，2007（Z2）：28-29.

[116] 王宗赐，韩伯棠，钟之阳. 国内经济开发区的不平衡发展：基于评价西部大开发之政策角度[J]. 北京理工大学学报（社会科学版），2010（1）：11-14.

[117] 王珏. 关于转变经济增长方式[J]. 学术月刊，2007（1）：159-160.

[118] 王远鸿. 中国经济内外不平衡问题分析[J]. 经济理论与经济管理，2007（10）：5-10.

[119] 汪海波. 论统筹城乡发展：兼及消灭城乡差别的条件[J]. 中国社会科学院研究生院学报，2005（1）：4-11.

[120] 王久瑾，关晓宇. 论以完善的财政政策促进区域经济发展[J]. 中央财经大学学报，2005（4）：6-9.

[121] 王震，王新. 财政方向　关于我国职业教育财政政策及其改革问题的报告[J]. 职业技术教育，2008（15）：26-33.

[122] 王险峰，许金菁. 转变我国经济增长方式探析[J]. 现代商贸工业，2010（2）：21.

[123] 王华新. 积极运用财政政策加快转变经济发展方式[J]. 中国财政，2011（10）：35-37.

[124] 王宗赐，韩伯棠，钟之阳. 国内经济开发区的不平衡发展：基于评价西部大开发之政策角度[J]. 北京理工大学学报（社会科学版），2010（1）：

11–14.

[125] 吴高飞. 刍议加快转变经济发展方式[J]. 理论视野，2011（6）：67–68.

[126] 徐晓慧，常菲. 国外促进科技自主创新的财政投入政策及其启示[J]. 管理学刊，2009（5）：18–21.

[127] 徐从才. 以创新引领经济发展方式转变：江苏发展创新型经济理论与实践[J]. 南京财经大学学报，2011（1）：1–4.

[128] 闫海洲. 长三角地区产业结构高级化及影响因素[J]. 财经科学，2010（12）：50–57.

[129] 闫坤，鄢晓发，李琳. 转轨和开放经济条件下促进经济结构调整的财政货币政策协调研究[J]. 财政研究，2007（1）：12–18.

[130] 袁钢明. 政策倾斜是第一要务[J]. 新西部，2004（6）：62.

[131] 于海峰，赵丽萍. 西部大开发税收优惠政策的效应分析及对策[J]. 税务研究，2010（2）：26–30.

[132] 张可云. 西部大开发战略的成效与问题分析[J]. 创新，2010（4）：5–10.

[133] 张平军. 发挥区位优势 推进西部重点地带开发 实现共同发展[J]. 未来与发展，2004（6）：26–28.

[134] 张学良. 中国交通基础设施与经济增长的区域比较分析[J]. 财经研究，2007（8）：51–63.

[135] 张怀雷，龚韵秋. 推进西部大开发的税收政策研究：基于经济绩效的视角[J]. 亚太经济，2010（3）：111–113.

[136] 张冬梅. 民族地区税收优惠政策研究[J]. 经济纵横，2007（9）：32–34.

[137] 张卓元. 以改革促进经济转型和发展方式转变[J]. 政策，2010（3）：23–25 .

[138] 张恒龙，陈宪. 我国财政均等化现状研究：1994—2004[J]. 中央财经大学

学报，2006（12）：12–16，20.

[139] 张可新. 关于财政政策与货币政策协调配合的思考[J]. 商场现代化，2009（14）：337.

[140] 张卓元. 深化改革，推进粗放型经济增长方式转变[J]. 经济研究，2005（11）：4–9.

[141] 郑磊. 财政分权对教育服务提供效果的影响[J]. 财经科学，2010（11）：108–115.

[142] GOLDOUL T. Natural resources，education，and economic development [J]. European economic review，1958（45）：847–859.

[143] CHARLES. Regional economic growth and convergence [J]. Finance and development，2004（3）：49–52.

[144] NORTH. Factors conditioning the formation of European regional convergence clubs[J]. Annals of regional science，1988，42（4）：911–927.

[145] EDWARD J P. Specification and estimation of spatial panel data models[J]. International regional science review，1983，26（3）：244–268.

[146] SOLOW R M. Technical change and the aggregate production function [J]. Review of economics and statistics，1957，39（3）：312–320.

[147] NELSON W. Evidencing European regional convergence clubs with optimal grouping criteria[J]. Applied economics letters，1982，12（15）：937–940.

[148] GUERICKE M T，MCGUIRE T J. Do interregional transfers improve the economic performance of poor regions[J]. International tax and public finance，1989（8）：281–295.

[149] ROBERT M. SOLOW. A contribution to the theory of economic growth[J]. Quarterly journal of economics，1956，70（1）：65–94.

[150] CHARLES. Regional economic growth and convergence [J]. Finance and development，2004（3）: 49–52.

[151] DAVIS G A ，TILTON J E. The resource cune [J]. Natural resources forum，2005（29）: 233–242.

[152] FARRELL，M J. Measurement of productive efficiency [J]. Journal of the royal statistical society，1957（3）：253–281.

[153] TERRASI M. Convergence and divergence across Italian regions[J]. The annals of regional science，1999，33（4）：491–510.

[154] TSIONAS E G. Regional growth and convergence：evidence from the United States[J]. Regional studies，2000，34（3）：231–238.

[155] LESAGE J P. The theory and practice of spatial econometrics[M]. University of Toledo，1999.

[156] LEVINE R.，RELENT D. A sensitivity analysis of cross–country growth[J]. Regressions，American economic review，1992，82（4）：942–963.

[157] METCALFE N G，ROMER D，WEIL D N. A contribution to the empirics of economic growth[J]. Quarterly journal of economic，2001（107）: 407–437.

[158] YAO S，ZHANG Z，HANMER L. Growing inequality and poverty in China[J]. China economic review，2004，15（2）：145–152.

[159] ZHANG WEI. Rethinking regional disparity in China[J]. Economics of planning，2001，34（1）：113–138.

[160] PERSSON J. Convergence across the Swedish counties 1911—1993[J]. European economic review，1997（41）：1835–1852.

[161] PHILLIPS P C，SUL，D. Transition modeling and econometric convergence tests [J]. Econometrica，2007，75（6）：1771–1855.

[162] PITTAU M G，ZELLI R. Empirical evidence of income dynamics across EU regions [J]. Journal of applied econometrics，2006（21）：605–628.

[163] PRED A. The spatial dynamics of U. S. urban–industrial growth [M]. Cambridge：MIT Press，1966.

[164] OLSEN D. Twin peaks：growth and convergence in models of distribution dynamics [J]. Economic journal，1996，106（437）：1045–1055.

[165] QUAH D T. Empirics for economic growth and convergence[J]. European economic review，1996，40（6）：1353–1375.

[166] QUAH D T. Empirics for growth and distribution：stratification，polarization and convergence clubs[J]. Journal of economic growth，1997（2）：27–59.

[167] RATAN F，SACHS J D. Why do resource–abundant economies grow more slowly？ [J]. Journal of economic growth，1989（4）：277–303.

[168] SCHULTZ J D，WARNER A M. The big push，natural resource booms and growth[J]. Journal of development economics，1949，59（1）：43–76.

重要术语索引

Z

后　记

回忆了整本书的写作过程，我心中最想说的只有两个字，那就是——感谢。

首先，感谢我的博士导师马海涛教授。从选题、框架的确定、初稿到最后成稿的修改都得到了马老师高屋建瓴且细致入微的指导。马老师不仅在治学方面对我悉心指导，在为人处世方面也给予我许多教诲，使我不仅在学业上受益匪浅，在今后的工作和生活中也受益终身。感谢恩师对我的宽容和鼓励，给予我走出困难的勇气和不断攀登科学高峰的力量。

其次，感谢我的博士后导师童伟教授，她毫无保留地将知识传授给我，让我懂得求学的道路是严谨的，是认真的，也是严肃的。从小小的文献检索到课题指南申报，童伟老师都给予了我最科学最严谨的建议。感谢童伟老师对我学术上的指点、教诲与鼓励，使我获益良多。

还要感谢我的同事，郝春虹教授、朱润喜教授、白贵教授、安锦教授以及挚友李婷、涵默、娜庆、杨晓红。

最后，感谢我的父母、我的兄长、我的爱人和我的两个儿子。是他们给予我精神上的鼓励和支持。感谢父母的鼓励、关爱以及谅解，感谢家人的支持和理解。有了他们我才得以安心完成本书的写作。

任文

2020年5月21日